KB203632

기적

믿음이란
한 알의 밀알이 땅에 떨어져 죽음으로 많은 열매를 맺음과 같이
진리의 열매를 위하여 스스로 죽는 것을 뜻합니다.
눈으로 볼 수는 없으나 영원히 살아 있는 진리와
목숨을 맞바꾸는 자들을 우리는 믿는 이라고 부릅니다.
「믿음의 글들」은 평생, 혹은 가장 귀한 순간에
진리를 위하여 죽거나 죽기를 결단하는
참 믿는 이들의, 참 믿는 이들을 위한, 참 믿음의 글들입니다.

# 기적

**C. S. 루이스** 지음

**이종태** 옮김 **강영안** 감수

홍성사

하우드Harwood 씨 부부에게

언덕들 사이 한 거대한 운석隕石이 누워 있다.
이끼가 무성히 자란 그 돌은,
바람과 비의 가벼운 터치에 깎여
부드러운 윤곽을 하고 있다.

이렇게 땅Earth은 별똥의 재를
문제없이 소화해 내고,
달 저편에서 온 그 손님을
어느 영국 주州의 토박이로 만든다.

이들 방랑객들이 땅의 품을
자신에게 적합한 처소로 여기는 것은 이상한 일이 아니다.
땅을 이루고 있는 모든 분자는
본디 다 바깥 우주로부터 온 것들이기에.

땅은 전에는 다 하늘이었다.
땅은 고대의 태양으로부터,
혹은 그 태양 가까이를 지나가다가 그 불꽃에 휘감긴
어느 별로부터 내려온 것이다.

그러므로 지금도 뒤늦게 떨어져 내리는 것들이 있다면
땅은 전에 그 거대하고 찬란한 소낙비에 대해 그랬던 것처럼
지금도 그것들에 대해 자신의 조형력造形力을 발휘한다.

C. S. L.

〈시간과 조류*Time and Tide*〉에서 허락을 받아 실었음.

# 차례 contents

# 1. 이 책의 범위

성공적 논의를 위해서는 먼저 예비적 질문부터 올바르게 던져야 한다.
아리스토텔레스, 《형이상학Metaphysics》, II, (III), I.

지금껏 저는 유령을 본 적이 있다는 사람을 단 한 명 만나 봤습니다. 그런데 재미있는 사실은 그 사람은 유령을 보기 전에도 영혼의 불멸성을 믿지 않았지만, 본 후에도 여전히 믿지 않았다는 점입니다. 그 사람은 자신이 분명 환영幻影을 본 것이거나, 아니면 신경이상으로 인한 착시현상이었을 것이라고 말했습니다. 그 사람의 생각이 옳을 수 있음은 물론입니다. 보는 것이 곧 믿는 것은 아닙니다 Seeing is not believing.

이렇게 볼 때, 기적이 일어나느냐 하는 질문은 단순히 경험으로 응답될 수 있는 문제가 아닙니다. 기적이라고 주장되는 모든 사건은 결국 우리 감각에 와 닿는 어떤 것, 보고 듣고 만지고 냄새 맡고

맛볼 수 있는 어떤 것입니다. 그런데 우리의 감각에는 오류가 없지 않습니다. 따라서 비범한 일로 보이는 어떤 일이 발생하더라도, 우리는 매번 우리가 본 것이 다만 환영에 불과하다고 주장할 수 있습니다. 만일 우리가 초자연을 배제하는 철학을 견지하고 있다면, 늘 그런 식으로 말할 것입니다. 즉 우리가 경험으로부터 무엇을 배우느냐 하는 것은 그 경험을 어떤 종류의 철학으로 보느냐에 달린 문제입니다. 그러므로 가능한 먼저 철학적인 문제부터 짚고 넘어가야지, 그렇지 않고 경험에만 호소하는 일은 아무 소용없습니다.

우리의 직접경험이 기적적인 일을 증명할 수도 반증할 수도 없다면, 역사는 더더욱 그렇습니다. 많은 이들이 '역사적 탐구의 통상적 법칙들에 따라' 증거를 면밀히 조사해 보면 과거에 정말 어떤 기적이 일어났는지 여부를 판단할 수 있다고 생각합니다. 그러나 그 통상적 법칙들이란 먼저 기적의 가능성 여부, 또 그것의 개연성 정도를 판단한 다음에야 논의될 수 있습니다. 왜냐하면 우리가 기적이 본질적으로 불가능한 일이라고 판단하고 있다면, 아무리 역사적 증거가 많이 제시된다고 해도 결코 수긍할 수 없을 것이기 때문입니다. 또 기적이 가능하긴 하되 개연성이 극히 낮다면, 그때는 수학적으로 명시될 수 있는 증거만이 우리를 납득시킬 수 있을 뿐인데, 역사는 그 어떤 사건에 대해서도 그런 정도의 증거를 제공하지 않기 때문에, 결국 역사는 어떤 기적이 일어났다는 사실을 결코 확신시켜 주지 못합니다. 반면, 기적이 본질적으로 개연성 없는 일이 아니라고 한다면, 그때는 현존하는 증거들이 역사 속에 상당수의 기적이 실제로 일어났었음을 확신시켜 주기에 충분할 것입니다. 이렇게 우리의 역사적 탐구의 결과는 우리가 그 증거들을 살펴보기에 앞서 우리가 어떤 철학적인 견해를 갖고 있는지에 달린 문제입니다. 따라서 우리는 먼저 그러한 철학적 질문부터 다뤄야 합니다.

예비적인 철학적 과제를 건너뛰고 성급히 역사적 과제로 내달을 경우 어떤 일이 벌어지는지를 잘 보여 주는 예가 있습니다. 어느 대중적인 성경 주석서에 요한복음이 쓰인 시기를 논하는 부분이 있습니다. 저자는 요한복음이 베드로 처형 이후에 쓰인 것이 틀림없다고 말하는데, 이유는 그리스도께서 베드로의 처형을 예언하는 장면이 요한복음에 나오기 때문이라는 것입니다. 즉 그 저자는 '어떤 사건을 언급하는 책은 그 사건 **이전에** 쓰일 수 없다'라고 생각하는 것입니다. 물론 그렇습니다. 단, 진짜 예언이라는 것이 존재하지 않는다면 말입니다. 그러나 진짜 예언이라는 것이 존재한다면, 그 저자의 논의가 기초부터 허물어질 수밖에 없습니다. 그런데도 그 저자는 진짜 예언이 가능한지 아닌지 여부에 대해서는 전혀 논하지 않습니다. 그는 (아마도 무의식적으로) 그런 것은 있을 수 없다고 이미 전제하기 때문입니다. 물론 그가 옳을 수도 있습니다. 그러나 어쨌든 그는 역사적 탐구를 통해서 그 원칙을 발견한 것은 아닙니다. 그는 예언이란 것은 없다는 기존의 신념에 입각해서 자신의 역사적 탐구에 임하고 있습니다. 이런 신념이 없었다면, 요한복음의 저작

연대에 대해서 결코 그런 역사적 결론에 도달할 수 없었을 것입니다. 따라서 그 저자의 주석서는 예언이라는 것이 정말 일어나는지 아닌지의 **여부**를 알고 싶어 하는 사람에게는 아무 도움이 못 됩니다. 그 저자는 아무런 근거도 밝히지 않은 채 그 질문에 미리 부정적인 답을 내려놓고 글을 썼을 뿐입니다.

이 책은 역사적 탐구를 위한 하나의 예비 단계로서 의도된 것입니다. 저는 전문적인 역사학자가 아니기에 기독교가 말하는 기적에 대한 역사적 증거 문제를 제시하진 않을 것입니다. 다만 저는 독자 여러분이 그렇게 접근할 수 있는 위치까지 가도록 노력할 것입니다. 기적의 가능성이나 개연성 문제에 대해 나름의 생각 없이 성경 본문으로 들어가는 것은 아무 소용없는 일입니다. 기적은 일어날 수 없다고 이미 가정한 이들이라면, 제아무리 성경본문을 연구한들 단지 시간낭비에 불과합니다. 그들이 어떤 결론을 발견해 낼지는 미리 알 수 있습니다. 그들은 그 결론을 전제하고서 시작하기 때문입니다.

## 2. 자연주의자와 초자연주의자

스니프 부인이 소리쳤다. "이럴 수가! 용감하게도 사람들이 땅 위에서 산단 말이지?" 팀이 대답했다. "이 거인국에 오기 전까지 저는 땅 밑에서 사는 사람들도 있다는 이야기는 들어본 적이 없는걸요." 스니프 부인이 소리쳤다. "거인국에 왔다니! 아니, 거인국이 아닌 곳도 있단 말이야?"

롤란드 퀴즈Roland Quizz, 《거인국Giant-Land》, 32장

저는 **기적**이란 말을 자연에 대한 초자연적 힘의 간섭an inter-ference with Nature by supernatural power[1]이라는 의미로 사용합니다. 만일 자연 외에 초자연이라고 이름 붙일 만한 무언가가 존재하지 않는다면, 기적은 존재할 수 없습니다. 어떤 이들은 자연 외에는 아무것도 존재하지 않는다고 생각합니다. 저는 그들을 **자연주의자**Naturalist라고 부릅니다. 자연 말고 또 다른 무언가가 존재한다

--------

1) 이는 많은 신학자들이 내리는 정의는 아닙니다. 그럼에도 불구하고 제가 이런 정의를 채택하는 이유는, 그들의 정의보다 낫기 때문이 아니라, 이것이 비록 미숙하고 '대중적인' 정의이지만, 그래도 기적에 대한 책을 집어 드는 '일반 독자들'이 품고 있는 질문들을 제가 가장 쉽게 다룰 수 있도록 해 주기 때문입니다. ─지은이 주로서 이하 *로 표기한다. 그 외는 옮긴이 주.

고 생각하는 이들도 있습니다. 저는 그들을 **초자연주의자**Super-naturalist라고 부릅니다. 따라서 가장 먼저 다뤄야 할 질문은 자연주의자와 초자연주의자 중에서 어느 쪽이 옳은가 하는 것입니다. 그리고 이는 우리가 첫 번째로 부딪치는 난제이기도 합니다.

자연주의자와 초자연주의자가 그들의 의견 차이를 놓고 토론을 하려면, 일단 '자연Nature'이라는 말과 '초자연Supernature'이라는 말의 정의에 대해서는 의견이 일치해야 합니다. 그러나 불행하게도, 그런 말들의 정의를 내리는 것 자체가 거의 불가능한 일입니다. 자연주의자는 자연 외에는 아무것도 존재하지 않는다고 생각하기 때문에, 그 사람에게 **자연**이라는 말은 온전히 '모든 것', '전체', '존재하는 것 전부'라는 의미입니다. 그런데 자연이라는 말의 의미를 그런 식으로 정의하고 나면 당연히 자연 외에는 아무것도 존재할 수 없게 됩니다. 자연주의자와 초자연주의자의 차이를 논할 수 없게 되는 것입니다. 어떤 철학자들은 자연을 '우리가 오감으로 지각하는 것'이라고 정의하기도 합니다. 그러나 이 정의 또한 만족스럽지 못합니다. 왜냐하면 우리는 우리의 감정을 그런 식으로 지각하지는 않지만, 흔히 우리의 감정도 '자연적인' 사건이라고 여기기 때문입니다. 이러한 막다른 골목을 피하면서, 정말로 어떤 점에서 자연주의자와 초자연주의자의 생각이 다른지를 밝히려면 이 문제에 대해 좀더 우회적인 접근방식을 취할 수밖에 없습니다.

다음 문장을 생각해 보는 것으로 시작하겠습니다. (1) 그건 그의 자연 치아냐, 아니면 인공 치아냐? (2) 자연 상태의 강아지 몸은 벼룩 천지다. (3) 난 개발된 땅이나 포장된 도로를 떠나 자연과 홀로 있는 것을 좋아한다. (4) 꾸미지 말고, 자연스럽게 행동해. (5) 그녀에게 키스한 것은 잘못된 행동이었겠지만, 너무나 자연스러운 행동이었어.

이 문장들에서 어떤 공통된 의미를 발견하기란 어려운 일이 아닙니다. 자연 치아란 입 안에서 자라는 이를 말합니다. 즉 도안하거나 제조하거나 맞춰야 할 필요가 없는 이입니다. 개의 자연 상태란 비누칠해 주고 씻겨 주고 방해해 주는 사람이 아무도 없을 경우 그 개가 처하게 되는 상태를 말합니다. 자연이 지배적인 시골이란 흙과 날씨와 초목 등이 사람의 아무런 도움이나 방해 없이 산물을 내는 곳을 말합니다. 자연스런 행동이란 일부러 자기 행동을 바꾸려고 애쓰지 않을 때 보이게 되는 행동을 말합니다. 자연적 키스란 도덕적, 이성적 생각의 방해가 없다면 하게 되는 키스를 말합니다. 이 모든 예에서 자연이란 '저절로' 혹은 '자발적으로' 발생하는 것이라는 의미입니다. 즉 애써 노력할 필요가 없는 것, 일부러 막지만 않는다면 얻게 되는 것을 뜻합니다. 그리스어로 자연Physis은 '자라다'라는 의미의 동사와 관련이 있습니다. 또 라틴어 나투라 *Natura*는 '태어나다'라는 동사와 관련 있습니다. 즉 자연적인 것이란 **자발적으로** 생겨나고 나타나고 도래하고 계속되는 것입니다. 이미 주어져 있는 것, 자생적인 것, 의도하지 않았어도 있는 것, 청하지 않았어도 있는 것입니다.

자연주의자는 궁극적 '사실Fact', 즉 최종적 실재는 시공간 속에서 **자발적으로 움직이고 있는** 어떤 거대한 과정이라고 믿고 있습니다. 그 전체체계 내의 모든 개개의 사건들(가령, 지금 앉아서 이 책을 읽고 있는 여러분의 행동)은 그 체계 내의 어떤 다른 사건이 발생했기 때문에 발생하는 것이며, 궁극적으로는 그 '전 사건Total Event'이 발생하고 있기 때문에 발생하는 것입니다. 개개의 존재(가령, 이 페이지)가 현재 이 모습인 것은 다른 존재들이 현재 모습이기 때문이며, 궁극적으로는 그 전체체계가 현재 모습이기 때문입니다. 이렇게 모든 존재와 사건들은 서로 너무도 완벽하게 맞물려 있어서 그 중 어떤 것도 '전체the whole show'로부터 약간의 독립성도 주장할 수 없습니다. 개개의 존재는 전체로서의 '자연'(서로 맞물려 있는 사건들의 그 거대한 전체)의 그 일반적 '독자적 존재'나 '자발적 행위'를 어떤 특정 장소와 시간에서 나타내 보여 준다는 의미를 제외하면, 전혀 '독자적으로 존재'하거나 '자발적으로 움직이는' 것들이 아닙니다. 따라서 철저한 자연주의자는 자유의지라는 것을 믿지 않습니다. 왜냐하면 자유의지란 인간이 독립적 행위를 할 수 있는 능력, 연속되는 사건 전체에 포함되는 것 그 이상의 무언가를 할 수 있는 능력을 의미하기 때문입니다. 그런데 자연주의자는 사건들을 시작시키는 그러한 별개의 힘이 존재한다는 것을 부인합니다. 자발성, 근본성, '자율적' 행동 등은 오직 **자연**이라고 부르는 그 '전체'

에만 해당되는 특권이기 때문입니다.

초자연주의자는 자존하는 무언가가 분명 있다고 생각하는 점에
서는 자연주의자와 같습니다. 그 자존적 존재는 일종의 근본 '사
실'로서, 그 자체가 모든 설명의 근거이자 출발점이기에, 그것을 설
명하고자 시도하는 것은 무의미합니다. 그러나 초자연주의자는 이
'사실'을 '전체'와 동일시하지는 않습니다. 그는 존재하는 모든 것
은 두 부류로 나누어진다고 생각합니다. 첫 번째 부류는 독자적으
로 존재하는 기초적이고 근본적인 존재들 혹은 (거의 확실하게는)
'유일 존재One Thing'입니다. 두 번째 부류는 그 '유일 존재'로부
터 파생되어 존재하는 것들입니다. 기초적인 유일 존재는 다른 모
든 존재들이 존재하는 원인이 됩니다. 기초적인 유일 존재는 독자
적으로 존재하며 다른 것들은 그가 존재하기에 비로소 존재합니다.
만약 그 유일 존재가 그들을 존재하지 않게 한다면 그들은 더 이상
존재할 수 없습니다. 또 만약 그 유일 존재가 그들을 변경시키려 들
면 변경될 수밖에 없습니다.

자연주의는 실재를 민주제 사회로 그리는 반면 초자연주의는 군
주제 사회로 그린다는 말로, 이 두 관점의 차이를 표현할 수 있습니
다. 마치 민주제의 주권이 국민 전체에 귀속되듯이, 자연주의자는
'자존적 존재'로서의 특권이 존재들 전체에 귀속된다고 생각합니
다. 반면 군주제에서는 왕만 주권을 가지듯, 초자연주의자는 그러
한 특권이 다른 존재들과 구별되는 특정 존재들, 혹은 (거의 확실하

게는) '유일 존재'에 속해 있다고 생각합니다. 아울러 민주제에서는 모든 시민이 평등하듯이, 자연주의자는 모든 존재나 사건이 평등하다고 생각합니다. 즉 모두는 전체체계에 똑같이 종속되어 있다고 생각합니다. 낱낱의 존재는 실상 전체체계의 성격이 특정한 시공간에서 자기 자신을 나타내 보이는 방식에 불과하다는 것입니다. 이에 반해 초자연주의자는 자존적이고 근본적인 그 유일 존재가 다른 모든 존재들과는 구별되고, 좀더 중요한 차원에 존재한다고 믿습니다.

이런 점에서, 초자연주의는 우주를 군주제 사회 구조에 대입해서 생각하는 바람에 생겨난 것이 아닌가 하는 의구심이 제기될 수도 있습니다. 그렇다면 자연주의 역시 우주를 현대 민주제 사회 구조에 대입해서 생각하는 바람에 생겨난 것이 아닌가 하는 의구심도 가져야 합니다. 이렇듯 두 갈래의 의구심은 서로 상쇄작용을 일으켜, 어느 이론이 더 진실일 가능성이 높은지 결정하는 데 아무런 도움도 주지 않습니다. 이런 의구심이 초자연주의는 군주제 시대의 특징적인 철학이고, 자연주의는 민주제 시대의 특징적인 철학이라는 점을 우리에게 상기시켜 주지만, 4백 년 전 수많은 대중이 무지로 인해 초자연주의를 믿었던 것이 가능하다고 한다면 오늘날의 수많은 대중도 무지로 인해 자연주의를 믿는 것 역시 마찬가지로 가능합니다.

초자연주의자들이 믿는 그 유일한 자존적 존재―혹은 자존하는 소수 집단—는 다름 아니라 우리가 하나님God 혹은 신들the gods 이라고 부르는 존재를 가리킨다는 점은 이미 간파하셨을 것입니다. 지금부터는 초자연주의 중에서도 한 분 하나님을 믿는 형태에 대해서만 다룰 생각입니다. 이는 대부분의 독자들에게 다신론은 관심사가 못 되고, 또 여러 신을 믿는 사람들이 그 신들을 우주의 창조자나 자존적 존재로 여기는 경우가 드물기 때문이기도 합니다. 사실 그리스 신들은 엄격한 의미에서 제가 말하는 초자연적 존재가 아닙니다. 그들은 사물들 전체체계의 산물이며, 거기에 포함되어 있는 존재들입니다. 이는 한 가지 중요한 구별로 인도해 줍니다.

자연주의와 초자연주의 사이의 차이는 하나님에 대한 신앙과 불신앙 사이의 차이와 정확히 일치하지 않습니다. 자연주의를 유지하면서도, 나름의 특정한 신을 인정할 수도 있습니다. 자연이라 불리는 거대한 연동 사건連動事件the great interlocking event은 어느 단계에서는 어떤 거대한 우주 의식意識을 산출할 수도 있기 때문입니다. (자연주의자들의 주장에 따르면) 인간 정신이 인간 유기체들로부터 생겨나듯이, 전체 과정으로부터 내재하는 '신'이 생겨날 수도 있는 것입니다. 자연주의자는 그런 종류의 신은 반대하지 않을 수 있습니다. 이유는 이렇습니다. 그런 신은 자연 혹은 전체체계 바깥에 있지도 않고 '독자적으로' 존재하지도 않기 때문입니다. 여전히 근본 '사실'은 자연이라는 그 '전체'이며, (어쩌면 가장 흥미로운 것일지라도) 신은 그 근본 '사실'에 포함된 것 중 하나에 불과할 뿐입니다. 자연주의가 결코 받아들일 수 없는 것은, 자연 바깥에 존재하면서 자연을 만든 하나님이라는 개념입니다.

이제 우리는 자연주의자와 초자연주의자의 차이가 무엇인지를—그들이 자연이라는 단어를 같은 의미로 사용하지 않는다는 사실에도 불구하고—진술할 수 있는 위치에 도달했습니다. 자연주의자는 어떤 거대한 '진행becoming' 과정이 시공간 속에 '독자적으로' 존재하며, 그 밖에는 어떤 것도 존재하지 않는다고 믿습니다. 개개의 존재와 사건들은 다만 그 거대한 과정을 이루는 부분에 불과하거나, 그 과정이 주어진 한순간이나 지점에서 취하는 외양에 불과하다는 것입니다. 자연주의자는 이 단일한 전체적 실재를 일컬어 자연이라고 부릅니다. 반면, 초자연주의자는 독자적으로 존재하는 단 하나의 존재가 있으며, 그 존재가 시공간이라는 틀과 그 틀 안을 채우는, 체계적으로 상호 연결된 사건의 진행을 만들어 냈다고 믿습니다. 초자연주의자는 이 틀과 내용물을 일컬어 자연이라고 부릅니다. 그 자연은 그 '제일존재one Primary Thing'가 만들어 낸 유일한 실재일 수도 있고, 아닐 수도 있습니다. 우리가 현재 자연이라고 부르는 것 외에 또 다른 체계들도 있을 수 있는 것입니다.

이런 의미에서 여러 개의 '자연들Natures'이 있을 수 있습니다. 이 개념은 흔히 말하는 '여러 세계들plurality of worlds'—단일한 시공간 내에서 멀리 떨어져 존재하는, 서로 다른 태양계, 은하계, '섬 우주들island universes'—과는 구별되어야 합니다. 이런 것들은 서로 아무리 멀리 떨어져 있다 해도, 결국 우리의 태양이 속해 있는 것과 동일한 자연의 부분들일 뿐입니다. 즉 이 세계와 다른 세계들은 시공간적이고 인과적인 관계들로써 서로 맞물려 있습니다. 우리가 자연이라고 부르는 그것을 만드는 하나의 체계 안에서 서로 맞물려 있기 때문입니다. 그러나 다른 자연들은 전혀 시공간적이지 않을 수도 있습니다. 혹은 그것들 중 시공간적인 자연이 있다고 해도, 그들의 시공간은 우리의 시공간과 전혀 무관할 수도 있습니다. 우리가 그들을 다른 자연이라고 부를 수 있는 것은 바로 이렇게 단속적이고, 한데 묶이지 않기 때문입니다. 그렇다고 그 다른 자연들 사이에 어떠한 관계도 절대 존재하지 않는다는 말은 아닙니다. 그 자연들은 모두 하나의 초자연적 원천에서 파생되어 나왔다는 점에서 서로 관계가 있습니다. 이런 점에서 그것들은 동일한 작가가 쓴 서로 다른 소설들과 같습니다. 한 소설 속 사건과 다른 소설 속 사건은, 동일한 작가에 의해 고안됐다는 점을 **제외하면** 서로간에 아무런 관계가 없습니다. 그것들 사이의 연관성은 그 저자의 생각 속에서만 발견될 수 있습니다. 《피크위크 클럽의 기록 *Pickwick Papers*》[2]에서 피크위크 씨가 말하는 것과 《마틴 처즐윗 *Martin Chuzzlewit*》[3]에서 갬프 Gamp 여사가 듣는 것 사이에는 어떠한 관계도 존재하지 않습

--------

2) 1836년에 출간된 찰스 디킨즈 Charles Dickens의 첫 소설. ― 옮긴이 주로서 이하 별도 표기하지 않는다.
3) 찰스 디킨즈의 소설.

니다. 마찬가지로 한 자연 속의 어떤 사건과 다른 자연 속의 어떤 사건 사이에는 어떠한 정상적인 관계도 존재하지 않습니다. 제가 말하는 '정상적' 관계란 두 체계 자체의 특성으로 인해 생겨나는 관계를 말합니다. '정상적'이라는 제한이 필요한 이유는, 우리는 하나님이 어떤 특정 지점에서 두 자연을 부분적으로 접촉하게 하고 계신지 아닌지 미리부터 알 수는 없기 때문입니다. 즉 하나님은 한 자연 속 특정 **선택된** 사건이 다른 자연 속에서 결과를 맺도록 허락할 수도 있기 때문입니다. 다시 말해 어떤 지점에서는 부분적으로 맞물리는 작용이 있을 수도 있습니다. 그러나 그렇다고 해서 그 두 자연이 하나라고 말할 수 있는 것은 아닙니다. 왜냐하면 하나의 자연이라면 가져야 할 전체적 상호 관계성이 여전히 결여되어 있으며, 그 이례적인 상호 관계는 각 체계 자체의 특성에서 기인한 것이 아니라, 그것들을 맺어 주는 신적 행위에서 비롯한 것이기 때문입니다. 만일 이런 일이 일어난다면, 그 두 자연은 각기 상대 자연과의 관계에서 '초자연적'인 것입니다. 그러나 그렇게 접촉한다는 사실 자체는 좀더 절대적인 의미에서— 이 자연 혹은 저 자연을 넘어선다는 의미에서가 아니라, 모든 자연을 다 넘어선다는 의미에서— 초자연적인 것이라고 할 수 있습니다. 이는 일종의 기적일 것입니다. 또 다른 종류의 기적은 하나님이 두 자연을 서로 맺어 줌으로써가 아니라, 단순히 '간섭'하시는 경우일 것입니다.

현재로서는 이 모두가 사변에 불과합니다. 초자연주의가 옳다고 하더라도, 거기서 현실 세계에 실제로 어떤 종류의 기적들이 일어나고 있다는 결론이 따라 나오는 것은 아닙니다. 하나님(제일존재)은 자신이 창조한 자연체계에 전혀 간섭하지 않을 수도 있기 때문입니다. 또 그분이 하나 이상의 자연체계를 창조했더라도, 그것들이 서로 침범하는 일이 전혀 없게끔 하셨을 수도 있습니다.

그러나 이는 좀더 확장된 논의가 필요한 문제입니다. 만일 자연이 존재하는 유일한 것은 아니라고 결정을 내린다면, 그때는 자연이 기적들로부터 안전한지 아닌지의 여부는 예단할 수 있는 문제가 아닙니다. 자연 바깥에 무언가 다른 것들이 있다 하더라도, 그것들이 자연에 들어올 수 있는지 없는지에 대해서는 아직 알 수 없습니다. 둘 사이를 막고 있는 문들의 빗장이 잠겨 있을 수도 있고, 아닐 수도 있기 때문입니다. 그러나 자연주의가 옳다면, 그때는 기적이 불가능하다는 사실을 처음부터 알 수 있습니다. 자연이 모든 것이라면, 자연 바깥에는 자연 속으로 들어올 수 있는 어떠한 것도 있을 수 없기 때문입니다. 물론, 현재 우리가 가진 지식이 부족해서 기적이라고 오해하는 사건들은 일어날 수 있으나, 그것들은 (가장 평범한 사건들과 마찬가지로) 사실상 전체체계의 성격에서 나오는 필연적 결과에 지나지 않는 것입니다.

그러므로 우리가 가장 우선적으로 해야 할 것은 자연주의와 초자연주의 사이에서 하나를 선택하는 일입니다.

# 3. 자연주의의 근본 난점

우리는 두 가지 방식을 동시에 견지할 수는 없다. 논리의 한계를 비웃는 사람은……
그 딜레마를 해결할 수 없다.
I. A. 리처즈Richards[1], 《문학 비평의 원리*Principles of Literary Criticism*》, 25장.

만일 자연주의가 옳다면, 모든 유한한 존재나 사건들은 (원칙적으로) '전체체계Total System'의 견지에서 설명할 수 있어야만 합니다. 제가 **원칙적**이라고 말하는 이유는, 자연주의자들이 모든 현상에 대해 언제라도 세세하게 설명할 수 있어야 한다고 요구할 수 있는 것은 아니기 때문입니다. 많은 부분은 과학이 지금보다 발전되어야 비로소 설명이 가능해질 것입니다. 그러나 자연주의를 받아들일 수 있기 위해서 우리는 적어도 모든 개개의 것들이 일반적으로는 전체체계의 견지에서 설명될 수 있다는 것을 확인할 수 있어야

......................................

1) 1893~1979. 영국의 문학비평가, 신비평New criticism의 창시자.

합니다. 만일 본질상 **그런 종류**의 설명이 불가능하다는 것을 미리 알 수 있는 어떤 것이 단 하나라도 존재한다면, 자연주의는 허물어질 수밖에 없습니다. 어느 정도이든 전체체계로부터 독립된 것이라고 우리가 인정해 줄 수밖에 없는 무언가가 존재한다면— 독자적으로 존재하며, 전체 자연의 성격을 표현하는 그 이상의 것이라는 주장이 인정되는 무언가가 존재한다면— 그때는 우리가 자연주의를 포기한 것입니다. 왜냐하면 자연주의란 오직 자연— 그 전체 연동체계— 만이 존재한다는 교리이기 때문입니다. 만일 자연주의가 옳다면 모든 존재와 사건은 전체체계가 낳는 필연적 산물이라는 점이, 적어도 원칙적으로는 예외 없이 설명될 수 있어야 합니다. 전체체계란 말 그대로 전체체계이기 때문에, 여러분이 이 순간 이 책을 읽지 않을 수도 있다는 말은 자가당착일 수밖에 없습니다. 반대로, 지금 이 책을 읽는 행동의 유일한 원인은 전체체계가 어느 시간과 장소에서 필연적으로 그런 과정을 취한다는 것일 수밖에 없습니다.

　최근, 엄격한 자연주의에 도전하는 한 가지 이론이 제기됐습니다. 저는 그 이론으로 논지를 펼 생각은 없지만, 참고해 볼 만한 주장이긴 합니다. 과거의 과학자들은 물질의 최소 입자가 엄격한 법칙에 따라 움직인다고 믿었습니다. 각 입자의 움직임은 자연이라는 전체체계와 '맞물려' 있다는 것입니다. 그런데 현대의 어떤 과학자들은— 제가 제대로 이해했다면— 다르게 생각하는 것 같습니다. 그들은 물질의 개개 단위(이제는 더 이상 '입자'라고 단정 지을 수 없게 되었는데)가 어떤 불확정적이고 임의적인 방식으로 움직인다고 생각하는 것 같습니다. 사실상 입자들이 '독자적이고' '자발적으로' 움직인다는 것입니다. 우리가 관찰할 때 최소 물체들의 움직임이 규칙성을 보이는 것은 그 물체들이 각기 수백만 개의 단위로 되어 있고, 그래서 평균의 법칙이 그 개개 단위들의 특이성을 평준화하기 때문이라는 것입니다. 동전을 던지면 그 결과가 변덕스럽듯이 각 단위의 움직임도 변덕스럽습니다. 그러나 동전을 수십억 번 던질 경우 앞과 뒤가 거의 같은 비율로 나온다고 예측할 수 있듯이 그런 단위들 수십억 개의 움직임도 예측될 수 있다는 것입니다. 이제 여러분은, 만일 이 이론이 사실이라면, 우리가 자연과 다른 무언가를 사실상 인정한 것이라는 점을 알아차리게 될 것입니다. 만일 개개 단위들의 움직임이 '독자적' 사건이라면, 즉 다른 모든 사건과 맞물려 있는 사건들이 아니라면, 그러한 움직임들은 자연의 일부일 수 없습니다. 그것들을 **초**–자연적이라고 묘사하는 것은 우리의 습관에 너무 큰 충격을 주는 말일 것입니다. 제 생각에는 그것들을 **하위**–자연적sub-natural이라고 불러야 합니다. 이렇게 본다면, 자연에는 문이 없으며 자연 바깥에는 아무런 실재도 존재하지 않는다고 생각했던 우리의 확신은 무너질 것입니다. 자연 바깥에 **무언가**가, **하위**–자연이 존재하는 것으로 보이기 때문입니다. 실제로는 모든 사건과 '물체들'이 이러한 하위자연으로부터 자연 속으로 들어옵니다. 이렇게 자연이 하위자연을 향해 열린 뒷문을 가지고 있다면, 어쩌면 초자연을 향해 열린 앞문이 있을 수도—그 문을 통해서도 사건들이 자연 속으로 들어올 수도— 있을 것입니다.

제가 이 이론을 언급한 것은, 이후에 사용할 어떤 개념들을 이해하는 데에 상당히 도움 되기 때문입니다. 그러나 이 이론 자체를 진리로 가정하는 것은 아닙니다. 우선, 저처럼 과학보다는 철학에 조예가 있는 사람들은 과학자들의 말을 액면 그대로 받아들이기가 거의 불가능합니다. 과학자들의 말의 의미는, 각 개별 단위의 움직임이 **우리에게는** 항상 변덕스러워 보인다는 정도이지, 말 그대로 정말 그 자체가 임의적이고 무법칙적이라는 말은 아닐 거라고 생각합니다. 그리고 설령 과학자들의 말이 후자를 의미한다 해도, 비전문가 입장에서는 내일이라도 과학에 새로운 발전이 있으면 무법칙적 하위자연이라는 개념도 폐기처분되지 않으리란 보장이 없다고 생각합니다. 왜냐하면 과학의 영광은 진보하는 데에 있기 때문입니다. 따라서 저는 제 논지의 근거를 이와는 다른 곳에서 찾고자 합니다.

우리의 모든 지식, 우리 자신의 직접적 감각작용을 넘어서 아는 모든 것은 그 감각작용으로부터 추론된 것이라는 점은 분명합니다. 그렇다고 어린아이들처럼 자신의 감각작용을 '증거'로 내세우며, 거기서부터 공간이나 물질이나 다른 사람의 존재를 의식적으로 논증해 내야 한다는 뜻은 아닙니다. 문제를 이해할 수 있을 정도로 나이가 들었다면, 어떤 것(가령, 태양계나 스페인 무적함대)의 존재에 대한 자신의 확신이 도전받을 때, 그것을 변호하는 논증은 자신의 직접적인 감각작용으로부터의 추론 형태를 취할 수밖에 없다는 것입니다. 가장 일반적인 형태로 표현해 보자면, 그 추론은 이런 식입니다. "내 앞에는 색깔, 소리, 형체, 쾌락, 고통 등 내가 완벽하게 예측하거나 제어할 수 없는 것이 제시되고 있고, 또 더 깊이 연구하면 할수록 그것들의 행위는 더욱 정연한 규칙성을 보여 준다는 점으로 보아, 분명 나 자신과는 다른 무언가가 존재하며 그것은 분명 체계적인 것일 것이다." 이렇듯 대단히 일반적인 추론 이내에서, 온갖 종류의 특별한 추론이 우리를 좀더 세세한 결론으로 인도해 줍니다. 화석으로부터 진화를 추론해 냅니다. 해부실에서 본 동료 인간의 두개골에서 자신의 뇌의 존재를 추론해 냅니다.

이렇게 모든 가능한 지식은 우리의 이성적 추론reasoning의 타당성에 달려 있습니다. 만일 우리가 **필연적이다, 따라서, 때문에**라는 말로 표현하는 확신의 감정이, 정말로 우리 정신 외부 사물들이 '필연적으로' 존재하는 방식을 실제로 지각한 것이라면, 그것은 제대로 된 것입니다. 그러나 만일 이러한 확신이 단순히 우리 자신의 정신 **안**에 있는 느낌에 불과할 뿐, 자기 너머에 있는 실재들에 대한 진정한 통찰이 아니라면—단순히 우리 정신의 우연적 활동 양식을 나타내 주는 것에 불과하다면— 우리는 지식이라는 것을 가질 수 없습니다. 만일 인간의 이성적 추론이 타당한 것이 아니라면 어떠한 과학도 참일 수 없습니다.

따라서 우주에 대한 어떠한 설명도 그 설명이 우리의 사고활동이 참된 통찰일 수 있는 가능성을 막는 것이라면 참된 것일 수 없습니다. 우주 안의 다른 모든 것을 설명해 내는 이론이라고 해도 그 이론이 우리의 사고활동의 타당성을 믿지 못하게 만드는 이론이라면, 일고의 가치도 없게 됩니다. 왜냐하면 그 이론 자체도 사고활동에 의해 도달된 것인데, 만약 사고활동이 타당성이 없다면, 그 이론은 근거를 잃을 것이기 때문입니다. 즉 그것은 자신의 신뢰성을 스스로 파괴합니다. 어떠한 논증도 옳을 수 없다는 것을 증명하는 논증―증명 같은 것은 없다는 것을 보여 주는 증명―이란 말이 안 됩니다.

따라서 엄격한 유물론은 오래전 홀데인J. B. S. Haldane 교수[2]가 제시한 이유로 인해 모순에 빠질 수밖에 없습니다. 그는 "내 정신과정이 순전히 뇌 속 원자의 운동에 의해서만 결정되는 것이라면, 나는 내 소신이 옳다고 가정할 수 있는 어떠한 이유도 갖지 못한다.……따라서 나는 내 뇌가 원자로 구성되어 있다고 가정할 수 있는 이유도 갖지 못한다"[3]라고 말한 바 있습니다.

비록 순수한 유물론 사상은 아니지만, 제가 보기에는 자연주의 역시 덜 명백한 형태이긴 해도 마찬가지 난점을 가진 것으로 보입

---

2) 1892~1964. 영국의 유전학자, 진화생물학자.
3) 《가능한 세상들Possible Worlds》, 209쪽.*

니다. 자연주의는 우리의 이성적 추론 과정을 전혀 신임하지 않거나, 혹은 어찌나 신뢰하는 정도가 낮은지 자연주의는 자연주의 자체도 지지해 주지 못합니다.

이것을 보여 주는 가장 쉬운 예는 **때문에**because라는 단어의 두 가지 의미에 주목하는 것입니다. 우리는 "할아버지가 어제 바다가재를 드셨기 **때문에** 오늘 아프시다"라고 말할 수 있습니다. 또 "할아버지는 오늘 아프신 것이 분명하다. 왜냐하면 아직 일어나시지 않았기 **때문이다**(우리는 할아버지가 건강하실 때는 늘 일찍 일어나신다는 것을 알고 있다)"라고 말할 수 있습니다. 첫 번째 문장의 **때문에**는 '원인Cause'과 '결과Effect'의 관계를 가리키는 말입니다. 즉 바다가재를 먹은 것이 할아버지를 아프게 만들었다는 것입니다. 그러나 두 번째 문장의 **때문에**는 논리학자들이 말하는 '근거Ground'와 '귀결Consequent'의 관계를 가리키는 말입니다. 즉 할아버지가 늦게 일어나신다는 것은 그분의 아픈 상태의 원인이 아니라, 그분이 아픈 상태라는 것을 우리가 믿을 수 있는 이유입니다. 유사한 차이점을 "그는 아프기 **때문에** 소리를 질렀다"(원인과 결과)라는 말과 "그는 아팠던 것이 분명하다. 왜냐하면 그가 소리를 질렀기 **때문이다**"(근거와 귀결)라는 말에서 발견할 수 있습니다. 근거와 귀결의 **때문에**는 특히 수학적 추리에서 많이 접할 수 있습니다. "A=C이다. 왜냐하면 우리가 이미 증명한 것처럼, 그 둘은 모두 B와 대등하기 **때문이다**" 등에서처럼 말입니다.

전자는 사건이나 '사태state of affair' 사이의 역동적 관련성을 가리키는 말이며, 후자는 신념이나 주장 사이의 논리적 관계를 가리키는 말입니다.

우리의 이성적 추론 과정은, 그 안의 각 단계가 근거-귀결 관계에 있어서 자기보다 선행하는 단계와 관련을 맺고 있지 못하다면, 진리를 발견하는 수단으로서 아무런 가치를 가질 수 없습니다. 즉 우리의 B가 우리의 A로부터 논리적으로 따라 나오는 것이 아니라면, 우리의 생각은 무효입니다. 따라서 우리가 이성적 추론의 끝에서 생각하는 것이 참된 것이려면, "왜 너는 이렇게 생각하느냐?"라는 질문에 대한 우리의 정확한 대답은 근거-귀결의 '때문에'라는 말로 시작되어야만 합니다.

다른 한편, 자연 속의 모든 사건은 원인과 결과 관계 안에서 자기보다 선행하는 사건들과 관련되어 있어야 합니다. 그런데 우리의 사고 행위 역시 사건입니다. 따라서 "왜 너는 이렇게 생각하느냐?"에 대한 참된 대답은 원인-결과의 **때문에**로 시작되어야 합니다.

만일 우리의 귀결이 어떤 근거에서 나오는 논리적 귀결이 아니라면, 그것은 아무 가치가 없을 것이며 그저 우연히 참될 수 있을 뿐입니다. 또, 그것이 어떤 원인의 결과가 아니라면, 그것은 아예 생겨날 수도 없었을 것입니다. 따라서 어떤 사고 과정이 가치를 가지려면, 동일한 정신적 활동에 이러한 두 가지 체계가 동시적으로 적용되어야만 하는 것으로 보입니다.

그러나 불행하게도 그 두 체계는 서로 완전히 구별됩니다. 원인을 갖는다to be caused와 증명된다to be proved는 서로 다른 것입니다. 희망사항wishful thinking, 편견, 망상 등은 모두 원인은 갖지만, 근거는 갖지 못하는 것들입니다. 사실, 원인을 갖는다는 것과 증명된다는 것이 서로 얼마나 다른 것인지 논쟁할 때 우리는 마치 그것들이 서로 배타적인 양 취급합니다. 어떤 신념에 원인이 있다는 사실은 흔히 그것이 근거 없는 신념에 불과하다는 추정을 가능케 하는 것으로 여겨지며, 따라서 어떤 사람의 의견을 신임하지 않는 가장 흔한 방법은 그 의견의 원인에 대한 설명을 제시하는 것입니다. "당신은 자본주의자(혹은 우울증 환자, 혹은 남자, 혹은 여자)이기 **때문에**(원인과 결과) 그렇게 말하는 거야." 이 말의 의미는, 만일 어떤 신념을 완전히 설명해 주는 원인이 존재한다면, 원인이란 필연적으로 작용할 수밖에 없는 것이므로, 그 신념은 설령 근거가 없었다 하더라도 생겨날 수밖에 없었다는 것입니다. 즉 우리는 근거 없이도 완전히 설명될 수 있는 무언가에 대해서는 근거를 따질 필요성이 없다고 느끼는 것입니다.

그러나 만약 근거 있는 신념이라 해도, 그 근거는 하나의 심리적 사건으로서의 그 신념의 실제적 발생과 정확히 어떤 관련이 있는 것일까요? 하나의 사건으로서 그 신념은 어떤 원인을 가질 수밖에 없습니다. 그런데 그 원인은 시간의 시작점에서부터 시간의 끝점까지 뻗어 있는 거대한 인과 관계 사슬 중 하나의 연결고리에 불과한 것일 수밖에 없습니다. 그렇다면 논리적 근거의 부재 같은 그런 대수롭지 않은 것이 그 신념의 발생을 막을 수 있다는 것은 대체 어떻게 해서 가능한 것일까요? 또, 근거의 존재가 그 발생을 촉진시킬 수 있다는 것 역시 어떻게 가능한 것일까요?

가능한 대답은 오직 하나라고 생각될지 모르겠습니다. 어떤 정신적 사건이 다른 어떤 정신적 사건의 원인이 되는 방식으로 연상 Association이라는 것이 있듯이(제 경우, 저는 파스닙 풀 생각을 하면 제가 다닌 첫 번째 학교가 생각납니다), 바로 그런 식으로, 전자가 후자의 근거인 것도 그렇게 전자가 후자의 원인이 될 수 있다는 방식으로 말입니다. 만일 그렇게 하면 원인이 된다는 것과 근거가 된다는 것이 동시적으로 발생하여야 할 것입니다.

그러나 이는 분명히 사실이 아닙니다. 어떤 생각이, 논리적으로 볼 때 근거와 귀결의 관계를 가진 모든 생각을 반드시 일으키는 원인이 되지 않는다는 것을 우리는 경험을 통해 알고 있기 때문입니다. '이것은 유리다'라는 생각을 할 때마다, 거기서 이끌어 낼 수 있는 모든 추론을 다 이끌어 내는 사람이 있다고 하면, 그의 삶은 상당히 곤경에 처할 수밖에 없을 것입니다. 사실, 그 추론 모두를 이끌어 내기란 불가능합니다. 아무것도 이끌어 내지 않을 때도 많습니다. 따라서 앞서 제시된 법칙을 수정해야만 합니다. 한 생각이 다른 생각을 일으키는 것은, 전자가 후자의 근거**라서**being가 아니라 전자가 그렇게 후자의 근거라고 **보여지기에**seen to be 그런 것입니다.

**보인다**는 감각적 은유에 믿음이 가지 않는 분들은 그 대신 **이해되다, 파악되다**, 아니면 **알려지다**라는 말로 대치해도 좋을 것입니다. 어떤 단어를 사용해도 별 차이가 없는 것은, 그 단어들 모두 생각한다는 것의 본질이 무엇인지를 상기시켜 주기 때문입니다. 사고 행위는 물론 사건입니다. 하지만 대단히 특별한 종류의 사건입니다. 그것은 자신이 아닌 무언가 다른 것에 '대한' 것이며, 참일 수도 있고 거짓일 수도 있기 때문입니다. 다른 일반적 사건은 어떤 것에 '대한' 것이 아니며, 참일 수 있거나 거짓일 수 있는 것이 아닙니다. ("이런 사건 또는 사실은 거짓이다"라는 말은 "그것에 대한 어떤 사람의 이야기가 거짓이다"라는 의미일 뿐입니다.) 따라서 추론 행위는 두 가지 서로 다른 관점에서 고려될 수 있고, 또 그래야만 합니다. 추론 행위는 주관적 사건, 곧 어느 누구의 심리사psychological history의 한 항목입니다. 그러나 다른 한편으로 추론 행위는 자기 아닌 다른 무언가에 대한 통찰 또는 앎입니다. 첫 번째 관점이 특정 순간 특정 정신 속에서, A생각으로부터 B생각으로 심리적 변환이 일어난 것이라 본다면, 두 번째 관점은 어떤 함의 관계(만일 A라면 B다)에 대한 지각으로 봅니다. 심리학적 관점을 취할 때 우리는 과거시제를 사용할 수 있습니다. "내 생각 속에서 B가 A를 **따라 나왔다**." 그러나 함의 관계를 주장할 때는 언제나 현재시제를 사용합니다. "B는 A를 **따라 나온다**." 만일 B가 논리적 의미에서 A를 '따라 나온다면', 그것은 언제나 그렇기 때문입니다. 그리고 인간이 가진 모든 지식을 다 불신해 버리지 않는 이상, 우리는 두 번째 관점을 단순히 주관적 몽상으로 치부해 버릴 수 없습니다. 왜냐하면 추론 행위가 어떤 것에 대한 진정한 통찰이 아니라면, 매 순간 우리는 감각하는 것 외에는 어떠한 지식도 가질 수 없기 때문입니다.

그러나 여기에는 조건이 있습니다. 아는 행위는 알려지는 그 대상에 의해서만 결정되어야 합니다. 즉 우리가 어떤 것을 어떻다고 아는 것은 오로지 그것이 **실제로** 그렇기 때문이어야 합니다. 이것이 우리가 무엇을 안다는 것의 의미입니다. 원한다면, 여러분은 이를 원인-결과의 **때문에**의 일종이라고 부르며, '알려진다'는 것을 인과 작용의 한 양식이라 부를 수도 있을 것입니다. 그러나 그것은 독특한 양식의 것입니다. 아는 행위는 분명 주의집중이나, 그것의 전제가 되는 의지나 건강 상태 등 필수적인 다양한 조건을 가지고 있습니다. 그러나 그 행위의 적극적 성격은 그 대상인 진리에 의해 결정될 수밖에 없습니다. 만일 그것이 다른 원천들로 완전히 설명 가능하다면, 그것은 지식일 수 없습니다. (감각적 평행물을 예로 들어 보자면) 귓속 울림이 바깥 세계의 어떤 소음이 아닌— 예를 들어, 독한 감기에 걸렸을 때 들리는 **이명**耳鳴 같은 —다른 원인들로 완전히 설명될 수 있다면, '듣기'일 수 없습니다. 아는 행위로 보이는 어떤 것이 다른 원천들로 인해 부분적으로 설명 가능하다면, 그때는 그 원천들이 다 설명하지 못하고 남기는 것, 설명이 되려면 앎의 대상이 있을 수밖에 없는 것만이 (진정한 의미의) 앎일 것입니다. **이명으**

로 설명되지 않고 남는 것만이 진짜 듣기이듯이 말입니다. 앎의 대상에 의해서만 결정되는 앎의 행위를 도외시한 채 이성적 추론을 설명하려 드는 모든 이론은 실제는 이성적 추론이라는 것은 없다고 말하는 이론에 불과합니다.

제가 보기에는, 이것이 바로 자연주의의 필연적 주장입니다. 자연주의는 우리의 정신적 행위를 완전히 설명할 수 있다고 주장합니다. 그러나 가만 들여다보면, 그 설명은 앎이나 통찰 행위가 존재할 여지를 조금도 남기지 않습니다. 진리에 이르는 수단으로서의 우리의 사고활동의 가치는 전적으로 거기에 달려 있는데도 말입니다.

이성이— 의식sentience이나 생명 자체도—자연 속에서 늦게 출현했다는 사실은 모두가 동의하는 바입니다. 따라서 자연 외에는 아무것도 존재하지 않는다고 하면, 이성은 역사적 과정에 의해 존재하게 된 것일 수밖에 없습니다. 그리고 자연주의자는 물론 그 역사적 과정이, 진리를 발견할 수 있는 어떤 정신적 행위를 낳도록 애초 설계된 것으로 보지 않습니다. 설계자란 존재하지 않기 때문입니다. 사고하는 존재가 생기기 전까지 진리나 거짓 등은 존재하지도 않았습니다. 자연주의자는 현재 이성적 사고나 추론이라고 부르는 그런 유형의 정신적 행위는 분명 자연 선택, 즉 생존에 덜 적합한 유형의 점진적 도태 과정을 통해 '진화되어' 온 것일 수밖에 없다고 생각합니다.

다시 말해, 인간의 사고는 한때 전혀 이성적인 것이 아니었습니다. 인간의 모든 사고는, 현재도 많은 사고들이 그렇듯이 단순히 주관적 사건에 불과했지 객관적 진리에 대한 이해가 아니었습니다. 전적으로 우리 자신 외부에 원인을 둔 그 사고는 (우리의 고통처럼) 자극에 대한 반응에 불과했습니다. 그리고 자연 선택을 통해 그 반응 중에서 생물학적으로 해로운 반응은 계속 제거되어 왔고, 생존에 적합한 것은 증가되어 왔다는 것입니다. 그러나 반응은 제아무리 향상을 거듭한다 해도 결코 통찰의 행위로 변할 수 없습니다. 그럴 조짐을 보이는 일조차도 실은 있을 수 없습니다. 왜냐하면 반응과 자극의 관계는 지식과 그 대상으로서의 진리의 관계와는 전적으로 다르기 때문입니다. 인간의 물리적 시력은 감광점만 가진 조잡한 유기체의 시력보다 빛에 대해 훨씬 더 유용한 반응입니다. 그러나 이러한 향상이나, 우리가 생각할 수 있는 그 어떠한 향상도, 그것을 조금이라도 빛에 대한 지식이 되게 만드는 것은 아닙니다. 물론 그것은 우리가 그러한 지식을 갖기 위해 반드시 필요한 무엇이었습니다. 그러나 그 지식은 실험과 거기서 나온 추론에 의해 성취된 것이지, 반응의 향상으로부터 나온 것은 아닙니다. 빛에 대해 아는 사람은 특별히 눈이 좋은 사람들이 아니라 관련 학문을 연구한 사람들입니다. 마찬가지로 환경에 대한 우리의 심리적 반응―호기심, 혐오, 즐거움, 기대―이 (생물학적으로) 아무리 무한히 향상된다 한들, 반응 이상의 무언가가 될 수는 없습니다. 그런 이성과 무관한 non-rational 반응의 완성은, 타당한 추론으로 변화되기는커녕 실은 생존을 성취하는 또 다른 방식—이성에 대한 대안—이라고 볼 수 있습니다. 유용한 것에 대해서 말고는 다른 어떤 즐거움도 느끼지 못하고, 위험한 것에 대해서 말고는 다른 어떤 혐오도 느끼지 못하며, 그 양자를 대상의 실제 유용성이나 위험성의 정도와 정확히 비례해서 느끼도록 우리가 조건화되었다면 이는 이성 못지않게 우리에게 유익을 주었을 것이며, 어떤 경우에는 더 큰 유익을 주었을 것입니다.

자연 선택 말고 경험—본래는 개인적인 경험이지만 전통이나 교육을 통해 전달되는—을 내세우는 이들도 있습니다. 무수한 세월의 경험이 본래는 이성적이지 않았던 어떤 정신적 행위를 결국 지금 우리가 이성이라 부르는 정신적 행위—다시 말해, 추론하는 행위—로 만들어 낼 수 있다는 것입니다. 연기가 보이는 곳에서는 늘 불(혹은 타고 남은 재)을 발견했던 반복 경험을 통해 연기가 보이면 불을 기대하도록 인간을 조건화했다는 것입니다. "연기가 있다면 불이 있는 것이다"라는 형식으로 표현되는 이러한 기대가 결국 지금 우리가 말하는 추론이라는 것입니다. 혹 우리의 모든 추론은 결국 이런 식으로 생겨난 것이 아닐까요?

그러나 만약 그렇다면 그 추론은 모두 타당성을 잃고 맙니다. 물론 그런 반복 경험의 과정은 기대를 낳게 됩니다. (검은 고니를 보기 전까지는) 고니는 모두 하얀색일 것이라고, (산에 소풍을 가 보기 전까지는) 물은 언제나 섭씨 100도에서 끓을 것이라고 기대하도록 훈련시키는 것과 마찬가지로, 연기가 보이는 곳에서는 불을 기대하도록 사람들을 훈련시킬 것입니다. 그러나 그런 기대는 추론이 아니며 반드시 참일 필요도 없습니다. 과거에 결합되어 온 것이 미래에도 늘 결합할 것이라는 가정은 이성적 행위가 아니라 동물적 행위의 지도 원리입니다. 이성이란 "늘 결합되는 것으로 보아, 아마도 상호 관련되었을 것이다"라는 추론을 내리고, 그 관련성을 알아내고자 시도할 때 비로소 들어옵니다. 연기의 본질이 무엇인지를 발견했을 때 비로소 불에 대한 단순한 기대를 진정한 추론으로 대체할 수 있습니다. 그 발견이 이뤄지기 전까지 이성은 그런 기대를 단순히 기대로서만 인정할 뿐입니다. 그런 발견이 필요 없는 경우, 즉 추론이 공리公理[4]에 의존하는 경우에 우리는 아예 과거의 경험에 호소하지 않기도 합니다. 동일한 것에 대등한 두 사물들은 서로 대등하다는 신념은, 내가 그것들이 결코 다르게 나타나는 것을 본 적이 없다는 사실에 근거를 두는 것이 아닙니다. 나는 그것이 '그럴 수밖에 없음'을 아는 것입니다. 요즘 어떤 이들이 공리를 동어반복 tautology이라고 부르는데 제가 보기에는 부적절합니다. 사실 우리의 지식이 진전되는 것은 그런 '동어반복'에 의해서입니다. 그것을 동어반복이라고 부르는 것은 우리가 현재 그것을 완전하고도 확실히 안다는 말에 지나지 않습니다. A가 B를 함의함을 완전히 이해

--------------------------------------

4) 자명한 원리.

한다는 것은 곧 (그것을 이해하는 사람들에게는) A주장과 B주장이 근본적으로는 동일한 주장임을 인정한다는 의미를 내포합니다. 어떤 참된 명제가 동어반복이 되는 정도는 여러분이 그것을 얼마만큼 통찰하고 있느냐에 달려 있습니다. 9×7=63은 완벽한 산술가에게는 동어반복이지만 구구단을 배우고 있는 어린아이나, 아홉 개를 일곱 번 모음으로써 그런 결론에 도달했을 원시인에게는 그렇지 않습니다. 만일 자연이 하나의 전체 연동체계라면, 자연에 대한 모든 참된 진술(가령, 1959년의 여름은 무더웠다)은 그 체계 전체를 파악할 수 있는 어떤 지성에게는 동어반복일 것입니다. "하나님은 사랑이시다"라는 말은 천사들에게는 동어반복일 수 있으나 인간에게는 그렇지 않습니다.

"여하튼 지금 우리가 추론을 통해 진리에 도달하고 있음은 명백한 사실이다"라고 말하는 이들이 있을 것입니다. 물론 그렇습니다. 이는 자연주의나 저나 모두 인정하는 사실입니다. 그렇지 않다면 우리는 아무런 토론도 할 수 없을 것입니다. 그러나 자연주의자는 이성 진화의 역사에 대해 말하고, 자연주의자의 그런 제안은 우리가 실제 행하는 추론에 대해 우리가 마땅히 해야 하는 주장들과 조화될 수 없다고 저는 생각한다는 점에서 차이가 납니다. 자연주의자가 말하는 역사는 어떻게 사람들이 지금과 같은 방식으로 생각하게 되었는지를 원인과 결과 면에서 설명하는 것이고, 또 본질상 그런 설명일 수밖에 없기 때문입니다. 이런 설명은 인간의 그런 생각

방식이 어떻게 정당화될 수 있는가 하는 사뭇 다른 질문을 그저 얼버무리는 것일 뿐입니다. 이는 자연주의자에게, 그가 묘사해 온 그 진화적 산물이 어떻게 진리를 '깨달을' 수 있는 능력도 될 수 있는지를 설명해야 하는 대단히 난처한 과제를 부여합니다.

그러나 그런 설명을 시도하는 자체도 말이 안 되는 일입니다. 이를 가장 잘 볼 수 있는 길은, 그런 시도들 중 가장 겸손하고, 가히 가장 절망적인 형태의 것에 대해 살펴보는 것입니다. 자연주의자가 이렇게 말할 수 있습니다, "글쎄요, 우리는 자연 선택이 어떻게 이성적 사고에 아직 미치지 않은 정신 행위를 진리에 도달하는 추론으로 바꾸어놓을 수 있는지는—아직은—정확히 알지 못합니다. 그러나 이런 일이 실제 일어났다는 것만큼은 확실히 알고 있습니다. 왜냐하면 자연 선택은 유용한 행위를 보존시키고 증가시키게끔 되어 있기 때문입니다. 그리고 우리의 추론 습관이 유용하다는 사실을 알고 있습니다. 그리고 유용한 것이라면 당연히 진리에 도달하는 것일 수밖에 없습니다." 그러나 지금 우리가 무엇을 하고 있는지 기억하십시오. 우리는 추론 자체를 문제 삼고 있는 중입니다. 자연주의자는 우리가 추론이라고 생각하는 것에 대해, 그것은 전혀 진정한 의미의 통찰이 아니라는 취지의 설명을 제시했었습니다. 우리나 그나 자신의 생각에 확신을 갖고 싶어 합니다. 그런데 알고 보니 그의 확신은 또 하나의 추론—(만약 유용한 것이라면, 옳은 것이다)—에 불과하다는 사실이 밝혀진 것입니다. 마치 이 추론은, 그의 진화론적인 설명을 받아들인다 해도 나머지 다른 모든 것과는 달리 의심의 여지가 있을 수 없는 양 말입니다. 그러나 우리의 이성적 추론 행위의 가치가 의심받고 있는 상황에서는, 그것의 가치를 이성적 추론을 통해 세우려고 시도할 수는 없습니다. 앞서 말씀드린 대로, 증거가 없다는 증거가 말이 안 된다면, 증거가 있다는 증거도 마찬가지로 말이 안 됩니다. 이성은 우리의 출발점이기 때문에 이성을 공격하는 일이나 방어하는 일 모두 무의미합니다. 만일 이성을 하나의 현상에 불과한 것으로 취급하며 여러분 자신을 이성 바깥에 둔다면, 문제 자체를 얼렁뚱땅 넘어가지 않는 이상 여러분이 다시 그 안쪽으로 들어갈 수 있는 길이란 존재하지 않습니다.

이보다 더 겸손한 입장도 있을 수 있습니다. 어쩌면 여러분은 진리에 대한 모든 주장을 다 포기해 버릴 수도 있습니다. 여러분은 그저 "우리의 사고하는 방식은 유용하다"라는 말만 — 마음속으로 "따라서 그것은 옳은 것이다"라는 말을 덧붙이지 않고서 — 할 수도 있습니다.

"이성은 우리가 뼈를 맞추고 다리를 건설하고 우주선을 만들 수 있도록 해 준다. 그리고 그것으로서 충분히 좋은 것이다. 그러나 이성의 오래된 오만한 자기주장은 이제 포기되어야 한다. 이성은 다만 실용적 쓰임을 위한 보조수단으로써 진화되어 온 행위에 불과하기 때문이다. 이것이 바로 이성을 단순히 실용적인 일에 사용할 때는 별 문제가 없는 반면, 사변으로 치솟아서 '실재'에 대한 일반적인 관점을 얻고자 시도할 때는 철학자들의 끝없고 쓸모없는 말싸움에 지나지 않는 논쟁만을 얻게 되는 이유이다. 미래에 우리는 좀더 겸손해질 것이다. 그런 것들 전부와 결별하게 될 것이다. 신학이니 존재론이니 형이상학이니 하는 것은 더 이상 존재하지 않게 될 것이다."

그러나 만약에 그렇다면, 자연주의 역시 존재하지 않게 될 것입니다. 왜냐하면 자연주의도 실용적인 문제와 거리가 있고 경험을 훨씬 넘어서는 원대한—지금 비판하고 있는—사변의 주된 예이기 때문입니다. 자연은 감각이나 상상력에 나타날 수 있는 어떤 대상이 아닙니다. 그것은 대단히 먼 추론에 의해서만 도달될 수 있는—혹은 접근될 수 있는—무엇에 불과합니다. 그것은 과학적 실험에서 추론되는 모든 것을 단일한 연동체계 안에서 통일시켜 준다고 희망되고 가정되는 무엇에 불과합니다. 그런데 자연주의자는 이 정도 주장에 만족하지 않고 더 나아가 전면적인 부정적 단언까지 내립니다. 즉 "자연 외에는 아무것도 존재하지 않는다"라고 주장합니다. 그러나 이는 분명 인간이 자신의 이성을 사변적으로 사용하기 시작한 이래 행한, 실용적 목적이나 경험이나 가능한 모든 입증으로부터 가장 멀리 떨어진 주장입니다. 위에 제시된 관점으로 보자면, 이성을 그런 식으로 사용하려는 것 자체가 이미 남용이며, 실용적 기능에 대한 오용이자 모든 과격한 몽상이 생겨나는 원천입니다.

이 관점에서는 유신론자의 입장도 자연주의자의 입장 못지않게 과격한 몽상일 수밖에 없습니다. (그러나 거의 그럴 뿐입니다. 왜냐하면 유신론은 그렇게 무모하고 거창한 부정적 진술을 내리지는 않기 때문입니다.) 그러나 유신론자는 그런 관점을 인정할 필요가 없으며, 실제로도 인정하지 않습니다. 왜냐하면 유신론자는 이성이 생물학적으로 유용한 것만을 선택하는 어떤 선택 과정에 의해 형성된, 비교적 최근의 발전이라는 견해에 묶여 있지 않기 때문입니다. 유신론자는 이성─하나님의 이성─이 자연보다 더 오래된 것이며, 거기서 자연의 질서정연함이─이로써 비로소 우리는 자연을 알 수 있는 것인데─비롯되었다고 여깁니다. 그에게는, 인간 정신의 앎의 행위는 신적 이성의 조명을 받아서 일어나는 것입니다. 즉 인간 정신은 [자연이라는] 그 거대한 이성과 무관한 인과 관계 구조nexus로부터, 필요한 정도만큼 해방되어 있는 것입니다. 거기로부터 자유로운 그것은 앎의 대상인 진리에 의해 결정됩니다. 그리고 이러한 해방에 이르기까지, 자연 속에서 일어났던 그 예비적 과정들은─만일 그런 과정들이 있었다면─그렇게 되도록 애초부터 계획된 것입니다.

이러한 앎의 행위─어떤 것이 과거에 어떠했다는 것을 기억하는 행위가 아니라, 그것은 언제나, 또 가능한 어느 세계에서나 그럴 수밖에 없다는 것을 '깨닫는' 행위─를 '초자연적'이라고 말하는 것은 우리의 일상적 언어관습에는 다소 폭력을 가하는 일일 것입니다. 그러나 여기서 '초자연적'이라는 말은 으스스하다거나, 선동적이라거나, (무슨 종교적 의미에서) '영적'이라는 의미는 아닙니다. 이는 다만 이 행위는 잘 '들어맞지 않는다'라는 의미일 뿐입니다. 즉 이 행위는, 만일 그것이 스스로 주장하는 바대로라면—그렇지 않다면 인간의 모든 사고는 불신될 수밖에 없는데—단순히, '자연'이라는 그 생각 없는 사건들의 전체체계가 어떤 특정 장소와 시간에서 자신을 드러내는 것이라고 볼 수 없다는 것입니다. 앎의 행위는 그 자신이 아는 대상에 의해 결정될 수 있을 만큼 그 우주적 사슬로부터 충분히 자유로운 것일 수밖에 없습니다.

여기서, 우리 머릿속에 들어올 수 있는 (많은 이들의 경우 분명 그럴 텐데) 어떤 잘못된 종류의 막연한 공간적 이미지에 대해 짚고 넘어갈 필요가 있습니다. 우리는 우리의 이성 행위를 자연의 '위above'나 '배후'나 '너머'에 있는 무언가로 상상하지 않는 것이 좋습니다. 그보다는 '자연 이쪽 편this side of Nature'이라고 보는 것이 좋습니다. 즉 꼭 공간적 이미지를 떠올려야겠다면, [이성 행위를] 우리와 자연 사이에 있는 것으로 상상하십시오. 우리가 자연이라는 개념을 세울 수 있는 것 자체가 추론을 통해서이기 때문입니다. 이성은 자연에 앞서 주어진 것이고, 자연에 대한 우리의 개념은 이성에 달려 있습니다. 우리의 추론 행위는, 전화기가 전화기를 통해 우리가 듣는 친구의 목소리에 선행하듯이, 자연에 대한 우리의 머릿속 그림에 선행합니다. 따라서 우리의 이성 행위를 자연에 대한 그림 속에 맞춰 보려고 하면 우리는 실패할 수밖에 없습니다. 우리가 그 그림 속에 넣고서 '이성'이라고 이름 붙이는 그 항목은 우리가 그렇게 하는 동안 실제 향유하고 행사하고 있는 그 이성과 사뭇 다른 것일 수밖에 없습니다. 사고를 진화적 현상으로 여기는 사람들의 사고에 대한 묘사는, 늘 그들 자신이 그 순간 행하고 있는 사고만큼은 암묵적으로 예외로 대접할 수밖에 없습니다. 왜냐하면 그렇게 묘사된 사고는, 다른 모든 개별적인 경우와 마찬가지로 개별적인 순간 개별적인 의식 속에서, 일반적인 그리고 대부분 이성과 무관한 [자연이라는] 전체 연동체계의 작동을 보여 줄 뿐입니다. 반면, 현재 우리가 하고 있는 이성 행위는 어떤 통찰의 행위, 즉 그 행위의 대상인 진리에 의해서만 (적극적으로) 결정될 수 있을 만큼 이성과 무관한 인과작용으로부터 자유로운 지식임을 스스로 주장하며, 또 주장할 수밖에 없습니다. 우리가 그 그림 속에 넣는 가상의 사고는 ― 자연에 대한 우리의 개념 전체가 그렇듯이 ― 우리가 그 순간 실제하고 있는 사고에 의존해 있는 것이지, 그 반대일 수 없습니다. 우리가 실제로 하고 있는 그 사고가 바로 기본적 실재이며, 우리는 그것에 기초해서 그 밖의 다른 것들의 실재성을 인정하게 되는 것입니다. 따라서 그것이 자연에 잘 들어맞지 않는 것은 어쩔 수 없는 일입니다. 분명 우리는 그런 이유로 그 행위를 포기하지는 않을 것입니다. 만일 포기한다면 우리는 자연 역시 포기할 수밖에 없습니다.

# 4. 자연과 초자연

유럽 사상사의 오랜 전통을 통틀어 볼 때 대부분의 사람들은, 아니 최소한 경청할 만한 사
상가로 입증된 사람들 대부분은, 자연이 비록 실제로 존재하는 것이긴 하지만, 독자적으로
존재하는 것은 아니며 자기 실존을 다른 무언가에 기대고 있는 존재라고 주장해 왔다.
R. G. 콜링우드Collingwood, 《자연의 개념The Idea of Nature》, 3장 3절.

지금까지의 논증이 옳다면, 이성적 추론 행위들은 자연이라는
전체 연동체계와, 그 안의 다른 모든 항목들이 서로 연동되는 식으
로 서로 맞물려 돌아간다고 말할 수 없습니다. 이성적 추론 행위들
은 그 체계와 다른 방식으로 관련을 맺고 있습니다. 어떤 기계에
대한 이해는 그 기계와 관련이 있기는 하지만, 그 기계 내부의 부분
들이 서로 관련을 맺는 것과는 다른 방식으로 관련을 맺습니다. 어
떤 것을 아는 지식은 그 어떤 것의 부분들 중 하나일 수 없습니다.
이런 의미에서 볼 때, 우리가 이성적 추론을 할 때는 자연 너머에
있는 무언가가 작동하는 것입니다. 저는 지금 우리의 의식意識
consciousness 전체가 반드시 다 그런 지위에 있다고 주장하는 것

은 아닙니다. 쾌락, 고통, 두려움, 희망, 애정, 정신적 이미지 등은 꼭 그럴 필요가 없습니다. 그런 것들을 자연의 부분으로 간주한다고 해도 어리석은 생각은 아닐 것입니다. 우리가 구별해야 하는 것은 '정신mind'과 '물질matter'이 아니며 '영혼soul'과 '몸body'은 더더욱 아니며(네 단어 모두 다루기 어려운 말입니다), 이성Reason과 자연Nature입니다. 우리가 그어야 할 경계선은 '바깥세상'과 내가 일상적으로 '나 자신'이라고 부르는 것 사이가 아니라, 이성과 이성과 무관한 사건들 — 물리적인 것이든 심리적인 것이든 — 전체 사이입니다.

그 경계선에서는 많은 통행이 일어나고 있지만, 그러나 그것은 모두 일방통행입니다. 이성적 사고들이 우리로 하여금 자연의 진로를 변경시키도록 유도하고 능력을 준다는 것은 우리가 일상적 경험을 통해 아는 바입니다. 예를 들어, 수학을 사용해 다리를 건설할 때처럼 물리적 자연을 변경시키는 경우나, 논증을 통해 자신의 감정을 변화시킬 때처럼 심리적 자연을 변경시키는 경우 등입니다. 물리적 자연을 변경시키는 것보다는 심리적 자연을 더 자주, 그리고 더 완전히 변경시키는 것이 사실이지만, 여하튼 우리는 양자를 작게나마 변경시키고 있습니다. 반면 자연은 이성적 사고를 낳는 일에 전적으로 무력합니다. 자연은 우리의 생각을 변경시키지 못하며, 자연이 그렇게 하는 순간 우리의 생각은 (바로 그 이유로 인해) 아예 이성적이기를 그치고 말 뿐입니다. 왜냐하면 앞서 보았듯이, 우리가 하는 사고가 전적으로 이성과 무관한 원인의 결과라는 점이 밝혀지는 순간, 모든 이성적 신뢰성을 상실하고 말기 때문입니다. 말하자면, 자연이 이성적 사고에 어떤 일을 하려고 시도하면, 다만 이성적 사고를 죽이게만 될 따름입니다. 이것이 이 경계선에서 일어나는 특이한 상황입니다. 자연이 이성을 침범하면 다만 이성을 죽이게 될 뿐입니다. 그러나 이성이 자연을 침범할 때는 자연을 포로로 잡을 수도 있고 심지어 식민지를 세울 수도 있습니다. 지금 이 순간 여러분 앞에 보이는 모든 대상─벽, 천장, 가구, 책, 여러분의 씻은 손, 깎은 손톱 등─은 모두 이성이 자연을 식민지로 삼은 경우에 대한 증거입니다. 자연이 제 길로만 갔다면 그것들은 지금 모두 그 상태일 수 없기 때문입니다. 그리고 제가 바라듯, 지금 여러분이 저의 논증에 세심하게 주의를 집중하고 계시다면, 그러한 주의집중 역시 이성이 의식의 자연적 산만함에 부과한 습관들로부터 나오는 것입니다. 반면 지금 이 순간 어떤 치통이나 염려가 주의집중을 못하게 한다면, 이는 자연이 여러분의 의식에 간섭하는 것입니다. 그렇다고 어떤 새로운 이성 행위를 낳는 것은 아니며, 다만 (할 수 있는 한) 이성을 잠시 중단시키는 것일 뿐입니다.

다시 말해서 이성과 자연의 관계는 소위 비대칭적 관계입니다. 형제 관계는 대칭적 관계입니다. A가 B의 형제라면, B는 A의 형제이기 때문입니다. 반면 부자 관계는 비대칭적 관계입니다. A가 B의 아버지라면, B는 A의 아버지가 **아니기** 때문입니다. 이성과 자연의 관계는 이런 종류에 속합니다. 이성이 자연과 맺는 관계는 자연이 이성과 맺는 관계와 다릅니다.

저는 자연주의를 믿도록 교육받아 온 이들이 여기서 제시되고 있는 그림에 받을 충격을 충분히 이해합니다. 제가 제시하는 그림에 따르면 자연에는(여하튼 우리 행성의 표면에서는) 작은 구멍이 송송 뚫려 있고, 그것들을 통해 자연과 다른 종류의 무언가—이성—가 자연에 대해 무언가를 하고 있다는 것입니다. 저는 다만 여러분이 여기서 이 책을 던져 버리시기 전에, 이러한 개념에 대한 여러분의 본능적 반감이 정말로 이성적인 것인지, 혹 단순히 감정적이거나 심미적인 것은 아닌지 한번 심각하게 생각해 볼 것을 간청드릴 수 있을 뿐입니다. 저는 현대인의 마음 깊은 곳에, 이 우주 안의 모든 것이 다 동질이고 동종인 그런—연속적이고 솔기 없이 말끔하고 민주적인— 곳이기를 바라는 마음이 자리 잡고 있음을 압니다. 여러분 못지않게 제 마음도 그렇습니다. 그러나 실재 우주가 그렇다고 정말로 확신할 수 있을까요? 어쩌면 질서와 조화를 향한 인간의 희망사항을 어떤 내재적 개연성으로 착각하는 것은 아닐까요? 오래전에 베이컨Francis Bacon[1]은 이렇게 말했습니다. "인간의 지성understanding은 본질상 실제 자신이 발견하는 것 이상으로 세상에 대해 더 많은 질서와 규칙성을 가정하는 경향이 있다. 또한 세상에

----

1) 1561–1626. 영국 철학자, 정치가, 에세이스트. 과학혁명의 사상적 주창자.

는 특이하고 고유한 것이 많음에도, 인간의 지성은 실제로는 존재하지도 않는 그것들 사이의 유사성이나 공통성이나 상대성을 지어 낸다. 그래서 천체들이 모두 완벽한 원을 그리며 움직인다는 허구가 생겨나는 것이다"[2] 저는 베이컨이 옳았다고 생각합니다. 이미 현대 과학은 우리의 기대만큼 그렇게 실재가 균등하지 않다는 사실을 보여 주었습니다. 우리는 양자물리학보다는 뉴턴 물리학 같은 것을 기대하기가 훨씬 쉽습니다.

만일 여러분이 자연에 대한 이 그림을 잠시 참고 봐 주실 수 있다면, 이제 그 다른 요소—자연을 공격하는 이성들, 혹은 이성의 실례들—에 대해 생각해 보려고 합니다. 우리는 이성적 사고가 자연체계의 일부가 아니라는 점을 살펴보았습니다. 각 사람에게는 자연 바깥에 있는, 혹은 자연으로부터 독립된 (아무리 작더라도) 어떤 영역이 있는 것이 분명합니다. 자연과의 관계에서 이성적 사고는 '자발적'으로 움직이며 '독자적'으로 존재합니다. 그렇다고 반드시 이성적 사고가 **절대적으로** 독자적으로 존재한다는 말은 아닙니다. 그 것은 자연이 아닌 다른 무언가에 의존함으로써 자연으로부터 독립된 것일 수도 있습니다. 왜냐하면 사고의 신뢰성을 훼손시키는 것은 의존성 자체가 아니라, 이성과 무관한 것들에 대한 의존성이기 때문입니다. 각 사람의 이성은 다른 사람의 이성의 도움을 받아 무

---

2) 《신 기관 *Novum Organum*》, I. 45.*

언가를 깨달아 왔으며, 이는 전혀 문제가 되지 않습니다. 따라서 각 사람의 이성이 절대적으로 독자적인 것이냐, 아니면 어떤 (이성적) 원인—정확히는 어떤 다른 이성—의 결과냐 하는 것은 여전히 열린 문제입니다. 물론 그 다른 이성도 제3의 다른 이성에 의존한 것일 수 있고, 그런 식으로 계속 따져 물을 수 있습니다. 이런 과정을 어디까지 진행해 가느냐는 중요하지 않습니다. 일단 어느 단계에서든 이성은 이성으로부터만 나온다는 것을 인정한다면 말입니다. 그러나 이성이 이성과 무관한 것에서 나왔다는 말을 믿으라 할 때에는 "이제 그만!"이라고 외쳐야만 합니다. 그렇게 믿는 것은 결국 모든 사고를 불신하는 것이기 때문입니다. 따라서 여러분은 어쨌거나 절대적으로 독자적으로 존재하는 어떤 이성의 존재를 인정할 수밖에 없음이 분명합니다. 문제는 여러분이나 제가 그런 자존적인 이성일 수 있는가 하는 것입니다.

'독자적인' 존재가 무슨 의미인지를 기억한다면, 이 질문의 답은 거의 나와 있습니다. 독자적인 존재란 자연주의자들은 '전체'의 속성으로, 초자연주의자들은 하나님의 속성으로 여기는 것입니다. 가령, 독자적인 존재는 영원부터 존재하는 것일 수밖에 없습니다. 왜냐하면 어떤 다른 존재로 인해 존재하기 시작하게 되었다면 그것은 독자적으로 존재하는 것이 아니라 그 다른 존재로 인해 존재하는 것이기 때문입니다. 또한 그것은 끊임없이 존재하는 것이어야 합니다. 존재하기를 잠시 중단했다가 다시 존재하기 시작하는 것이어서는 안 됩니다. 왜냐하면 일단 존재하기를 그쳤다면, 그것은 분명 그 스스로 자신의 존재로 불러낼 수는 없을 것이고, 만일 무언가 다른 존재가 다시 불러냈다면, 그것은 그 존재에 의존하는 존재일 수밖에 없기 때문입니다. 그런데 나의 이성은 나의 출생 이래로 점진적으로 자라왔으며, 분명 매일 밤 여러 시간 동안 중단됩니다. 따라서 나는 졸지도 않고 자지도 않는[3] 그런 영원한 자존적 이성일 수 없습니다. 그러나 만일 우리의 사고가 타당할 수 있으려면, 분명 그러한 이성이 존재해야만 하며, 그 이성이 나의 불완전하고 간헐적인 이성의 원천이어야만 합니다. 이렇게 인간 정신은 존재하는 유일한 초자연적 존재가 아닙니다. 인간 정신은 스스로 존재하는 것이 아닙니다. 각 인간 정신은 초자연으로부터 자연 속으로 들어온 것입니다. 각각의 인간 정신은 우리가 하나님이라고 부르는 어떤 영원하고 자존적이며 이성적인 존재에 자신의 뿌리를 두고 있는 것입니다. 각각의 인간 정신은, 말하자면 그 초자연적 실재가 자연 속으로 뻗은 가지이자 창끝이고 지류支流입니다.

어떤 이들은 이런 질문을 제기할 수 있을 것입니다. "이성이 내 정신 속에 나타났다가 사라졌다가 하는 것이라면, '나'를 영원한 이성의 한 산물이라고 말하는 대신, 그저 자연적 존재일 뿐인데 영원한 이성이 이따금씩 내 유기체를 통해 일하는 것일 뿐이라고 말

---

3) 시편 121장 4절 참조.

하는 것이 더 맞지 않습니까? 전선에 전류가 통과했다고 해서 그것이 전선 아닌 다른 무엇이 되는 것은 아니듯이 말입니다." 그러나 제 생각에 그렇게 말하는 것은 이성 행위가 어떤 것인지를 망각한 소치입니다. 이성 행위는 우연히 우리에게 와서 부딪치는 어떤 대상이 아니며, 우리가 느끼는 어떤 감각작용도 아닙니다. 이성 행위는 우리에게 '발생하는' 무엇이 아니라, 우리가 **하는** 무엇입니다. 모든 사고 행위에는 칸트Kant가 말하는 '**나는 생각한다** the I think'가 수반됩니다. 제가 보기에는, 나는 하나님으로부터 이성을 받았으나 하나님과는 구별되는 하나의 창조물이라는 전통 교리가, 내가 생각하는 것처럼 보이나 실제는 하나님이 나를 통해 생각하는 것이라는 이론보다 훨씬 더 철학적으로 여겨집니다. 후자의 관점에서는, 생각은 옳게 했지만 잘못된 정보를 가진 바람에 잘못된 결론에 도달하게 되는 경우를 설명하기가 대단히 어려워집니다. 왜 구태여 하나님이— 참 사실들을 알고 계실 텐데—오류를 낳을 수밖에 없는 어떤 정신을 통해 완벽하게 이성적인 자신의 사고 중 하나를 생각하시는 것인지 저로서는 이해할 수 없습니다. 또 저는, 만일 모든 '나의' 타당한 생각이 정말로 하나님의 생각이라면, 왜 그분이 그것을 나의 것으로 착각하시는 건지, 혹은 내가 그것을 나의 생각이라고 착각하게 만드시는지 이해할 수 없습니다. 인간의 사고는 하나님의 사고라기보다는, 하나님에 의해 불 붙여진 사고로 보는 것이 훨씬 옳을 것입니다.

그러나 저는 이 책이 기적에 대한 책일 뿐, 모든 것을 다 다루려는 책이 아님을 서둘러 덧붙입니다. 저는 지금 어떤 본격적인 인간학을 제시하려는 것이 아닙니다.[4] 또한 은근슬쩍 '영혼의 불멸성' 이론을 주장하려는 것도 전혀 아닙니다. 초기 기독교 문서들은 인간의 초자연적 부분은 인간의 자연적 유기체가 죽은 이후에도 살아남는다는 신념에 동의를 표하고 있습니다. 그러나 그것은 특별한 강조 없는 동의에 불과하며, 사실 그 문서들은 그런 문제에 거의 관심이 없었습니다. 초기 그리스도인들이 열정적으로 관심 가졌던 주제는 어떤 기적적인 신적 행위에 의한 인간 전인의 회복, 즉 '부활'이었습니다. 물론 이는 기적 일반에 대한 어떤 결론에 도달한 다음에야 비로소 다룰 수 있는 주제입니다. 현 단계에서는, 인간 안의 초자연적인 요소는 자연 너머에 무언가가 존재한다는 사실에 대한 증거로서만 우리의 관심사가 될 뿐입니다. 인간의 존엄성과 운명 같은 문제는, 현재로서는 그 논증과 아무런 관련이 없습니다. 지금 우리가 인간에 관심을 갖는 이유는, 인간의 이성은 자연 너머, 혹은 이면에 무언가가 있음을 알게 해 주는 자연 속에 난 작은 균열 부분이기 때문입니다.

표면 전체가 찌끼와 부유 식물로 덮여 있는 어느 연못에 수련睡蓮이 떠 있다고 생각해 봅시다. 물론 여러분은 그 아름다움 때문에

---

4) 부록 A를 참조해 주십시오.*

수련에 관심을 가질 수도 있습니다. 그러나 여러분은 수련의 구조에서 분명 바닥까지 뿌리를 내리고 있는 밑줄기가 있다는 사실을 추론할 수 있기 때문에 수련에 관심을 가질 수도 있습니다. 자연주의자는 그 연못(자연—시공간 속의 그 거대한 사건)이 무한한 깊이를 가졌다—아무리 깊이 내려가 봐도 물밖에 없다—고 생각합니다. 그러나 저의 주장은, 표면(즉, 우리의 경험)에 있는 어떤 것들은 사실은 그 반대라는 것을 보여 준다는 것입니다. 정밀하게 살펴보면, 이러한 것들(이성적 정신들)은 최소한 부유 식물은 아니며 분명 바닥까지 내려가는 줄기를 가졌다는 사실을 우리에게 알게 해 줍니다. 따라서 그 연못에는 바닥이 있을 수밖에 없습니다. 그 연못은 영원한 연못이 아닙니다. 충분히 깊이 내려가 보면 연못 아닌 무언가—진흙, 땅, 바위 그리고 마침내 지구의 본체와 그 지하의 불—에 이르게 됩니다.

여기서, 그럼에도 자연주의가 유지될 길은 없는지 따져 보는 것도 의미가 있습니다. 저는 2장에서 자연주의자이면서 동시에 모종의 하나님—방법은 모르겠으나 여하튼 '전체'가 일으켜 낸 어떤 우주적 의식—을 믿을 수도 있음을 지적한 바 있습니다. 그런 하나님은 말하자면 **출현하는**Emergent 하나님입니다. 우리에게는 그런 출현하는 하나님만으로 충분하지 않을까요? 굳이 전체 연동체계와 구별되고, 그 바깥에 존재하는 **초**-자연적 하나님을 생각할 필요가 있을까요? (독자 여러분은 가만히 자신의 심적 반응을 살펴보십시오. 어떤 초자연적 하나님보다는 이런 출현하는 하나님이 현대인인 여러분에게 얼마나 더 편하게 느껴지는지, 출현이라는 개념이 [초자연이라는 개념에 비해] 얼마나 덜 원시적이고, 덜 거슬리며, 덜 순진해 보이는지. 후에 살펴보겠지만 여기에는 까닭이 있습니다.)

그러나 유감스럽게도 소용없는 일입니다. 물론, 우주의 모든 원자가 (조만간 들어갈 수밖에 없도록 되어 있던) 어떤 관계 속으로 들어갔을 때, 그것이 어떤 우주적 의식을 일으켰을 것이라고 가정하는 것은 가능합니다. 그리고 그 의식이 사고를 가진 것일 수 있습니다. 그리고 그 의식은 그 사고들이 우리의 정신을 통과하게끔 만들었을 수도 있습니다. 그러나 불행하게도 이런 가정에 의하면 그 의식 자신의 사고는 이성과 무관한 원인의 산물에 불과하며, 따라서 우리가 사용하는 일상적 판단 원칙에 의하면, 아무런 타당성도 가질 수 없습니다. 이 우주적 정신은, 우리 자신의 정신과 마찬가지로 아무 생각 없는 자연의 산물일 뿐입니다. 즉 우리는 난점으로부터 조금도 벗어나지 못했습니다. 다만 그것을 한 단계 더 뒤로 물렸을 뿐입니다. 그 우주적 정신이라는 것이 우리에게 도움이 되려면 그것을 태초부터 존재했던 것으로, 전체체계의 산물이 아닌, 스스로 존재하는 근본적, 근원적, 자존적 '사실'로 가정하는 수밖에 없습니다. 그러나 **그러한** 종류의 우주적 정신을 인정한다는 것은 곧 자연 바깥에 존재하는 어떤 하나님, 초월적이고 초자연적인 하나님을 인정하는 것이나 마찬가지입니다. 즉 탈출로처럼 보였던 길이 실은 다시 출발점으로 되돌려 놓고 마는 것입니다.

이렇게 볼 때, 자연의 일부가 아닌 어떤 하나님이 존재한다는 것은 분명합니다. 그러나 이것이 그 하나님이 자연을 창조했다는 사실을 말해 주는 것은 아닙니다. 어쩌면 하나님과 자연은 둘 다 자존적이며, 서로에 대해 전적으로 독립적일 수 있지 않겠습니까? 만일 여러분이 이렇게 생각하신다면 이원론자입니다. 저는 이원론이 자연주의 중에서 가장 용기 있고 이성적인 형태의 견해라고 생각합니다. 이원론보다 못한 형태의 자연주의가 많기 때문입니다. 그러나 이원론이 옳다고는 생각지 않습니다. 서로 공존하기만 할 뿐 아무 관계도 맺지 않는 두 존재를 생각하기란 사실 엄청난 난점을 야기합니다. 이 난점을 제대로 인식하지 못하는 것은 머릿속에 그림을 떠올려 생각하는 우리의 사고 습관 때문입니다. 우리는 그 둘이 어떤 공간 속에 나란히 존재한다고 상상합니다. 그런데 그 둘이 그렇게 공통의 공간이나 공통의 시간, 혹은 모종의 공통 매개물 속에 있다는 것은, 사실상 그 둘이 어떤 체계, 즉 '자연'의 일부라는 것을 의미할 뿐입니다. 설령 머릿속에서 그런 그림을 제거하는 데 성공한다 해도, 우리가 그 둘을 동시에 생각하려고 노력한다는 사실 자체가 진짜 난점을 얼버무리는 행위에 불과합니다. 어쨌거나 그 순간 우리 자신의 정신이 그 둘의 공통 매개물 역할을 하기 때문입니다. 완전한 '타자성otherness'이라는 것이 존재할 수 있고, 그래서 어떤 존재들이 [매개물 없이] 서로 공존만 하는 것이 가능하다 하더라도, 어쨌든 이는 우리의 정신으로서는 형성할 수 없는 개념입니다. 그리고 현 시점으로서는 그것을 형성하고자 애쓸 필요가 전혀 없어 보입니다. 이미 우리는 하나님과 자연이 어떤 관계를 맺고 있음을 알기 때문입니다. 즉 그 둘은 아무튼 모든 인간의 정신 속에서 어떤 관계—어떤 의미에선 거의 공통의 경계—를 가지고 있음이 분명하기 때문입니다.

그 경계에서 일어나는 관계들은 참으로 복잡하고 밀접한 종류입니다. 우리가 각자 나의 이성이라고 부르는 그 초자연의 창끝은 나의 모든 자연적 내용—나의 감각작용, 감정 등—과 얼마나 완전히 연결되어 있는지, 나는 그 혼합물을 그저 '나'라는 한 단어로 총칭할 정도입니다. 또한, 앞서 보았듯이 그 경계의 관계들은 비대칭적 성격의 것입니다. 뇌의 물리적 상태가 나의 사고를 지배하면, 그것은 다만 무질서를 낳을 뿐입니다. 그러나 나의 뇌가 이성의 지배를 받을 때는 전혀 뇌 이하의 것이 되지 않습니다. 마찬가지로 나의 감정이나 감각작용도 감정이나 감각작용 이하의 것이 되지 않습니다. 이성은 나의 전체체계—심리적인 것이든 물리적인 것이든—를 구원해 주고 강화시켜 주는 반면, 전체체계가 이성에 반항할 때는 이성과 자기 자신을 파괴하게 됩니다. 이런 점에서 보면 창끝이라는 단어는 잘못 선택된 은유입니다. 초자연적 이성은 나의 자연적 존재 속으로, 공격하는 무기로서가 아니라 빛을 비춰 주는 광선이나 통합시켜 주고 발전시켜 주는 조직 원리로서 들어오기 때문입니다.

자연이 (외국 군대와 같은 이성에 의해) '침입'받는다고 묘사했던 우리의 그림은 틀렸습니다. 이러한 침입 사례를 면밀히 조사해 보면, 사실 그것은 어떤 왕이 자기 백성에게 오는 것이나, 코끼리 사육자가 자기 코끼리를 보러 오는 것과 더 유사합니다. 그 코끼리가 미친 듯이 날뛸 수도 있듯이 자연도 반항을 부릴 수 있습니다. 그러나 자연이 순종할 때 생기는 일을 관찰해 보건대, 복종하는 것이 바로 자연의 '자연(본성)'이라는 것은 거의 명백해 보입니다. 모든 일은 **마치** 자연이 본래 그런 역할을 하도록 설계되었다는 듯이 일어나기 때문입니다.

앞서 보았듯이, 자연이 하나님이나 인간 정신을 낳았다고 믿는 것은 어리석습니다. 자연과 하나님이 서로 독립적이며 자존적이라고 믿는 것은 불가능합니다. 그렇게 믿고자 하는 시도는 다만 내가 뭔가를 생각하고 있다고 말하는 것조차 불가능하게 합니다. 이원론에 신학적 매력이 있는 것은 사실입니다. 이원론은 악의 문제를 좀 더 용이하게 만들어 주는 듯하기 때문입니다. 그러나 결국에 성립될 수 없는 이론이라면, 그것이 주는 매력적인 약속 또한 지켜질 수 없으며, 저는 악의 문제에 대한 더 나은 해결책이 있다고 생각합니다. 이렇게 볼 때 결국 남는 것은 하나님이 자연을 창조하셨다는 믿음입니다. 이는 하나님과 자연 사이에 관계를 제공해 주면서, 동시에 완전한 '타자성'이라는 난점도 제거해 줍니다. 또한 이는 그 경계에서 관찰되는 상황과도 잘 들어맞습니다. 모든 것이, 자연은 지금 어떤 외부 침입자에 저항하고 있는 것이 아니라, 어떤 합법적인 왕에 대해 반역하고 있는 것이라고 말해 주는 듯 보이는 그 상황 말입니다. 이는, 아마도 이것만이, 자연은 지성적인intelligent 것이 아님에도 지성적으로 이해될 수 있는intelligible 것이라는—공간적으로 멀리 떨어져 있는 부분들에서 일어나는 사건들도 이성적 사고의 법칙들을 순종하는 것으로 보인다는—사실과 잘 들어맞습니다. 창조 행위라는 것 자체도 다른 모든 가설에서는 만날 수밖에 없어 보이는, 풀 수 없는 난점들을 제기하지 않습니다. 우리 인간 자신의 정신 속에 창조 행위와 희미하게 유사성 있는 무언가가 있기 때문입니다. 우리는 상상할 수 있습니다. 즉 물질적 대상이나 인물, 사건에 대해 정신적 그림이 존재하게 만들 수 있습니다. 그러나 우리의 상상은 두 가지 면에서 창조에 못 미치는 일입니다. 우리는 다만 진짜 우주로부터 빌려 온 요소들을 재결합할 수 있을 뿐입니다. 누구도 전혀 새로운 원색primary colour이나 여섯 번째 감각을 상상해 낼 수는 없습니다. 그리고 우리가 상상하는 것은 다만 우리 자신의 의식에만 존재합니다. 물론 말을 통해서 다른 사람들이 그들의 정신 속에 대략 유사한 그림을 만들도록 유도할 수는 있지만 말입니다. 기본적 요소를 만들어 내는 능력, 즉 색깔들이 아니라 색깔 자체, 감각 자체, 공간이나 시간이나 물질 자체를 발명해 내는 능력과, 자신이 발명해 낸 것들을 창조된 정신들에게 부여하는 능력은 모두 오직 하나님께만 속해 있는 능력입니다. 제가 보기에 이는 충분히 가능한 가정입니다. 이는 분명 하나님과 자연을 전적으로 서로 무관한 실재로 보는 개념보다 더 용이한 가정이며, 자연이 타당한 사고를 낳는다는 개념보다는 훨씬 더 용이한 가정입니다.

제 주장은 하나님의 자연 창조가 하나님의 존재만큼 엄밀하게 증명될 수 있다는 것이 아니라, 제게는 가히 압도적일 정도로 그 개연성이 높게 여겨진다는 것입니다. 어찌나 높게 여겨지는지, 열린 마음으로 이 문제에 접근하는 사람은 누구도 다른 가정을 진지하게 고려하지 않을 것이라는 생각이 들 정도입니다. 사실 초자연적 하나님의 존재를 이해하면서도 그분이 창조자이심을 부인하는 사람은 거의 없습니다. 우리가 가진 모든 증거는 그 방향을 가리키며, 달리 믿고자 시도할 경우는 온갖 난점이 사방에서 생겨납니다. 제가 지금껏 접해 본 그 어떠한 철학적 이론도 "태초에 하나님이 천지를 창조하시니라"라는 창세기의 말씀을 근본적으로 개선시키지는 못했습니다. '근본적인' 개선이라고 말한 것은, 창세기의 저 이야기는—성 제롬St. Jerome[5]도 오래전에 말했다시피—당시의 '대중 시인'의 방식으로, 즉 민간설화의 형태로 말해진 것이기 때문입니다. 그러나 그 이야기를 다른 민족들의 창조 전설—어떤 거인들의 몸이 쪼개지고 홍수가 마르고 하는 일 등이 창조 **전에** 있었다고 하

<hr />

5) 342경-419. 라틴어 이름은 유세비우스 히에로니무스Eusebius Hieronymus. 라틴어 역 성경인 불가타 성경the Vulgate의 번역자.

는 우스꽝스러운 이야기들—과 비교해 본다면, 이 히브리 설화의 깊이와 독창성이 명백히 드러날 것입니다. 거기서는 엄밀한 의미에서의 **창조** 개념이 완전히 이해되고 있습니다.

# 5. 자연주의의 심층적 난점

부르주아의 사회적 행위를 사회 물리학적 용어들로 묘사하곤 했던 칼 마르크스Karl Marx 같은 철저한 결정론자도, 때로는 도덕적 책임이 전제될 때만 정당화될 수 있는 경멸의 말을 퍼붓곤 했다.

니버R. Niebuhr, 《기독교 윤리An interpretation of Christian Ethics》, 3장.

논리적 사고가 모든 행위 중에서 가장 생기 없고 메마른 것이라 여기는 어떤 이들은, 앞 장에서 제가 논리적 사고에 특별한 위치를 부여했던 점에 반감을 느꼈을 것입니다. 그러나 앞 장에서 논리적 사고—이성적 추론 행위—가 논증의 주축일 수밖에 없었던 것은, 인간 정신이 제기하는 모든 주장 중에서 이성적 추론 행위가 타당하다는 주장은 자연주의자가 (철학적으로 말해서) 자기 자신의 목을 자르지 않는 한 부인할 수 없는 유일한 주장이기 때문이었습니다. 앞서 보았듯이 증명이란 없다는 것을 증명할 수는 없습니다. 그러나 만일 여러분이 인간의 모든 이상을 몽상으로 여기며, 인간의 모든 사랑을 생물학적 부산물로 여기길 바란다면, 그렇게 할 수 있습니다. 즉 완전한 자가당착과 난센스에 빠지지 않으면서도 그렇게 할 수 있다는 말입니다. 물론 극단적인 비개연성을 초래하지 않고—실제로는 누구도 믿지 않는 실재관을 받아들이지 않고—그렇게 할 수 있는지 여부는 또 다른 문제이지만 말입니다.

사람들은 또한 사실적 문제들에 대한 이성적 추론 행위 외에도 "나는 마땅히 이렇게 해야 한다", "나는 마땅히 이렇게 해서는 안 된다", "이것은 선한 일이다", "이것은 악한 일이다" 등의 도덕적 판단도 행합니다. 도덕적 판단을 보는 관점에는 두 가지가 있습니다. 어떤 이들은 우리가 도덕적 판단을 할 때 이성을 사용하는 것이 아니라 어떤 다른 힘을 사용한다고 생각합니다. 반면 어떤 이들은 우리가 이성으로 그런 판단을 한다고 생각합니다. 저는 두 번째 관점을 취합니다. 즉 다른 모든 원칙이 의존하는 제일도덕 원칙은 이성적으로 인식된다고 생각합니다. 나의 행복을 위해 내 이웃의 행복이 희생되어야 할 이유가 없다는 것을 '그냥 압니다.' 마치 동일한 것과 동등한 것은 서로 동등하다는 것을 '그냥 알' 듯이 말입니다. 두 경우 모두 우리가 그 공리를 증명할 수 없는 것은, 그것이 비이성적이어서가 아니라 그것은 자명한 것으로서, 모든 증명이 그것에 의존하기 때문입니다. 그런 공리들의 내재적 합리성은 자기 자신의 빛을 스스로 발산합니다. 우리가 어떤 사람의 행위를 바로 잡고자 할 때 그에게 "이성적으로 생각해Be reasonable"라고 말하는 것도 모든 도덕이 바로 그 자명한 원칙들에 기초하고 있기 때문입니다.

그러나 이는 그저 말이 난 김에 한 이야기입니다. 현재 우리의 목적을 위해서는 이 두 견해 중 어느 쪽을 취하느냐는 중요하지 않습니다. 지금 중요한 것은, 자연주의는 다른 모든 사고에서와 마찬가지로 도덕적 판단에서도 같은 종류의 난점을 일으킨다는 것을 우리가 깨닫는 것이기 때문입니다. 우리는 다른 모든 토론에서도 그렇듯이 도덕에 대한 토론에서도, 만일 어떤 견해가 도덕과 무관하고 non-moral 이성과 무관한 원인으로 완전히 설명될 수 있다면 그것에는 일고의 가치도 없다는 점을 당연시합니다. 선과 악에 관해 의견이 다른 두 사람이 토론하는 자리에서는 늘 이 원칙이 적용되는 것을 듣게 됩니다. "그가 소유권의 신성함을 믿는 것은 백만장자이기 때문이야", "그가 전쟁을 무조건 반대하는 것은 겁쟁이이기 때문이야", "그가 육체적 형벌을 찬성하는 것은 사디스트이기 때문이야." 이런 비아냥거림은 흔히 진실이 아닐 수 있습니다. 그러나 어쨌거나 한편에서는 그런 말을 하고, 다른 편에서는 거기에 극구 항변한다는 사실 자체가 지금 어떤 원칙이 사용되고 있는지를 분명하게 보여 줍니다. 만일 그런 것이 사실이라면, 이는 결정적인 문제라는 것을 양편 모두 의심하지 않습니다. (실제 삶에서는) 누구도, 도덕과 무관하고 이성과 무관한 원인에서 생겨난 것으로 증명될 수 있는 도덕적 판단에는 전혀 귀 기울이지 않습니다. 프로이트 학파와 마르크스 학파는 바로 이런 근거에서 전통적인 도덕을 공격하는 것이며, 또 대대적인 성공을 거두고 있습니다. 사실 사람은 누구나 이 원칙을 받아들이고 있는 것입니다.

특정한 도덕적 판단을 불신시키는 것은 또한 도덕적 판단 전체를 불신시키는 것이라고 보는 것이 당연합니다. 사람들이 '마땅히 해야 한다', '마땅히 하지 말아야 한다'라는 것 같은 이상을 가지고 있다는 사실이 이성과 무관하고 도덕과 무관한 원인으로써 완전히 설명될 수 있다면, 이는 그러한 이상들이 몽상에 지나지 않는다는 말입니다. 자연주의자는 어떻게 그런 몽상이 생겨났는지를 충분히 설명할 수 있다고 말합니다. 우선, 화학적 조건이 생명을 낳았습니다. 그리고 생명은 자연 선택의 영향 아래에서 의식意識을 낳았습니다. 그런데 어떤 방식으로 행동하는 의식적 유기체는 다른 방식으로 행동하는 유기체보다 더 오래 살았습니다. 더 오래 살았기에 자손을 가질 가능성도 더 높았습니다. 그리고 유전과 (때로는) 교육이 그러한 행동 양식을 자식들에게 전달했습니다. 이런 식으로 모든 종種에는 어떤 일정한 행동 패턴이 형성되었습니다. 인간 종에서는 의식적인 교육이 그 형성에서보다 큰 부분을 차지하고 있으며, 인간 종족은 그 패턴에 순응하지 않는 개인들을 죽임으로써 그것을 한층 더 강화합니다. 또한 그들은 거기서 이탈한 이들에게 벌을 가한다고 말해지는 신들을 발명해 내기도 합니다. 이런 식으로 오랜 세월을 통해 인간 안에는 순응하고자 하는 강력한 충동이 생기게 되었습니다. 그런데 이러한 충동은 다른 충동들과 갈등을 일으킬 때가 많습니다. 그래서 어떤 정신적 갈등이 생기게 되는데,

"나는 A를 하고 싶지만 B를 하는 것이 마땅하다"라는 말은 바로 그러한 갈등을 표현해 주는 말입니다.

이러한 설명은 인간이 왜 도덕적 판단 행위를 하는지 설명해 줄 수도 있고, 아닐 수도 있습니다. 그러나 그런 판단 행위가 어떻게 옳은 것일 수 있는지는 설명해 주지 못합니다. 사실, 이 설명은 그런 판단이 옳은 것일 수 있는 가능성 자체를 아예 배제시킵니다. 왜냐하면 "나는 마땅히 이 일을 해야 한다"라고 말할 때 사람들은 분명, 자신이 지금 느낌에 대해서가 아니라 그 행위의 본질에 대해서 무언가 참된 말을 하고 있다고 생각하기 때문입니다. 그러나 만일 자연주의가 옳다면, "나는 마땅히 해야 한다"라는 말은 "나는 지금 몸이 가렵다"나 혹은 "나는 지금 몸이 찌뿌드드하다"와 같은 종류의 진술에 지나지 않습니다. 실제 삶에서는 어떤 사람이 "나는 마땅히 이 일을 해야 해"라고 말할 때, "맞아. 네가 옳아. 그것은 정말 당신이 마땅히 해야 하는 일이야"라는 식으로 대답하거나, 혹은 "아니. 나는 네가 잘못 생각하고 있다고 봐"라는 식으로 대답합니다. 그러나 자연주의자들의 세계에서는 (만일 자연주의자들이 학교 밖에서도 정말로 자신의 철학대로 행동한다면) 합당하고 유일한 대답은 "그래? 너 지금 그래?"일 뿐입니다. 그 세계에서 모든 도덕적 판단은 화차의 느낌에 대한 진술—그 화자는 그것이 행위의 참된 도덕적 질이라는, 존재하지도 않는 무언가에 대한 진술로 오해하고 있다 하더라도—에 불과하기 때문입니다.

이 이론이 전적인 자가당착은 아니라는 점을 저도 인정합니다. 원한다면 자연주의자는 자신의 이론을 계속 밀어붙일 수도 있습니다. 그는 이렇게 말할 수 있습니다. "그렇습니다. 난 옳고 그름 같은 것은 없다고 생각합니다. 어떤 도덕적 판단도 '참'이거나 '옳을' 수 없으며, 따라서 어떤 도덕 체계가 다른 체계보다 더 낫거나 나쁠 수 없다고 생각합니다. 선악에 대한 모든 이상은 환상에 불과합니다. 우리가 느끼도록 조건화된 충동에 의해 바깥세상에 투사된 그림자에 지나지 않습니다." 사실 많은 자연주의자들이 즐겨 이렇게 말합니다.

그러나 만약 그렇다면 그들은 그 생각을 일관되게 고수해야 합니다. 그런데 다행스럽게도(일관성은 깨뜨리는 것이지만) 실제로 대부분의 자연주의자들은 그렇게 하지 않습니다. 선과 악은 몽상에 불과하다고 주장하고 나서 그들은 곧이어 후손을 위해 일하고, 인류를 위해 교육하며, 혁명하고, 악을 일소하고, 살고, 죽어야 한다고 권고합니다. 웰스H. G. Wells[1] 씨 같은 자연주의자도 오랜 세월을 자신의 열정적 웅변과 정력을 쏟아 부으며 그렇게 살았습니다. 이는 분명 정말 이상한 일 아닙니까? 나선형 성운이나 원자나 원시인 등에 대한 자연주의자들의 책이, 우리로 하여금, 자연주의자들은 그런 것들에 대해 무언가 알 수 있다고 주장한다고 가정하게 만드

--------------------------------------

1) 1866-1946. 《타임머신 *The Time Machine*》 등의 과학소설로 유명한 영국 작가.

는 것처럼, 우리가 마땅히 해야 하는 일이 무엇인지에 대해 말하는 자연주의자들의 책들은, 당연히 우리로 하여금 그들은 선에 대한 어떤 (가령, 그들 자신의) 이상들이 다른 것들보다 더 선호되어야 하는 것으로 생각하고 있다고 믿도록 만듭니다. 왜냐하면 그들은 그 자체로서 선한 것을 선포하며, 그 자체로서 나쁜 것을 고발하는 사람과 같은 의분으로 그런 글을 쓰고 있기 때문입니다. 자신은 개인적으로 부드러운 맥주를 좋아하는데 다른 이들은 쓴 맥주를 좋아한다는 사실에 대해 이야기하는 사람과는 전혀 다르게 말입니다. 만일 웰스 씨나 프랑코Franco 씨 등의 '마땅함'이 모두 자연이 그들로 하여금 갖게끔 조건화시킨 충동에 지나지 않고 어떤 객관적 옳음이나 그름과는 전혀 상관없는 것이라면, 도대체 왜 그들은 그렇게 흥분해서 말하는 것입니까? 그런 글을 쓰는 동안에도 과연, "마땅히 더 나은 세상을 만들어야 한다"라고 그들이 말할 때의 그 '마땅함'이나 '더 나은' 같은 단어는, 그들 자신의 이론에 따르면 구토나 하품과 마찬가지로 전혀 참이거나 거짓일 수 없는 비이성적 조건화된 충동에 지나지 않는다는 점을 기억하고 있는 것일까요?

제 생각에는 그들이 그 점을 잊을 때가 많은 것 같습니다. 그것이 그들의 영광입니다. 인간성을 배제하는 철학을 견지하고 있으나, 그럼에도 불구하고 그들은 여전히 인간인 것입니다. 부정의를 목격하면 자신의 모든 자연주의를 내던져 버리고, 인간처럼, 천재처럼 말합니다. 그들은 스스로 생각하는 것 훨씬 이상을 알고 있는 것입니다. 그러나 그런 상황 이외에는 여전히 가상의 탈출로를 의지하는 것 같습니다.

그 탈출로란 이런 것입니다. 그들은 속으로 이렇게 말합니다. "아, 그래요. '도덕'—'부르주아적', '인습적', '전통적' 도덕—은 몽상에 불과합니다. 그러나 우리는 어떤 행동 양식이 인류를 계속 보존시킬 수 있는지를 발견해 왔습니다. 우리는 지금 그 행동을 여러분에게 채택하라고 말하는 것입니다. 우리를 부디 도덕가로 오해하지 마십시오. 우리는 전적으로 새로운 체제 아래 있습니다." 마치 이런 식으로 빠져나갈 수 있다는 듯이 말입니다. 그러나 그럴 수 있으려면 사는 것이 죽는 것보다 더 낫다는 점, 그리고 마땅히 후손을 우리 자신만큼 혹은 그 이상으로 돌봐야 한다는 점을 먼저 인정해야 합니다. 그런데 이 두 가지 모두 다른 것과 마찬가지로, 자연주의자들이 설명해치우는explain away 도덕적 판단입니다. 물론, 자연이 우리를 어떤 일정한 방식으로 조건화했었다면, 우리는 삶이나 후손에 대해서 그런 방식으로 느끼게 될 것입니다. 그러나 자연주의자들은 그런 느낌을 더 이상 '참 가치'에 대한 통찰로 오해하지 못하게끔 해 놓았습니다. 그렇다면 이제 후손을 돌보고 싶어 하는 충동이 실은 치즈를 좋아하는 충동과 같은 종류의 것임을 아는 이상—전자의 초월성 주장이 사기임이 밝혀진 이상—제가 거기에 신경을 쓸 것 같습니까? 우연히 그 충동이 강할 때는(여러분이 제게 그것의 참 본질이 무엇인지를 설명해 준 이후로는 상당해 약해져 버렸지만)

아마 그것을 따르겠지요. 하지만 그 충동이 약할 때에는, 당연히 그냥 치즈를 사 먹고 말 것입니다. 이제 충동들이 모두 어떤 것인지를 안 이상 어떤 충동을 다른 충동보다 더 북돋우고 키우고자 노력해야 할 아무런 이유가 없습니다. 자연주의자들은 월요일에는 양심에 대한 저의 존중심을 파괴시켜 놓고선, 화요일에도 제가 그것을 계속 존중하리라고 기대해서는 안 됩니다.

이런 식으로 빠져나갈 수 있는 길은 존재하지 않습니다. 만일 우리가 도덕적 판단을 계속하고자 한다면(말로는 뭐라고 하든 사실상 우리는 계속하게 될 것입니다), 사람의 양심은 자연의 산물이 아니라는 점을 믿어야만 합니다. 그리고 양심이 타당성을 가질 수 있기 위해선 어떤 절대적인 도덕적 지혜, 즉 절대적으로 '독자적으로' 존재하며, 도덕과 무관하고 이성과 무관한 자연의 산물이 아닌, 어떤 도덕적 지혜의 산물이어야 합니다. 앞 장의 논증으로 이성적 사고의 초자연적 원천을 인정할 수밖에 없게 되었다면, 이번 장의 논증으로 우리는 선악에 대한 우리 관념의 초자연적 원천을 인정할 수밖에 없게 되었습니다. 다시 말하자면, 이제 우리는 하나님에 대해 무언가 더 많은 것을 알게 된 것입니다. 만일 여러분이 도덕적 판단은 이성적 추론과 다른 것이라고 주장하는 사람이라면, 이 새로운 지식을 이렇게 표현할 것입니다. "이제 우리는 하나님에게는 이성성 rationality 외에 또 다른 속성도 있다는 것을 알게 되었다." 그렇지 않고 만일 저처럼 도덕적 판단은 일종의 이성적 추론이라고 주장하

는 사람이라면, 이렇게 말할 것입니다. "이제 우리는 신적 이성에
관해 더 많은 것을 알게 되었다."

이제 우리는 이 책의 중심 논증을 시작할 준비를 거의 마쳤습니
다. 그러나 그 전에 먼저, 생길 수 있는 몇 가지 의심 내지 오해에
대해 잠시 짚고 넘어가는 것이 좋을 듯싶습니다.

# 6. 몇 가지 의심에 대한 답변

왜냐하면 박쥐의 눈이 빛을 보지 못하듯, 우리의 지적인 눈은 본질적으로
최고 명백한 진리들을 보지 못하기 때문이다.
아리스토텔레스, 《형이상학*Metaphysics*》, 1장 (축약본) 1절.

 

지금까지의 논증이 자연 영역 안에 환경과 무관하게 이리저리
표류하는 '혼들' 내지 '영들'(제가 피해 왔던 단어들인바)이 있다는 결
론으로 이어지지는 않는다는 점을 분명히 이해해야 합니다. 우리는
흔히 자연주의의 증거로 여겨지는 다음 주장을 부인하지 않습니다.
실은 기꺼이 받아들입니다. 우리는 이성적 사고가 어떤 자연적 물
체(뇌)에 의해 그 활동이 조건 지워져 있음이 증명될 수 있다는 점
을 인정하며, 또 적극 주장하기도 합니다. 우리의 이성적 사고는 알
코올에 의해서나, 머리에 타격을 받을 경우 일시적으로 손상을 받
습니다. 이성적 사고는 뇌가 노쇠해지면 쇠약해지며 뇌가 작동을
그치면 사라져 버립니다. 마찬가지로, 공동체의 도덕관도 그 공동

체의 역사나 지리적 환경이나 경제 조직 등과 긴밀하게 관련 있다는 사실이 증명될 수 있습니다. 개인의 도덕적 이상도 마찬가지로 그 개인이 처한 일반적 상황과 관계있습니다. 부모나 학교 선생님이 거짓말은 가장 참아 줄 수 없는 악이라고 그렇게 자주 말했던 것은 우연이 아닙니다. 거짓말은 아이가 사용할 수 있는 유일한 방어 무기라는 점을 생각해 보면 말입니다. 이 모든 것은 난점이 되기는커녕 오히려 우리가 응당 기대하고 있는 바입니다.

각 인간 정신 안의 이성적이고 도덕적인 요소는 이를테면 초자연이 자연 속으로 들어오는 작용점입니다. 각각의 지점에서 초자연은 자연이 제공해 주는 조건을 이용하는데, 그 조건이 절망적일 때는 퇴짜를 당하고, 비우호적일 때는 방해를 받습니다. 사람의 이성적 사고는 뇌의 상태가 허용해 주는 **만큼** 영원한 이성에 참여합니다. 말하자면, 그것은 그 특정 지점에서 이성과 자연 사이에 성립된 흥정이며 그 둘 사이에 정해진 경계입니다. 마찬가지로, 한 나라의 도덕관은 그 나라가 그 나라의 역사나 경제 등이 허용해 주는 만큼 영원한 도덕적 지혜에 참여한 부분입니다. 마치 아나운서의 목소리가 그 수신 장치가 허용해 주는 만큼 인간 목소리를 전해 주듯이 말입니다. 당연히 그 목소리는 수신 장치의 상태에 따라 다양하게 나타나며, 장치가 낡으면 질이 나빠지며, 장치가 망가지면 완전히 사라지게 됩니다. 그것은 그 장치에 의해 조건 지워져 있지만, 그렇다고 그 장치에 의해 만들어진 것은 아닙니다. 만일 그렇다면, 즉 마이크 앞에서 말하는 사람이 존재하지 않는다면, 우리는 그 뉴스에 귀 기울일 필요가 없을 것입니다. 이성과 도덕이 나타나는 다양하고 복잡한 조건은 자연과 초자연 사이의 경계의 굴곡들입니다. 이것이 바로, 원한다면 여러분이 얼마든지 초자연을 무시하고 순전히 현상을 자연 측면에서만 다룰 수도 있는 이유입니다. 마치 지도에서 콘월과 데번셔의 경계를 연구하는 사람이 "당신이 데번셔의 나온 부분이라고 부르는 곳은 사실 콘월의 들어간 부분이다"라고 말할 수 있듯이 말입니다. 어떤 의미에서 그의 말은 논박이 불가능합니다. 데번셔의 나온 부분이라고 부르는 곳은 정말 콘월의 들어간 곳이기 때문입니다. 이렇듯 우리가 사람의 이성적 사고라고 부르는 것은 언제나 어떤 뇌의 상태를 포함하며, 종국으로는 원자들의 어떤 관계를 포함합니다. 그럼에도 불구하고 데번셔는 단순히 '콘월이 끝나는 곳'이 아닌 그 이상의 무엇이며, 이성은 뇌 생화학 이상의 무엇입니다.

생겨날 수 있는 또 다른 의심이 있습니다. 어떤 이들에게는, 초자연에 대한 모든 논증에서 가장 이해가 안 되는 부분은, 그런 논증이 필요하다는 사실 자체입니다. 만일 그렇게 엄청난 것이 존재한다면, 마땅히 그것은 하늘의 태양처럼 누구에게나 명명백백한 것이어야 하지 않습니까? 가장 기본적인 '사실'에 대한 지식이, 대다수의 사람으로서는 그럴 여가도, 능력도 없는 세세한 이성적 추론으로서만 접근 가능하다는 것은 참을 수 없고 믿을 수 없는 일 아닙니까?

저 역시 이런 견해에 크게 공감합니다. 그러나 우리가 주목해야 할 두 가지가 있습니다.

만일 여러분이 위층 방에서 정원을 내려다보고 있다면 (일단 여러분이 생각해 보면) 지금 어떤 창문을 통해 정원을 본다는 것은 명백한 사실입니다. 그러나 관심이 온통 정원에 집중되어 있다면, 오랫동안 정원을 보면서도 창문에 대해서는 전혀 생각하지 못할 수도 있습니다. 또 여러분이 책을 읽고 있다면 (일단 여러분이 유의하기만 한다면) 지금 눈을 사용하고 있다는 것은 명백한 사실입니다. 그러나 눈이 아프기 시작하거나, 읽고 있는 책이 시각 행위에 대한 책이 아닌 한, 여러분은 저녁 내내 독서를 하면서도 한 번도 눈 생각은 하지 않을 수 있습니다. 이야기할 때 우리가 언어와 문법을 사용하고 있다는 것은 명백합니다. 외국어를 말하려고 노력한다면 이 사실을 뼈저리게 인식할 것입니다. 그러나 모국어를 말할 때는 이 점을 주목하지 못합니다. 계단 위에서 "금방 내려갈게I am coming in half a moment" 하고 소리칠 때, 여러분은 방금 'I'라는 단수형에 맞추어 'am'이라는 단수 동사를 사용했다는 점을 의식하지 못합니다. 여러 외국어를 배운 어떤 인디언이 자신의 종족이 사용하는 언어 문법에 대한 질문을 받자, 잠시 생각한 다음 자기 언어에는 문법이 없다고 대답했다는 이야기가 있습니다. 평생 동안 사용해 온 문법을 평생 동안 알아차리지 못했던 것입니다. 그는 (어떤 의미에서) 그것을 너무도 잘 알았기에 (또 다른 의미에서는) 그것의 존재를 알지 못했던 것입니다.

이런 모든 경우는, 가장 명백하고 기본적 사실인 사실, 그것을 통해서만 다른 모든 사실에 접근할 수 있는 그 사실을 우리가 너무 쉽게—너무 멀고 난해해서가 아니라, 너무 가깝고 명백해서—망각해 버릴 수 있다는 것을 보여 줍니다. 이것이 바로 초자연이 망각되어 온 방식입니다. 자연주의자들은 그간 자연에 대해 생각하는 일에 몰두해 왔습니다. 그렇게 하느라 자신들이 지금 **생각하고 있다**는 사실에는 주목하지 못한 것입니다. 그러나 그들이 여기에 주목한다면, 사람의 사고는 단순히 자연적 사건일 수 없다는 것, 따라서 자연 외에 다른 무언가가 존재한다는 것이 명백해질 것입니다. 초자연은 멀고 난해한 것이 아닙니다. 그것은 지극히 일상적이며 숨쉬기처럼 친숙한 경험의 문제입니다. 그것을 부인하는 것은 어떤 무심 상태 때문입니다. 그런데 이런 무심 상태는 결코 놀라운 일이 아닙니다. 여러분은 정원을 볼 때 계속 창문 생각을 하거나, 독서할 때 계속 눈 생각을 할 필요는 없습니다. 그러기를 바라지 않을 것입니다. 마찬가지로 어떤 제한적이고 특정한 탐구를 할 때의 적합한 절차는 생각 자체에 대해서는 잊고 그 대상에 집중하는 것입니다. 그러나 그런 특정한 탐구에서 돌아와 어떤 총체적 철학을 형성하고자 할 때는 반드시 그 사실을 고려해야만 합니다. 왜냐하면 총체적 철학이란 반드시 **모든** 사실을 포괄해야 하기 때문입니다. 그런 철학에서는 분화되고 부분적인 사고가 아니라 총체적 사고를 해야 합니다. 그리고 그런 총체적 사고가 생각해야만 하는 사실들 중의 하나가 바로 인간이 사고한다는 사실 그 자체입니다. 이렇게 자연 연구에는 모든 사실 중에서 가장 명백한 사실인 사실을 잊게끔 만드는 경향이 있습니다. 그리고 과학이 탄생한 16세기 이래로, 사람들의 정신이 점점 자연을 알고 자연을 정복하기 위해 외부로 향했습니다. 그들은 부분적인 사고가 올바른 방법인 분화된 탐구에 점점 더 깊이 몰두했습니다. 따라서 그만 초자연에 대한 증거를 망각해 버린 것은 전혀 놀라운 일이 아닙니다. 부분적 사고라는 깊이 뿌리박힌 습관 ― 우리가 '과학적' 사고 습관이라고 부르는 ― 은 어떤 다른 원천으로부터 그 경향이 지속적으로 교정받지 못하는 한 확실히 자연주의로 이어질 수밖에 없습니다. 그런데 그들은 그 다른 원천을 접할 수 없었습니다. 왜냐하면 그 기간 동안 과학자들은 점점 형이상학이나 신학 교육에서 멀어졌기 때문입니다.

이는 제게 또 다른 생각을 불러일으킵니다. 일반인들이 난해한 이성적 추론에 의해서만 초자연을 발견할 수 있게 된 작금의 상황은 최근의 사태이며, 역사적으로 볼 때 변칙적인 것입니다. 현대 이전까지는, 세계 어느 곳에서나 신비가들의 직접적 통찰과 철학자들의 이성적 추론이 권위와 전통에 의해 일반 대중 속으로 침투해 들어갔습니다. 즉 스스로 위대한 사상가가 못 되어도 신화와 의식儀式이라는 구체적인 형식과 삶의 전체적 양식을 통해 그것들을 받아들일 수 있었습니다. 그러나 한 세기를 풍미한 자연주의로 인해 현재 보통 사람들은 전에는 결코 감당할 것을 요구받지 않았던 짐을 강요받고 있습니다. 이제 우리는 스스로 진리를 찾아내던지, 아니면 진리와 무관하게 살던지, 둘 중 하나일 수밖에 없습니다. 이에 대해 두 가지 설명이 있을 수 있습니다. 어쩌면 인류는 전통과 권위에 대항함으로써 무시무시한 실수를 범한 것인지도 모릅니다. 권위 있는 이들의 부패가 변명거리가 되긴 하지만, 치명적 결과가 적지 않을 그런 실수 말입니다. 그러나 또 다른 한편에서 보자면, 어쩌면 지금 상황은 우리 종種을 지배하는 어떤 힘이 대담한 실험을 수행하고 있는 것인지도 모릅니다. 어쩌면 이 상황은 인류 전체가 전진하여, 전에는 오직 현인들에게만 가능했던 그런 경지에 모두 올라갈 수 있도록 하기 위해 의도된 것은 아닐까요? 그렇게 모두 현자가 되어 현자와 단순한 이들 사이의 구별이 사라지도록 하기 위한? 만일 그런 것이라면, 현재 우리가 하는 실수는 다만 성장에 따르는 고통일 것입니다. 그러나 우리는 당면한 상황에 대해 착각해서는 안 됩니다. 만일 우리가 다시 뒤로 돌아가 전통에 겸손히 순종하는 단순한 사람들이 된다면, 이는 좋은 일입니다. 또, 우리가 등정을 각오하고 스스로 현인이 될 때까지 분투한다면, 이는 더 좋은 일입니다. 그러나 다른 사람들의 지혜에 순종하지도 않고, 그렇다고 스스로 모험을 감행하지도 않는 사람은 지금 파멸로 가는 것일 수밖에 없습니다. 단순한 대중이 소수의 현자에게 순종하는 사회는 살아남을 수 있습니다. 모두가 현자인 사회라면 훨씬 더 충만한 삶을 누릴 것입니다. 그러나 대중이 여전히 단순하면서도 더 이상 현자들에게 귀 기울이지 않는 사회는 다만 피상성, 저급함, 추함에 이를 뿐이며 결국 사멸할 수밖에 없습니다. 앞으로든 뒤로든 아무튼 우리는 가야 합니다. 그냥 가만 머물러 있는 것은 죽음입니다.

의구점이나 난제로 여겨질 만한 또 다른 문제를 다뤄야겠습니다. 앞에서 저는 모든 이성적 인간 안에는 어떤 초자연적 요소가 있다고 믿을 만한 이유들을 제시했습니다. 2장의 정의에 따르면, 세상 안에 인간의 이성성이 존재한다는 것 자체가 이미 하나의 기적입니다. 이 점이 파악되면 어떤 독자는 "아, **이런 것**이 이 사람이 말하는 기적이었구나……" 하면서 이 책을 그냥 던져 버릴 수도 있을 것입니다. 그러나 저는 독자 여러분께 부디 조금만 더 인내해 줄 것을 부탁드립니다. 인간 이성과 도덕성은—적어도 여러분이 여기서 듣고 싶어 하는 그런 종류의—기적의 실례로서 언급된 것이 아니라, 다만 초자연에 대한 증거로서 제시된 것일 뿐입니다. 즉 자연이 침입당하는 것을 보여 주기 위해서가 아니라, 침입할 수 있는 존재가 있음을 보여 준 것입니다. 인간 이성에 의한 규칙적이고 친숙한 침입을 기적이라고 불러야할지 아닐지의 여부는 다만 용어 선택 문제에 불과합니다. 그것의 규칙성—그것이 인간의 성교라는 동일한 문을 통해 규칙적으로 자연 안으로 들어온다는 사실—은 아마 여러분이 기적이라고 부르고 싶을 것입니다. **이런** 침입을 겪는 것이 (가히) 자연의 본질이라고 생각할 수도 있습니다. 그러나 그렇다면 나

중에 여러분은 기적 일반을 겪는 것을 자연의 본질로 이해하게 될 것입니다. 그러나 다행스럽게도, 우리 논증의 경로는 이런 용어 선택의 문제를 한쪽으로 제쳐 놓을 수 있게끔 해 줍니다. 이제 우리가 살펴볼 문제는 초자연이 자연에 침입하는 다른 경우—일반적으로 기적으로 불리는 것—가 있는지 입니다. 즉 우리가 다룰 질문은 이런 식으로도 표현될 수 있습니다. "초자연은 인간의 신경과 근육에 작용하는 인간 뇌를 방편으로 하는 식 말고 **다른 식으로도** 시공간 속에 특정한 결과들을 낳을 수 있는가?"

제가 '**특정한** 결과들'이라고 말했던 것은, 우리 관점에서 자연은 그 전체가 이미 초자연이 낳은 거대한 결과물이기 때문입니다. 하나님이 자연을 창조한 것이기 때문입니다. 또 하나님은 인간 정신이 있는 곳이면 어디든 자연을 통해 들어오고 있습니다. 자연의 존재가 유지되는 것도 아마 하나님 덕분일 것입니다. 따라서 우리가 다룰 문제는, 하나님은 그런 일 외에 다른 일도 자연에게 하시는가 입니다. 이런 모든 일 외에도 하나님은, "이것은 하나님이 자연을 창조할 때 자연 전체에게 부여했던 그 일반적 성격으로 인해 생기는 일일 뿐이야"라고 말할 수 없는 그런 사건도 자연 속에 들여오시는 경우가 있는가 하는 질문 말입니다. 사람들이 보통 기적이라고 부르는 사건은 바로 그런 것을 말하며, 이제부터 이 책에서는 그런 의미에서만 기적이라는 단어가 사용될 것입니다.

# 7. 오해

거기서 **마울**이라는 한 거인이 나타났다.
이 **마울**은 궤변을 통해 젊은 순례자들을 망치려고 들었다.

버니언Bunyan

하나님이 존재하며 자연을 창조했다는 것을 인정한다고 해서, 기적이 일어날 수밖에 없다거나 혹은 일어날 수 있다는 결론이 따라오는 것은 아닙니다. 어쩌면 기적을 일으키는 것은 하나님 그분의 본질이나 성격에 위배되는 일일 수도 있기 때문입니다. 또, 어쩌면 하나님은 자연을 어떤 것이 덧붙여지거나 빠지거나 수정될 수 없도록 만들었을 수도 있습니다. 따라서 기적에 대한 논박에는 두 가지 서로 다른 근거가 있을 수 있습니다. 즉 하나님의 성격 자체가 기적을 배제한다고 생각할 수도 있고, 혹은 자연의 성격 자체가 기적을 배제한다고 생각할 수도 있습니다. 우리는 좀더 대중적인 두 번째 생각에서부터 시작하려고 합니다. 이번 장에서는 그런 생각의 대단히 피상적 형태—여러 오해—에 대해 살펴보고자 합니다.

첫 번째 오해는 이것입니다. 아마 여러분은 어떤 사람(꼭 하나님을 믿지 않는 사람이라는 법은 없습니다)이 기적이라고 주장되는 어떤 사건에 대해 이렇게 말하는 소리를 종종 들을 것입니다. "아니지요. 당연히 저는 믿지 않습니다. 그것이 자연법칙에 위배되는 일임을 압니다. 옛날 사람들이 그것을 믿었던 것은 자연법칙을 몰랐기 때문이지요. 그러나 지금 우리는 그것이 과학적으로 불가능하다는 사실을 압니다." 아마 그가 말하는 '자연법칙'이란 자연의 관찰된 행로를 말하는 것일 것입니다. 만일 그 이상의 어떤 것을 말하는 것이라면, 그는 제가 지금 가정하는 그런 보통 사람이 아니라 어떤 철학적 자연주의자일 것이며, 그런 사람에 대해서는 다음 장에서 다룰 것입니다. 제가 지금 가정하는 사람은 경험(특히 우리가 실험이라고 부르는 인위적으로 고안된 경험들)이 자연 속에서 규칙적으로 일어나는 일을 말해 줄 수 있다고 믿는 사람입니다. 그리고 그는 우리가 발견해 온 바들이 기적의 가능성을 배제시킨다고 생각합니다. 그러나 이는 사고의 혼란에 불과합니다.

만일 기적이 **가능한** 것이라면, 어떤 주어진 경우에 기적이 일어났는지 여부를 말해 주는 것은 물론 경험입니다. 그러나 단순한 경험은 설령 100만 년 동안 지속된다고 해도 기적이라는 것이 가능한지 아닌지 여부를 말해 줄 수 없습니다. 실험은 자연 속에서 규칙적으로 일어나는 일들, 즉 자연의 작동 표준이나 규칙들을 발견해 내는 작업입니다. 기적을 믿는 사람들도 그러한 표준이나 규칙이 있다는 것을 부인하지 않습니다. 다만 그들은 그것이 일시 정지될 수 있다고 말하는 것뿐입니다. 기적은 정의상 하나의 예외적 사건입니다. 아무리 규칙을 발견했다고 한들 어떤 충분한 원인이 있을 경우 그 규칙이 잠시 정지될 수 있는지의 여부에 대해서, 그 규칙이 무엇을 말해 줄 수 있겠습니까? 만일 우리가 "규칙은 A다"라고 주장했는데, 어떤 경험을 통해 그 규칙이 사실은 B라는 것이 발견된다면 우리는 논박될 것입니다. 또, 우리는 "규칙이란 존재하지 않는다"라고 주장했는데, 경험을 통해 규칙의 존재가 관찰된다면 우리는 논박당할 것입니다. 그러나 우리의 주장은 그런 것이 전혀 아닙니다. 우리는 어떤 규칙이 존재하고, 그 규칙이 B라는 것에 동의합니다. 하지만 그것이, 그 규칙이 일시 중지될 수 있는지의 문제와는 대체 무슨 관련이 있습니까? 어쩌면 여러분은 "그러나 경험은 그런 일이 결코 일어난 적이 없음을 말해 준다"라고 말할지 모르겠습니다. 그러나 우리의 대답은 이렇습니다. "설령 그렇더라도, 그것이 기적은 결코 일어날 수 없다는 것을 증명해 주는 것은 아니다. 그러나 경험이 그런 것을 증명해 준다는 그 말도 과연 맞는 말인가? 세상에는 기적을 경험했다는 사람들의 이야기로 가득하다. 물론 그 이야기들이 거짓일 수도 있지만, 사실일 수도 있다. 어쨌거나 그러한 역사적 문제에 대해 판단하기 전에, 먼저 (1장에서 한 것처럼) 그것의 가능성 여부와, 또 가능한 것이라면 그 개연성이 얼마인지를 따져 보아야 한다."

과학의 진보로 사정이 달라졌다고 보는 생각은, '이전 시대'의 사람들이 기적을 믿었던 것은 '자연법칙을 몰랐기 때문이다'라는 생각과 밀접한 관계가 있습니다. 아마 어떤 사람들이 이렇게 말하는 것을 들어 봤을 것입니다. "초기 그리스도인들은 그리스도가 동정녀의 아들이었다고 믿었지만, 이제 우리는 그것이 과학적으로 불가능하다는 것을 안다." 이 사람들은 기적에 대한 믿음이 자연의 행로에 너무 무지한 나머지 기적이 이에 어긋난다는 것을 몰랐던 시대에 생겨난 것이라고 생각하는 것 같습니다. 그러나 이는 조금만 더 생각해 봐도 말이 안 됨을 알 수 있습니다. 동정녀 탄생 이야기가 특히 인상적인 예입니다. 요셉이 자기 약혼자가 임신 중이라는 것을 알았을 때, 자연스럽게 파혼하기로 결정했습니다. 왜 그렇습니까? 자연의 정상적 행로로 볼 때 남자와 동침하지 않은 여자는 결코 아기를 가질 수 없다는 것을 요셉도 현대의 어느 의사 못지않게 잘 알고 있었기 때문입니다. 물론 현대의 의사는 임신에 대해 요셉이 몰랐던 여러 가지를 알고 있을 것입니다. 그러나 그것은 요점—동정녀 탄생은 자연의 행로에 위배된다—과 관계가 없습니다. 그 **요점**은 요셉도 분명히 알고 있었습니다. 지금이라면 그 역시 "그것은 과학적으로 불가능하다"라고 말했을 것입니다. 이 특정한 경우에 있어서, 만일 자연의 규칙적 과정들이 자연 너머로부터 오는 무언가가 제압 내지 보충하지 **않는 한** 그런 일은 언제나 불가능한 일이었고, 또 어느 시대나 사람들은 그렇게 알고 있었습니다. 요셉이 후에 자기 약혼녀의 임신은 부정不貞 때문이 아니라 기적 때문이라는 관점을 받아들였을 때, 그는 기적을 자연의 질서를 거스르는 무언가로 받아들인 것입니다. 기적에 대한 모든 기록은 이와 동일한 것을 가르칩니다. 그러한 이야기들을 보면 기적은 언제나 목격자들에게서 두려움과 경탄을 일으키며(이것이 **기적**이라는 단어에 내포된 의미입니다), 초자연적 힘의 증거로 여겨집니다. 만일 사람들이 기적을 자연법칙에 위배되는 일로서 여겼던 것이 아니라면, 어떻게 기적이 초자연의 현존을 나타내는 것이 될 수 있었겠습니까? 만일 사람들이 기적을 법칙에 대한 예외적 사건으로 보지 않았다면, 어떻게 기적이 놀라운 사건일 수 있었겠습니까? 그리고 사람들이 법칙을 몰랐다면, 어떻게 어떤 일이 예외적인 사건으로 여겨질 수 있었겠습니까? 만일 자연법칙을 **전혀** 몰랐던 사람이었다면, 기적에 대한 개념조차 갖지 못했을 것이며, 설령 기적이 눈앞에서 벌어졌다 해도 특별한 흥미를 전혀 느끼지 못했을 것입니다. 여러분은 어떤 것이 평범한지 알고 나서야 비로소 어떤 것이 비범한지 알수 있습니다. 기적에 대한 믿음은 자연법칙에 대한 무지에서 비롯하기는커녕, 사람들이 그러한 법칙들을 알고 있기 때문에 비로소생길 수 있는 것입니다. 이미 우리는 초자연을 처음부터 배제하고들어간다면, 어떠한 기적도 인식하지 못할 것임을 살펴보았습니다. 이제 자연이 규칙적 법칙에 따라 움직인다는 것을 믿지 않는다면 어떠한 기적도 인식할 수 없다는 점도 덧붙여 말해야겠습니다. 태양이 늘 동쪽에서 떠오른다는 것을 알지 못한다면, 어느 날 태양이 서쪽에서 떠오른다고 해도 여러분은 그것을 전혀 기적으로 인식하지 못할 것입니다.

우리가 기적을 정상적인 일로 생각한다면, 무엇이 정상인지를 해명하는 것이 임무인 과학은 점점 우리가 기적에 대한 믿음을 갖는 것을 방해하고, 마침내는 불가능하게 할 것입니다. 과학의 진보는 바로 이런 식으로 우리 조상들이 믿었던 온갖 것—스키타이 지방에 산다는 사람 먹는 개미와 그리폰[1], 거대한 외다리를 가진 사람들, 모든 배를 자기 쪽으로 끌어당기는 자석 섬, 인어, 불을 내뿜는 용—을 믿을 수 없는 것으로 만들어 왔습니다(이는 실로 우리에게 큰 혜택이 아닐 수 없습니다). 그러나 그러한 것은 결코 자연의 행로에 대한 초자연적 간섭의 경우로 여겨진 적이 없습니다. 그것들은 자연의 정상적 행로 내에 들어 있는 항목—사실, 일종의 '과학'—으로서 제시된 것입니다. 따라서 당연히 후대의 진보된 과학은 그것들을 부인해 버렸습니다. 그러나 기적은 전적으로 다른 차원에 속합니다. 만일 불을 내뿜는 용이 존재한다면, 우리의 대사냥꾼들은 그 용을 찾아낼 수도 있을 것입니다. 그러나 동정녀 탄생이나 그리스도가 물 위를 걸으신 사건 등은 결코 다시 일어날 수 있는 일로 여겨

----

1) 독수리 날개와 사자 몸통을 가졌다는 괴물.

진 적이 없습니다. 처음부터 외부로부터 무언가가 자연 속으로 침입한 고유한 경우로 주장하는 사건의 경우는, 아무리 자연에 대한 지식이 증가한다 해도, 그로 인해 더 믿음직한 이야기도, 덜 믿음직한 이야기도 될 수 없습니다. 이런 의미에서 볼 때, 과학의 진보가 기적을 더 믿기 어렵게 만들었다고 생각하는 것은 사고의 혼란에 불과합니다. 왜냐하면 과거에도 우리는 기적이란 자연적 행로에 위배되는 사건이라는 사실을 알고 있었기 때문이며, 또한 지금도 만일 자연 너머에 무언가가 존재한다면 기적은 가능하다는 사실을 알고 있기 때문입니다. 이것이 바로 문제의 골자입니다. 시간이니 진보니 과학이니 문명이니 하는 것은 이것을 조금도 바꿔놓지 못합니다. 믿음과 불신의 근거는 2000년—심지어 만 년—전이나 지금이나 동일합니다. 만일 요셉이 하나님을 신뢰하는 믿음이 부족했거나, 자기 배우자의 거룩함을 알아보는 겸손함이 부족했다면, 그는 현대의 어떤 사람 못지않게 쉽사리 아들의 기적적인 기원을 불신했을 것입니다. 또한 하나님을 믿는 현대인이라면 지금도 요셉처럼 쉽게 기적을 받아들일 수 있습니다. 어쩌면 여러분과 저는, 이 책의 끝에 가서도 여전히 기적이 일어나는지의 여부에 대해 생각이 다를 수 있습니다. 그러나 적어도 우리는 난센스는 말하지 않도록 합시다. 과학의 진보에 대한 막연한 수사적 말에 현혹되어, 현대인들은 유전자니 정자니 하는 복잡한 과학적 설명을 통해, **자연**이 '남자를 알지 못하는'[2] 젊은 여자에게는 아기를 보내지 않는다는 사실을 옛

날 사람들에 비해 더 크게 확신하고 있다는 식으로는 말하지 않도록 합시다.

두 번째 오해는 이렇습니다. 많은 사람들이 이렇게 말합니다. "옛날 사람들이 기적을 믿었던 것은 우주에 대해 잘못된 생각을 갖고 있었기 때문이다. 그들은 지구를 우주에서 가장 큰 것으로, 인간을 가장 중요한 창조물로 생각했다. 따라서 창조자가 인간에게 특별한 관심을 가지며, 인간의 유익을 위해 자연의 행로를 간섭하기조차 한다고 생각했던 것은 일리 있어 보이는 가정이었다. 그러나 이제 우주가 얼마나 광대한지—지구와 전체 태양계는 작은 알맹이에 불과하다는 것을—알게 된 이상, 그런 것을 믿는다는 것은 어이없는 일이 되었다. 우리는 인간의 중요성이 어느 정도인지를 발견했고, 이렇게 보잘것없는 인간사에 하나님이 큰 관심을 가진다고는 더 이상 생각할 수 없다."

하나의 논증으로서의 가치 문제는 차치하더라도, 이는 사실 관계에 있어서도 이미 틀린 견해임을 쉽게 알 수 있습니다. 우주의 광대함은 최근에 발견된 사실이 아닙니다. 이미 1700여 년 전에 톨레미Ptolemy[3]는 고정된 별들 사이의 거리에 비하면 전체 지구는 크기 없는 점으로 여겨야 한다고 가르친 바 있습니다. 그의 천문학 체

--------------------------------------

2) 누가복음 1장 34절 참조.
3) 90경-168경. 클라우디우스 프톨레마이오스Claudius Ptolemaeus. 그리스 수학자, 천문학자, 지리학자.

계는 암흑 시대와 중세 시대에 보편적으로 받아들여진 이론이었습니다. 지구의 상대적 사소함은 웰스 씨나 홀데인 교수에게 못지않게, 이미 보에티우스Anicius Manlius Severinus Boethius[4], 알프레드 왕King Alfred[5], 단테Alighieri Dante[6], 초서Geoffrey Chaucer[7]에게도 상식이었습니다. 현대에 쓰인 어떤 책들이 반대로 이야기하는 것은 무지 때문입니다.

진짜 문제는 우리가 흔히 생각하는 것과 상당히 다릅니다. 지구의 공간적 사소함은 이미 15세기 동안 많은 기독교 철학자들이 주장해 왔고, 기독교 시인들이 노래해 왔으며, 기독교 도덕가들이 논평해 온 것으로, 그들은 그것이 자신들의 신학과 충돌한다고는 추호도 의심하지 않았는데, 왜 갑자기 현대에 들어 기독교에 반反하는 상투적인 논증으로 세워져서, 그런 용도로 상당한 성공을 거두었는지가 진짜 문제입니다. 뒤에서 저는 이 질문에 대한 답을 한번 추측해 볼 것이지만 일단 지금은 이 상투적인 논증의 강점이 무엇인지부터 생각해 보겠습니다.

시신을 검사하는 의사는 장기를 관찰하고 음독 여부를 진단할 때, 자연사를 한 경우라면 장기의 상태가 어떨지에 대해 분명한 생

---

4) 470–524. 6세기 기독교 철학자. 《철학의 위안 Consolation of Philosophy》의 저자.
5) 849경–899. 871년부터 899년까지 웨식스Wessex 앵글로색슨 왕국을 다스렸던 왕.
6) 1265–1321. 이탈리아 시인. 《신곡 Commedia》의 저자.
7) 1343경–1400. 영국의 시인, 철학자. 《캔터베리 이야기 The Canterbury Tales》의 저자.

각을 가지고 있습니다. 마찬가지로, 우주의 광대함과 지구의 사소함을 근거로 기독교를 틀렸다고 진단하려면 먼저, 기독교가 옳을 경우에는 우주가 어떤 곳이어야 하는지에 대해 분명한 생각을 가지고 있어야 합니다. 그러나 과연 우리는 분명한 생각을 가지고 있을까요? 실제로 공간이 어떤 것이든 간에 우리는 공간을 삼차원적인 것으로 지각할 수밖에 없음은 분명합니다. 그런데 삼차원적 공간은 경계를 가진 것일 수 없습니다. 따라서 우리의 지각 형식으로는 우리 자신이 무한한 공간 속 어딘가에 살고 있다고 느낄 수밖에 없습니다. 그렇다면 지구의 크기가 얼마이든 아무튼 그것은 무한에 비하면 당연히 대단히 작은 것일 수밖에 없습니다. 또한, 이러한 무한한 우주는 비어 있거나 아니면 천체들을 가졌거나, 둘 중 하나일 수밖에 없습니다. 만일 비어 있다면, 즉 우주에 우리가 보는 태양 외에는 아무것도 없다면, 그런 방대한 공허성은 분명 하나님의 존재를 부정하는 논증으로 사용되었을 것입니다. 아마 이런 물음이 제기될 것입니다. "왜 하나님은 작은 알갱이 하나만 창조해 놓고서 나머지 우주 공간은 모두 허공으로 남겨 놓았느냐?" 그러나 다른 한편, 만일 우주에 (사실이 그렇듯) 무수한 천체들이 떠 있다면, 그 천체들은 생명체가 거주하는 곳이거나 아니거나 둘 중 하나일 수밖에 없습니다. 그런데 이상한 것은, 그 두 가지 **모두** 기독교에 반反하는 근거로 사용된다는 점입니다. 만일 우주가 인간 외에 다른 생명체로 가득한 곳이라면, 이는 하나님이 인간을 구원하기 위해 '하늘에서 내려와' 스스로 인간이 될 정도로 그렇게 인간에게 큰 관심이 있다고 믿는 것이 얼마나 어이없는 것인지를 보여 준다는 말을 듣게 될 것입니다. 그러나 다른 한편, 만일 우리 행성이 우주 안에서 유기체 생명이 사는 유일한 곳이라면, 이는 우주 안에서 생명은 부산물에 불과함을 증명해 주는 것으로, 따라서 기독교가 틀렸음을 증명한다는 말을 듣게 될 것입니다. 이렇게 우리는 경찰이 용의자를 대하는 태도로 하나님을 대합니다. 그가 무슨 일을 하든 그것을 다 '그에 대해 불리한 증거'로 사용합니다. 기독교 신앙에 대한 이런 식의 반대는 실상 실제 우주를 관찰한 결과에 기초한 것이 전혀 아닙니다. 그런 식의 반대는 우주의 실제 모습을 알아보는 수고를 전혀 기울이지 않고서도 얼마든지 할 수 있습니다. 왜냐하면 어떤 종류의 우주를 상상하든 거기에 맞춰 그런 주장을 펼 수 있기 때문입니다. 이는 마치 의사가 시신을 조사해 보지도 않고 음독 여부를 진단하는 것과 같습니다. 왜냐하면 그 의사는 장기의 상태가 어떻게 판명되는지와 **아무 상관없는** 음독 이론을 갖고 있기 때문입니다.

기독교 신앙에 대한 이런 식의 공격의 여지를 전혀 남기지 않는 우주는 상상하기조차 불가능합니다. 그 이유는 다음과 같습니다. 인간은 유한한 창조물이며, 자신이 유한한 존재라는 사실을 알 수 있는 정도의 지각을 가지고 있습니다. 따라서 어떤 관점을 취하든, 인간은 자신을 전체 실재에 비해 왜소한 존재로 인식하기 마련입니다. 또한 인간은 파생적 존재, 즉 자기 존재의 원인이 자신에게 있지 않고, (직접적으로는) 부모에게, (궁극적으로는) 전체 자연의 성격, **혹은** (하나님이 존재한다면) 하나님에게 있는 존재입니다. 그런데 하나님이든 전체로서의 자연이든, 하여간 무언가 독자적인 존재, '자발적으로' 움직이는 존재, 즉 자기 너머의 원인들로 인한 산물로서가 아니라, 자기 스스로 존재하고 움직이는 존재가 있을 수밖에 없습니다. 그리고 그 무엇이 무엇이든, 인간은 그 앞에서 파생적 존재로서 자신을 하찮고 무의미하며 거의 부수적인 존재로 느낄 수밖에 없습니다. 종교적인 사람들은 모든 것이 사람을 위해 존재한다는 환상을 품으나 과학적인 사람들은 사실은 그렇지 않다는 것을 발견합니다. 그 궁극적이고 설명할 수 없는 존재─스스로 **존재하는 것**─는, 그것이 하나님이든 '전체'이든, 하여간 우리를 위해 존재하는 것은 아닙니다. 그것을 둘 중의 무엇으로 보든, 우리가 마주하는 그것은 지구상에 인간이 나타나기 전에도 존재했으며, 지구에 더 이상 생명체가 살지 않게 되더라도 계속 존재할 무엇입니다. 다시 말해, 우리가 전적으로 의존하고 있는 그 무엇은 우리로부터는 완전히 독립되어 있으며, 너무도 거대한 존재 범위를 가진 그것은 인간의 희망이나 두려움과는 무관한 존재입니다. 왜냐하면 누구도 인간이나 모든 창조물이 신적 정신을 **가득 채운다**고 생각할 만큼 미친 사람은 없을 것이기 때문입니다. 만일 우리가 시간과 공간에게 그렇게 작은 존재라면, 하나님에게는 시간과 공간은 훨씬 더 작은 존재일 것이기 때문입니다. 기독교의 목적이 사물의 본질에 대해 생각할 때 엄습해 오는 당혹감과 공포심, 자신이 무無로 느껴지는 인식을 없애 주는 것이라고 상상하는 것은 크나큰 착각입니다. 사실 기독교는 그런 것을 도리어 강화시킵니다. 그런 감정 없이 종교란 존재할 수 없습니다. 어떤 피상적 형태의 기독교 교육을 받으며 성장한 사람이 천문학 공부를 통해 난생 처음으로 실재의 대부분이 얼마나 인간에게 무섭도록 무심한가를 깨달을 때, 혹은 그로 인해 자신의 종교를 버릴 때, 어쩌면 그들은 그 순간 난생 처음으로 진정한 종교적 경험을 하는 것인지도 모릅니다.

기독교는 모든 것이 사람을 위해 만들어졌다고 말하지 않습니다. 기독교가 말하는 것은 하나님이 사람을 사랑하신다는 것이고, 그래서 그분이 사람을 위해 사람이 되셨고 죽으셨다는 것입니다. 저는 우주의 크기에 대한 우리의 지식—톨레미 때부터 알고 있었던—이 대체 이 교리의 신뢰성에 어떤 영향을 줄 수 있는지 이해할 수 없습니다.

회의론자는 어떻게 하나님이 이 자그마한 행성에 '내려오셨다'고 믿을 수 있느냐고 묻습니다. 이는 만일 다음 네 가지가 사실이라면 곤혹스런 질문이었을 것입니다. (1) 우주의 어떤 천체에 어떤 이성적 창조물이 살고 있다. (2) 그들도 우리처럼 타락했고 구속救贖이 필요하다. (3) 그들의 구속은 우리의 구속과 동일한 양식일 수밖에 없다. (4) 이러한 양식의 구원을 그들은 받지 못했다.

그러나 우리는 이 네 가지 중 어떤 것도 알지 못합니다. 어쩌면 우주는 결코 구속이 필요해 본 적이 없는 행복한 생명체로 가득할 수도 있습니다. 어쩌면 우주는 우리로서는 도저히 알 수 없는, 그들 조건에 맞는 양식의 구속을 받은 생명체로 가득할 수도 있습니다. 어쩌면 우주는 우리와 똑같은 양식의 구속을 받은 생명체로 가득할 수도 있습니다. 어쩌면 우주는 우리는 관심 갖지 않지만 하나님은 관심을 가지시는, 무언가 생명 아닌 어떤 것들로 가득할 수도 있습니다.

지구처럼 작은 것은 창조자의 사랑을 받기에 너무 하찮다고 주장한다면, 우리는 어떤 그리스도인도 자격이 있어서 그 사랑을 받는다고는 생각지 않는다고 대답할 것입니다. 그리스도가 인간을 위해 죽으신 것은 인간이 본질적으로 그럴 만큼 가치 있는 존재여서가 아니라 그리스도가 본질적으로 사랑이시며, 따라서 우리를 무한히 사랑하시기 때문입니다. 그리고 아무튼 세상이나 창조물의 **크기**가 그것의 '중요성'이나 가치와 무슨 상관이 있단 말입니까?

물론 지구가 안드로메다대성운보다 더 중요하다는 말에서 무언가 부조화로움을 **느끼는** 것은 사실입니다. 그러나 다른 한편에서는, 키가 180센티미터인 사람은 150센티미터인 사람보다 반드시 더 중요하다거나, 말馬이 인간보다 반드시 더 중요하다거나, 우리의 다리가 뇌보다 반드시 더 중요하다고 생각하는 사람이 있다면, 누구든지 그 사람이 정신병자일 거라고 확신합니다. 중요성과 크기가 비례한다는 말이 그럴 듯하게 느껴지는 것은 다만 그 크기 중 하나가 대단히 클 때만 그렇습니다. 이는 이런 사고 유형의 진짜 기초가 무엇인지를 말해 줍니다. 어떤 관계가 이성에 의해 인식된 경우에 그 관계는 보편적으로 유효한 것으로 인식됩니다. 만일 우리의 이성이 크기는 중요성에 비례한다고 말한다면, 크기 상 큰 차이가 중요도 상의 큰 차이를 말해 주는 것이듯, 마찬가지로 크기 상 작은 차이는 중요도 상의 작은 차이를 말해 주는 것일 수밖에 없습니다. 다시 말해, 키가 180센티미터인 사람은 150센티미터인 사람보다 약간 더 중요한 사람이며, 여러분의 다리는 여러분의 뇌보다 약간 더 중요하다고 생각해야 합니다. 그러나 우리는 그런 생각이 말이 안 됨을 압니다. 그렇다면 결론은 분명합니다. 우리가 크기 상의 차이에 부여하는 중요성은 이성의 문제가 아니라—절대적 크기가 일정 지점에 도달한 뒤에야 비로소 우리 안에 크기 상의 우위성이 생기기 시작하는 특이한—감정의 문제일 뿐입니다.

우리는 어쩔 수 없는 시인들입니다. 어떤 양이 대단히 커지면 더 이상 단순히 양으로 생각하지 않게 됩니다. 우리의 상상력이 깨어납니다. 단순한 양으로 생각하는 대신, 어떤 질—숭고함the Sublime—을 느낍니다. 그렇지 않다면, 은하계의 단순한 산술적 거대함을 회계 장부에 적힌 숫자와 별반 다름없게 느꼈을 것입니다. 우리와 같은 감정을 공유하지 않고, 우리와 같은 상상력을 갖지 못한 어떤 정신에게는 우주의 크기로 기독교를 반박하는 논증이 그저 이해가 안 될 뿐입니다. 이렇게 볼 때, 물질적 우주가 경외감을 불러일으키는 힘을 이끌어 오는 곳은 다름 아닌 우리 자신입니다. 감수성이 있는 사람들은 저녁 하늘을 바라보며 경외감을 갖습니다. 그러나 잔인하고 어리석은 사람들은 그렇지 않습니다. 파스칼 Pascal이 영원한 우주의 침묵 앞에서 무서움을 느꼈던 것은 파스칼 자신의 위대함 때문이었습니다. 우리가 성운의 크기에 겁을 집어먹는 것은 실은, 거의 말 그대로 우리 자신의 그림자에 겁을 집어먹는 것입니다. 왜냐하면 광년이나 지질 연대 등은 거기에 인간의 그림자, 시인, 신화 작가가 드리워지기 전까지는 단순한 산술에 불과하기 때문입니다. 그리스도인으로서 저는 우리가 그러한 그림자를 보면서 몸을 떠는 것이 틀렸다고 말하는 것이 아닙니다. 왜냐하면 저는 그것이 하나님의 형상의 그림자라고 믿기 때문입니다. 그러나 우리의 영혼이 자연의 방대함에 압도당하는 것은, 다만 인간의 상상력이 자연을 정신화하기spiritualized 때문이라는 점을 기억해야 합니다.

이는 앞서 제가 제기한 질문—왜 이미 수세기 동안 알려져 온 우주의 크기가 현대에 들어서 기독교를 반박하는 논증이 되었는가—에 대해 한 가지 답일 수 있습니다. 아마 그렇게 된 것은, 현대에 들어 인간의 상상력이 크기에 대해 더 민감해졌기 때문은 아닐까요? 이런 관점에서 보자면, 크기로부터의 논증은 시에서의 낭만주의 운동이 낳은 하나의 부산물로도 볼 수 있습니다. 크기라는 주제에 대해서는 활력 넘치는 상상력이 절대적으로 증가해 온 반면, 다른 주제들에 대해서는 분명 쇠퇴가 있었습니다. 옛 시들을 읽어 보면 고대와 중세 사람들에게는 밝음이 크기보다 더 큰 호소력을 가졌다는 사실을 알 수 있습니다. 중세의 사상가들은 별들이 지구보다 틀림없이 더 우월하다고 믿었는데, 이는 그 별들은 밝게 보이는 반면 지구는 그렇지 않았기 때문입니다. 그런데 현대인들은 은하계가 지구보다 더 크기 때문에 당연히 더 중요하다고 생각합니다. 이러한 두 가지 정신 상태 모두 좋은 시를 낳을 수 있습니다. 두 가지 모두 대단히 존경할 만한 감정—경외감, 겸손, 흥겨움—을 일으키는 정신적 그림을 제공해 줄 수 있습니다. 그러나 그러한 것을 진지한 철학적 논증에 이용하는 것은, 어느 경우에서나 어이없는 것입니다. 뒤에서 살펴보겠지만, 크기를 가지고 하는 무신론자의 논증은 사실 그리스도인이라면 하지 **말아야** 할 그림식 사고picture-thinking의 한 예입니다. 그것은 20세기 들어 나타난, 특정한 양식의 그림식 사고입니다. 우리가 흔히 '원시적 사고'의 오류라고 부르는 것은 사실 쉽게 사라지는 것이 아닙니다. 다만 형태가 바뀔 뿐입니다.

# 8. 기적과 자연법칙

이는 참으로 기이한,
더없이 기이한 일이로다.
미스 T가 먹는 것은 모두
미스 T로 변한다는 것.

메어 W. De La Mare

'과학의 진보'가 기적을 불가능한 것으로 밝혀 주었다는 대중적이고 흐리멍덩한 생각에 기초한 여러 반박을 논파해 온 우리는 이제 기적이라는 주제를 좀더 깊은 수준에서 다룰 수 있게 되었습니다. 진짜 문제는, 자연의 성격 자체가 초자연적 간섭을 받는 것이 불가능한 것은 아닌지입니다. 자연이 규칙적이라는 사실은 일반적으로 이미 알려져 있습니다. 자연은 일정한 법칙에 따라 움직이며, 그중 많은 것이 발견되었으며, 그것들은 서로 맞물려 있습니다. 이번 장에서는 이러한 법칙을 지키는 데 있어서 자연이 범하는 실패나 부정확성 문제, 우발적인 변이 문제[1]는 논외입니다. 우리가 다룰 문제는 다만, 자연 바깥에 어떤 힘이 존재한다고 가정할 때, 그

힘이 간섭할 경우 자연 안에, 전체 자연체계의 규칙적인 '진행'으로는 결코 만들어 낼 수 없는 사건들이 만들어질 수 있다는 생각이 본질적으로 부조리한가 하는 여부입니다.

자연 '법칙'이란 무엇인가라는 개념에는 세 가지가 있습니다.

(1) 자연법칙들이란, 운韻이나 이치 등을 찾아볼 수 없고, 다만 관찰에 의해서만 알려지는 단순 맹목적 사실에 불과하다. 우리는 자연이 어떤 식으로 행동한다는 것은 알지만, 자연이 왜 그런 식으로 행동하는지, 또 왜 반대로는 행동할 수 없는지 등에 대해서는 아무것도 알 수 없다. (2) 자연법칙들이란 평균치 법이 적용된 경우다. 자연의 토대는 임의적이고 무법적이다. 그러나 우리가 다루고 있는 단위들의 수가 너무도 막대하기에 그 다수의 행위는(무수한 군중의 행위처럼) 실용적 정확성으로 계산될 수 있는 것이다. '불가능한 사건들'이란 너무도 개연성이 적어서—보험통계학적으로 볼 때—계산에 넣을 필요가 없는 사건들을 말한다. (3) 물리학의 근본법칙은 실제로는 수학의 진리들처럼 소위 '필연적 진리들'— 우리가 분명히만 이해한다면, 그 반대는 무의미한 난센스일 뿐임을 알 수 있는— 이다. 즉 당구공 하나가 다른 공을 밀쳐 낼 때 첫 번째 공이 잃은 운동량은 두 번째 공이 얻은 운동량과 정확히 동등해야 한다

---

1) 만일 실재에 우발적이고 무법적인 어떤 영역이 있다면, 그 영역은 기적이 쉽게 인정될 수 있는 곳이 아니라, 도리어 '기적'이라는 말이 무의미한 곳일 뿐입니다.*

는 것 등이 '법칙'이다.

이렇게 자연법칙이 필연적 진리라고 주장하는 사람들에 따르면, 우리가 하는 일이란 단지 단일한 사건을 두 개의 절반으로 (공 A가 하는 일과 공 B가 하는 일로) 쪼개고 나서 그 '계정의 대변과 차변'을 발견하는 것이 전부입니다. 분명히만 이해한다면, 그 계정의 대차 (합계)는 당연히 일치할 **수밖에 없다**는 것을 알게 됩니다. 근본적 법칙들이란 결국 각 사건은 그 사건일 뿐, 어떤 다른 사건이 아니라는 진술입니다.

첫 번째 이론이 기적에 반反하는 어떠한 확실성도 주지 않는다는 점은 쉽게 알 수 있습니다. 사실 기적 문제는 차치하더라도, 지금까지 관찰해 온 '법칙들'이 내일 지켜질 것인지에 대해서도 확신을 가질 수 없습니다. 만일 어떤 것이 왜 발생하는지를 이해할 수 없다면, 당연히 그것이 왜 다른 식으로는 발생할 수 없는지도 알지 못하며, 따라서 어느 날 그것이 달리 발생하지 않으리라는 확신도 가질 수 없습니다.

평균치 법칙에 의존하는 두 번째 이론도 마찬가지입니다. 이 이론이 우리에게 주는 확신은, 동전을 천 번 던졌을 때 같은 결과가 9백 번 나오지는 않을 것이라는 확신과 동일한 종류입니다. 동전을 더 많이 던져질수록, 앞면과 뒷면이 나오는 수는 서로 비슷해질 것입니다. 그러나 이는 다만 그 동전이 정직한 경우에만 그렇습니다. 만일 한쪽 면에 뭔가 박힌 동전이라면 우리의 기대에 어긋날 수 있습니다. 그런데 기적을 믿는 사람들의 주장은 동전이 바로 그런 식으로 '불순한' 경우가 있다는 것입니다. 평균치 법칙에 기초한 기대들은 다만 자연이 **순수할**undoctored 경우에만 맞아떨어질 수 있습니다. 그런데 기적이 일어날 때가 있는가 하는 질문은 바로 자연이 불순해질 때가 있는가 하는 질문입니다.

세 번째 관점(자연법칙은 필연적 진리이다)은 언뜻 보기에 기적을 불가능하게 만드는 것으로 보입니다. 이 관점에 따르면 자연법칙이 깨진다는 것은 자기모순입니다. 아무리 전능한 존재라 해도 자기모순적인 일은 할 수 없습니다. 따라서 자연법칙은 깨뜨려질 수 없습니다. 그렇다면 기적은 일어날 수 없다고 결론 내려야 할까요?

그러나 이는 너무 성급한 결론입니다. 물론 그 당구공들이 어떤 특정 방식으로 행동할 것이라는 점은 분명합니다. 만일 1실링을 두 사람에게 균등하지 않게 나눠 줄 경우, A가 받는 액수는 반 실링을 초과할 수밖에 없고, B가 받는 액수는 정확히 그 초과분만큼 반 실링에 못 미칠 수밖에 없는 식으로 말입니다. 그러나 이는 만약 A가 그 순간 날렵한 손놀림으로 B의 돈 일부를 가로채는 일이 일어나지 않는다면 그런 것입니다. 마찬가지로 두 당구공에 무슨 일이 일어날지를 아는 것은, 만일 다른 일이 간섭하지 않는다는 조건에서 그런 것입니다. 만약 한 공이 울퉁불퉁한 바닥 위를 지나가고 다른 공은 그렇지 않다면, 그 공의 운동은 여러분이 기대했던 식으로 그 법칙을 예증해 주진 않을 것입니다. 물론 바닥의 울퉁불퉁한 부분 때문에 생겨난 결과는 어떤 다른 식으로 그 법칙을 예증해 주는 것이겠으나, 아무튼 본래의 예측은 빗나가게 될 것입니다. 또, 만일 제가 당구 채를 낚아채서 그 공들 중 하나에 힘을 더 가한다면, 또 다른 결과를 얻을 것입니다. 이 세 번째 결과 역시 물리법칙을 예증하는 것이나, 이 또한 여러분의 예측은 빗나가는 것입니다. 말하자면 제가 '실험을 망친' 것입니다. 모든 간섭은 그 법칙이 그대로 옳다는 것을 보여 줍니다. 그러나 어떤 주어진 경우에 무슨 일이 일어날 것인지에 대한 예측은 무엇이든, '다른 것들이 동일하다면', '다른 간섭이 없다면' 같은 조건하에서 이루어집니다. 어떤 주어진 경우에서 다른 것들이 과연 **동일**할지, 간섭이 일어날 것인지 하는 여부는 또 다른 문제입니다. 산술가는, 산술가로서는 A가 1실링을 나누는 순간 B의 돈 얼마를 훔칠 가능성이 있는지 여부는 알지 못합니다. 그런 문제는 범죄학자에게 물어 봐야 할 것입니다. 물리학자로서는, 제가 당구 채를 낚아채서 당구공 실험을 '망칠' 가능성이 있는지에 대해서는 알지 못합니다. 그런 문제에 대해서는 **저를** 아는 누군가에게 물어 봐야 할 것입니다. 마찬가지로, 물리학자는 어떤 초자연적 힘이 간섭할 가능성이 있는지에 대해서는 알지 못합니다. 이 문제에 대해서는 형이상학자에게 물어 봐야 할 것입니다. 그러나 물리학자는, 물리학자로서 만일 당구공들이 자연적인 것이든 초자연적인 것이든 그가 고려하지 않았던 어떤 작인作因에 의해 간섭을 받는다면, 그것들의 행위는 그가 기대했던 것과 다를 수밖에 없다는 것을 알고 있습니다. 이는 그 법칙이 틀렸기 때문이 아니라, 옳기 때문에 그런 것입니다. 이렇게 법칙에 대해 더 확신하면 할수록, 새로운 요소들이 도입된다면 그 결과는 달라질 수밖에 없다는 점을 좀더 분명히 알게 됩니다. 우리가 물리학자로서 알 수 없는 것은, 초자연적 힘이 그 새로운 요소들 중의 하나일 가능성이 있는가 하는 것입니다.

만약 자연법칙이 필연적 진리라면, 어떠한 기적도 그것들을 깨뜨릴 수 없습니다. 그러나 사실, 기적은 자연법칙을 깨뜨릴 필요가 없습니다. 산수의 법칙도 그렇고 다른 법칙도 마찬가지입니다. 만일 월요일에 제가 서랍에 6페니를 넣고 화요일에 6페니를 더 넣었다면, 산수의 법칙에 따르면—**다른 것들이 동일하다면**—수요일 날 저는 거기서 12페니를 발견하게 될 것입니다. 그러나 만약 그 서랍이 도둑을 맞았다면, 저는 어쩌면 2페니만 발견할 수도 있을 것입니다. 이는 무언가(그 서랍의 자물쇠나 영국 법)가 깨진 것입니다. 그러나 산수의 법칙이 깨진 것은 아닙니다. 도둑 때문에 생긴 새로운 상황은 본래의 상황과 마찬가지로 산수의 법칙을 따른 것입니다. 하나님이 기적을 행하시는 것은 말하자면 그분이 '밤중에 도둑처럼'[2] 오시는 것입니다. 과학자의 관점에서 기적은 일종의 조작, 간섭, (말하자면) 도둑질입니다. 기적은 과학자가 고려하지 않았던 어

---

2) 요한계시록 3장 3절 참조.

떤 새로운 요소, 즉 초자연적 힘을 그 상황 속에 도입합니다. 과학자는 앞으로 일어날 일이나 과거에 분명히 일어났을 일을, 시공간 속의 그 지점에 그 상황이 A이다(혹은 A였다)라는 믿음에 입각해서 추정해 냅니다. 그러나 초자연적 힘이 첨가된다는 말은 그 상황이 A가 아니라 AB라는(혹은 AB였다는) 말입니다. 그리고 AB는 A와 동일한 결과를 낳을 수 **없다**는 것은 그 누구보다도 과학자가 잘 아는 사실입니다. 이렇게 법칙의 필연적 진리는 기적의 발생을 불가능하게 만들기는커녕, 초자연이 작용한다면 기적은 일어날 수밖에 없다는 것을 확실하게 만들어 줍니다. 왜냐하면 만일 자연적이기만 한 상황과, 무언가 다른 것이 **첨가된** 자연적 상황이 동일한 결과를 낳는다면, 이는 우리의 우주가 무법적이고 비체계적이라는 말이기 때문입니다. 여러분은 2 더하기 2가 4라는 것을 잘 알수록, 2 더하기 3은 4가 될 수 없다는 것을 더 잘 알게 됩니다.

아마 이는 자연법칙의 본질이 무엇인지를 분명하게 밝히는 데에 도움이 될 것입니다. 우리는 마치 자연법칙이 사건을 일으킨다는 식으로 말하는 버릇이 있습니다. 그러나 사실 자연법칙은 어떤 사건도 일으키지 못합니다. 운동법칙이 당구공을 움직이게 만드는 것은 아닙니다. 운동법칙은 다만, 뭔가(가령 당구 채를 가진 사람, 혹은 배의 순간적 기울임, 혹은 어쩌면 초자연적 힘)로 인해 운동이 일어나면, 그 다음에 그 운동을 분석할 뿐입니다. 자연법칙은 아무 사건도 만들어 내지 못합니다. 다만 모든 사건이—일단 유발되었다면—순응해야만 하는 패턴이 무엇인지를 진술할 뿐입니다. 산수 규칙이 모든 돈 거래가—일단 여러분이 돈을 가졌을 경우—순응해야만 하는 패턴이 무엇인지를 진술하듯이 말입니다. 이렇듯 어떤 의미에서 자연법칙은 시공간의 영역 전체를 다 다룹니다. 그러나 또 어떤 의미에서는 자연법칙이 다루지 못하는 부분은 진짜 우주 전체—진짜 역사를 이루는 실제 사건들의 끝없는 물줄기—입니다. 이 물줄기는 어딘가 다른 곳에서부터 오는 것일 수밖에 없습니다. 자연법칙이 그것을 만들어 낼 수 있다고 생각하는 것은 마치 셈만 하면 진짜 돈을 만들어 낼 수 있다고 생각하는 것과 같습니다. 왜냐하면 모든 법칙이란 결국 "당신에게 A가 있다면, 당신은 B를 얻게 될 것이다"라고 말하는 것에 불과하기 때문입니다. 그러나 여러분은 먼저 A를 가져야 합니다. 법칙이 여러분 대신 그 일을 해 주진 않습니다.

따라서 기적이 자연법칙을 깨뜨린다고 정의하는 것은 부정확합니다. 기적은 그런 것이 아닙니다. 만일 제가 담뱃대를 턴다면 이는 엄청난 수의—종국에는 비록 극소한 정도지만, 존재하는 모든—원자의 위치를 변경시키는 일이 됩니다. 자연은 이 사건을 전혀 문제없이 소화하고 동화시키며, 다른 모든 사건과 눈 깜짝할 만한 순간에 조화시킵니다. 자연법칙에게 그 사건은 적용할 원료의 한 부분일 뿐이며, 실제로 적용합니다. 저는 그저 사건들의 거대한 폭포 속에 그 사건을 던져 넣은 것이며, 그것은 곧 제자리를 잡고서 다른 모든 사건들에 순응합니다. 하나님이 어떤 물질을 없애거나 창조하거나 변형시키는 것은, 그분이 그 지점에 어떤 새로운 상황을 창조하는 것입니다. 그러면 그 즉시 모든 자연은 이 새로운 상황에 주소를 정해 주고, 그것이 자신의 영역에 자리 잡게 해 주며, 다른 모든 사건을 거기에 적응시킵니다. 그 사건은 모든 자연법칙에 순응하게 됩니다. 이렇게, 하나님이 한 처녀의 몸 안에 기적적인 정자를 창조한 것은 어떤 자연법칙을 깨뜨린 것이 아닙니다. 자연법칙은 즉시 그 사건을 떠맡습니다. 자연은 늘 준비되어 있습니다. 임신이 뒤따르고, 모든 정상적인 법칙에 따라 아홉 달 후면 아이가 태어납니다. 매일같이 우리가 확인하는 바, 물리적 자연은 생물학적 자연이나 심리학적 자연으로부터 매일같이 들어오는 사건들의 난입에 전혀 훼방받지 않습니다. 사건들이 자연 너머에서 들어올 때도, 자연은 그것들에 조금도 훼방받지 않을 것입니다. 자연은 마치 손가락이 베이면 그 지점으로 우리 몸의 방어 병력이 돌진해 가듯이, 그 지점으로 달려가서는 그 침입자를 서둘러 적응시킵니다. 자연의 영역에 들어오는 순간 그것은 자연의 모든 법칙에 순종하게 됩니다. 기적적 포도주는 마찬가지 방식으로 사람을 취하게 만들며, 기적적 수태는 마찬가지 방식으로 임신으로 이어지며, 영감으로 쓰인 책들은 본문 변조라는 정상적 과정을 마찬가지로 겪게 되며, 기적적 빵은 마찬가지 방식으로 소화됩니다. 기적이라는 신적인 예술은 사건들이 순응하는 패턴을 잠시 중단시키는 예술이 아니라, 그 패턴 속으로 새로운 사건들을 들여오는 예술입니다. 기적은 "A라면 B다"라는 법칙의 조건을 범하지 않습니다. 다만 그것은 "그러나 이번에는 A 대신 A2다"라고 말하는 것이며, 그러면 자연은 모든 법칙들을 통해 "그렇다면 B2다"라고 대답하며, 능숙하게 그 이민자를 자연화시킵니다. 말하자면 자연은 숙련된 안주인입니다.

기적은 결코 원인이 없는 사건도 아니고, 결과가 없는 사건도 아닙니다. 기적의 원인은 하나님의 활동입니다. 기적의 결과는 자연법칙을 따라 나타납니다. 이후로는 (발생 시간 다음부터) 기적은 다른 모든 사건과 마찬가지로 모든 자연과 맞물려 돌아갑니다. 그런데 기적의 특이성은, 기적이 이전과는, 즉 자연의 이전 역사하고는 그런 식으로 맞물리지 않는다는 것입니다. 어떤 이들은 바로 이 점을 받아들이지 못합니다. 그들이 받아들이지 못하는 까닭은 처음부터 자연이 실재의 전체라고 여기고 들어가기 때문입니다. 그리고 그들은 모든 실재가 서로 맞물려 있으며 일관성을 가져야 한다는 확신을 갖고 있습니다. 저도 그 확신에는 동의합니다. 그러나 그들은 실재 안의 어떤 부분적인 체계, 즉 자연을 실재의 전체로 착각하고 있다는 점에서는 저와 생각이 다릅니다. 물론 우리는 기적과 자연의 이전 역사가 결국은 서로 맞물려 있다고도 볼 수 있지만, 그러나 그 맞물림은 자연주의자가 기대하는 그런 방식은 아닙니다. 그 맞물림은 훨씬 우회적인 방식에서입니다. 자연이라는 거대하고 복잡한 사건과, 기적으로 자연 속에 들어온 새로운 특정 사건은 공통 기원이 하나님이라는 사실에 의해 서로 관련되어 있습니다. 사실 우리가 충분히 몰라서 그렇지, 그 둘은 그분의 목적과 구상 안에서 참으로 긴밀한 관련을 맺고 있을 것입니다. 그래서 만일 우리의 자연과 다른 역사를 가진 자연―어떤 다른 자연―이 있다면, 그 자연은 우리의 자연이 받았던 것과 다른 기적의 침입을 받았을 수도 있고, 혹은 전혀 그런 침입을 받지 않았을 수도 있습니다. 이렇게 기적과 자연의 이전 행로는 다른 모든 두 실재와 마찬가지로 서로 맞물려 있지만, 그 맞물림을 발견하려면 그들의 공통된 창조자에게까지 거슬러 올라가야만 합니다. 자연 **내부**에서는 그 맞물림을 발견하지 못할 것이기 때문입니다. 이와 같은 일이 모든 부분적인 체계에 대해서도 일어납니다. 가령, 연구 대상인 어떤 호수 안의 물고기들의 행위는 하나의 상대적인 폐쇄체계라고 할 수 있습니다. 그런데 그 연못이 그 실험실 주변에 떨어진 폭탄 때문에 흔들리는 일이 일어났다고 가정해 봅시다. 이 경우 물고기들이 보이는 행위는 더 이상 폭탄이 떨어지기 전 호수 안에서 진행 중이던 일로는 완전히 설명될 수 없습니다. 다시 말해, 그 행위들이 이전과는 전혀 맞물려 있지 않습니다. 그렇다고 폭탄과 연못 안 사건의 이전 역사가 전적으로 또 최종적으로 무관하다는 말은 아닙니다. 다만 둘 사이의 관련성을 발견하려면 연못과 폭탄 양자 모두를 포함하고 있는 더 큰 실재―폭탄이 떨어지는 와중에도 여전히 일하는 연구소들이 있는 전시戰時 영국이라는 실재―까지 거슬러 올라가야 한다는 말입니다. 여러분은 그 관련성을 연못의 역사 안에서는 발견하지 못할 것이기 때문입니다. 마찬가지로, 기적은 **자연적으로는** 이전 사건들과 맞물려 있지 않습니다. 그것이 자연의 이전 역사와 어떻게 맞물리는지를 발견하려면 자연과 기적 양자 모두를 더 큰 맥락 안으로 복귀시켜야만 합니다. 정말, 모든 것은 다른 모든 것과 연결되어 있습니다. 그러나 모든 것이 다, 우리가 기대하는 그런 직선 도로로 연결되어 있는 것은 아닙니다.

따라서 모든 실재는 일관성 있고 체계적이어야 한다는 주장은 옳지만, 기적을 배제하는 것은 아닙니다. 그러나 이는 기적에 관한 우리의 개념에 대단히 귀중한 공헌을 해 줍니다. 만일 기적이 일어난다면 다른 모든 사건들과 마찬가지로, 존재하는 모든 것과의 전체적 조화를 계시해 주는 것이어야 한다는 점을 상기시켜 줍니다. 독단적인 것, 전체 실재의 짜임새와 전혀 조화되지 않고 그저 '덧붙여진' 것은 무엇이든 진짜 기적으로 인정될 수 없습니다. 물론 정의상 기적은 당연히 자연의 일상적 행로를 간섭하는 것이어야 합니다. 그러나 만일 진짜 기적이라면, 그런 간섭 행위를 통해 오히려 더 깊은 수준에서 전체 실재의 통일성과 일관성을 확연히 나타내 주는 것이어야 합니다. 진짜 기적은, 어떤 시의 통일성을 깨뜨리는 비운율적 산문 덩어리 같은 것이 아닙니다. 진짜 기적은, 그 시 어디에도 그와 평행되는 곳을 찾을 수 없지만, 그 지점에 와서 바로 그런 효과를 냄으로써, (이해할 수 있는 사람들이 볼 때는) 그 시의 통일성을 최고로 계시해 주는 지극히 대담한 운율 같은 것입니다. 우리가 자연이라고 부르는 것이 초자연적 힘에 의해 변경되는 것은 아마 그렇게 변경될 수 있는 것이 바로 자연의 본질이기 때문이라고 생각해도 좋을 것입니다. 우리가 다 파악할 수 없어서 그렇지, 아마 자연이라는 전 사건의 성격 자체가 그런 식의 변경 가능성을 내포한 것일 것입니다. 자연이 기적을 낳는 것은 분명, 남자에게서 씨를 받은 여자가 아기를 낳듯이, 자신 너머의 남성적 힘에 의해 씨를 받은 자연이 행하는 '자연스러운' 일일 것입니다. 우리가 그런 일을 기적이라고 부르는 것은, 그 일이 모순이라거나 폭행이라는 뜻이 아니라, 자연은 그대로 두면 자신의 혼자 힘으로는 기적을 산출할 수 없다는 뜻입니다.

# 9. 군더더기 이야기

거기서 네피림 후손인 아낙 자손의 거인들을 보았나니
우리는 스스로 보기에도 메뚜기 같으니 그들이 보기에도 그와 같았을 것이니라
민수기 13장 33절

7장과 8장은 자연 측면에서 따져 본 기적의 난점, 자연은 본질상 기적을 허용할 수 없는 체계라는 생각에 입각한 논박에 대해 살펴 보았습니다. 그렇다면 엄밀하게 순서를 따져서 이번 장은 그 반대 측면, 즉 자연 너머에 있는 존재가 기적을 일으킬 수 있는, 혹은 일 으킬 의향을 가진 존재라고 보는 것이 과연 합당한지의 여부에 관 한 것이어야 합니다. 그러나 저는 잠시 옆길로 빠져서 다른 종류의 문제를 하나 다루고 싶습니다. 이는 순전히 우리의 감정과 관련된 문제입니다. 감정에 그다지 구애받지 않는 독자라면 이번 장은 그 냥 건너뛰셔도 좋습니다. 그러나 이는 제 인생의 한 시기에서 대단 히 중요했던 문제였고, 저와 동일한 경험을 해 본 분들에게는 이번

장의 내용이 다소 도움이 될 것입니다.

한동안 제가 초자연주의를 받아들이지 못했던 이유 중 하나는, 초자연주의가 필연적으로 수반한다고 생각한 어떤 자연관에 대한 깊은 거부감 때문이었습니다. 저는 자연이 '독자적으로' 존재하는 것이기를 열렬히 바랬습니다. 자연을 하나님이 만들었고, 또 변경할 수도 있다는 사상은, 자연에게서 제가 그토록 사랑하는 천연스러움spontaneity을 다 앗아가는 듯 보였습니다. 저는 자연을 그저 '있는' 무언가로 느끼길 원했습니다. 그래야 제대로 숨 쉴 수 있을 것 같았습니다. 자연을 제작된 것으로, 어떤 목적을 위해 '의도된' 것으로 보는 생각은 저를 숨 막히게 했습니다. 당시 저는 일출에 대한 시를 한 편 썼는데, 기억해 보면 먼저 일출 장면을 묘사한 다음, 이것 뒤에 어떤 영이 있어서 그 영이 그들에게 무언가 말을 전한다고 믿는 이들이 있다고 덧붙였습니다. 그러고는 나는 그러나 그런 것을 바라지 않노라고 말했습니다. 그 시는 그리 좋은 시도 아니었고 내용도 대부분 잊었지만, 기억나는 끝 부분은 당시 제가 느끼고 싶었던 감정이 무엇이었는지를 말해 줍니다.

땅과 하늘은 독자적으로 저들 자신을 위해
끝없이 춤추고 있고 — 슬며시 기어 들어온 나는
그 우연으로 돌아가는 세상을 엿보네.

'**우연으로!**'—저는 일출을 '기획된' 것으로, 저 자신과 관계있는 어떤 것으로 느끼기를 결코 원치 않았던 것입니다. 그것이 그저 우연히 생겨난 게 아니라는 말, 모종의 고안을 거쳤다는 말은, 마치 어제 한적한 울타리 옆에서 보았던 들쥐가 사실은 저를 즐겁게 해 주려고, 혹은 (더 나쁜 경우로는) 제게 어떤 도덕적 교훈을 주기 위해 누군가가 거기에 둔 태엽 감긴 장난감 쥐였다는 소리와 다를 바 없게 느껴졌습니다. "만일 물이 목에 걸리면, 무엇으로 그것을 씻겨 내릴 것인가"라고 물었던 그리스 시인이 있습니다. 제 질문도 그런 것이었습니다, "만일 자연마저 인공적인 것이라면, 우리는 대체 어디서 야생을 만나 볼 수 있단 말인가? 진짜 야외란 어디에 있단 말인가?" 만약 모든 나무, 숲 속 시내, 산중의 기묘한 계곡, 바람과 풀 등이 단지 일종의 **배경**, 모종의 연극—더구나 어떤 도덕적 교훈을 위한 연극—을 위한 배경에 불과하다면, 이 얼마나 무미건조하고 맥 빠지며 따분하기 그지없는 세상이란 말인가!

이런 마음 상태의 치료는 이미 수년 전에 시작되었습니다. 그러나 이 치료의 완성은 제가 기적에 대한 이 연구서에 착수했을 때 비로소 찾아왔습니다. 이 책을 써 나가는 동안 거듭거듭 자연에 대한 저의 사상이 점점 더 선명해지고 더 구체적이 되는 것을 경험했습니다. 일견 자연의 지위를 깎아 내리고 자연의 벽을 허물어뜨리는 것처럼 보이는 일을 하고 있음에도, 역설적이게도 조심하지 않다간 그만 자연이 이 책의 주인공이 되어 버릴지도 모른다는 느낌이 시간이 갈수록 더욱 강하게 들었습니다. 지금처럼 자연이 이렇게 위대하고 실재적으로 느껴졌던 적은 없습니다.

이유를 알기란 어렵지 않습니다. 자연주의자에게 '자연'은 단순히 '모든 것'을 칭하는 말일 뿐입니다. 그런데 '모든 것'이란 우리가 자연에 대해 흥미로운 말을 하거나 (몽상에 의해서가 아닌 한) 흥미로운 느낌을 가질 만한 주제가 그다지 못 됩니다. 자연의 한 측면에 인상을 받아 우리는 자연의 '평화' 운운합니다. 그러고는 또 다른 측면에서 인상을 받아 이번에는 자연의 잔인성에 대해 말합니다. 그런데 우리는 자연을 궁극적이고 자존적인 '사실'로 잘못 여기고 있고, 또 우리에게는 자존적인 존재를 경배하려는 억제할 수 없는 지고한 본능이 있기에, 자연 앞에서 생각이 막막해지고 기분이 오락가락하게 되며, 우리는 그때그때의 기분에 따라 자연의 측면 중 하나만을 추려내어 자연의 의미를 생각하게 됩니다. 그러나 우리가 자연을 하나의 **창조물**, 자기 특유의 성질과 맛을 가진 창조된 존재의 하나로 깨닫고 나면, 모든 것은 달라지게 됩니다. 그러면 이제 더 이상 자연에 대해 생각할 때 한 측면만을 추려내고 다른 측면들은 얼버무릴 필요성은 사라지게 됩니다. 모든 선이 만나고 모든 대조점이 설명되는 곳은, 자연이 아니라 자연 너머에 있는 어떤 다른 존재에서입니다. 자연이라는 창조물이 아름답기도 하고 동시에 잔인하기도 하다는 사실로 인해 이제 더 이상 우리가 당혹해 하지 않습니다. 매일 아침 여러분이 기차 안에서 만나는 어떤 남자가 부정직한 식료품 가게 주인인 동시에 자상한 남편이라는 사실이 하등 당혹스럽지 않듯이 말입니다. 왜냐하면 자연은 절대적인 존재가 아니기 때문입니다. 자연은 창조물 중의 하나로, 좋은 점과 동시에 나쁜 점도 가졌으며, 그것 모두에 걸쳐 자연 나름의 고유한 특성이 드러나는 그런 존재이기 때문입니다.

하나님이 자연을 창조했다는 말은 자연이 비실재라는 말이 아니라, 정확히 자연은 실재한다는 의미입니다. 생각해 보십시오. 하나님이 셰익스피어나 디킨즈보다 덜 창조적인 분이시겠습니까? 그분은 다각적인 존재를 창조해 내십니다. 다시 말해, 그분이 창조하신 자연은 폴스타프Falstaff[1]나 샘 웰러Sam Weller[2]보다 훨씬 구체적인 존재입니다. 신학자들은 하나님이 자연을 자유로이 창조하셨다고 말합니다. 이 말의 의미는 하나님이 자연을 어떤 외적 필연성으로 인해 하는 수 없이 창조하신 게 아니라는 것입니다. 그러나 우리는 이 자유를 부정적으로 해석해서는 안 됩니다. 마치 자연이 제멋대로 합쳐진 구조물인 양 말입니다. 하나님의 창조적 자유는 시인의 자유와 같은 것으로 이해되어야 합니다. 나름의 독특한 성질을 가진, 일관성 있고 적극적인 실재를 창조해 내는 자유말이지요. 셰익스피어가 폴스타프를 꼭 창조해야 할 필연성이 있었던 것은 아님

........................................

1) 셰익스피어의 희곡들에 등장하는 희극적인 인물.
2) 디킨즈의 소설들에 등장하는 인물.

니다. 그러나 일단 셰익스피어가 그를 창조한다면, 폴스타프는 **반드시** 뚱뚱한 인물일 수밖에 없습니다. 마찬가지로 하나님이 꼭 이 자연을 창조하셔야 한다는 필연성은 없습니다. 그분은 얼마든지 다른 자연들을 창조해 내셨을 수도 있고, 어쩌면 실제로 그러셨는지도 모릅니다. 그러나 일단 **이** 자연을 창조하시는 것이라면, 분명 이 자연의 모든 부분은─지극히 작은 부분까지도─그분이 이 자연에 주기로 선택하신 성격을 표현하는 것으로서 존재합니다. 시공간 차원들, 식물의 죽음과 재생, 유기체의 다양성 속에서의 통일성, 이성異性간의 결합, 이번 가을 헤리퍼드셔Herefordshire[3] 지방에 열린 사과의 색깔 등, 이 모든 것을 단순히 억지로 결합되어 있는 유용한 고안품의 집합체 정도로 생각하는 것은 참으로 딱한 잘못입니다. 실상 그것들 모두는 고유한 존재의 특유한 표현들, 가히 그것의 얼굴 표정, 냄새, 맛이라고 할 수 있습니다. 그것들 모두에는 자연의 **특질**이 나타나 있습니다. 마치 라틴어의 라틴어스러움이 라틴어의 모든 어형변화에 나타나 있듯이, 또 코레조Correggio[4]의 '코레조스러움'이 그의 모든 화필에 나타나 있듯이 말입니다.

인간적 기준으로 보자면 (아마 신적 기준으로 보더라도) 자연엔 좋은 부분도 있고 악한 부분도 있습니다. 우리 그리스도인들은 자연

........................................

3) 잉글랜드 서부의 옛 주.
4) 1490-1534. 이탈리아의 화가.

이 부패했다고 믿습니다. 그러나 자연의 부패한 부분에도, 그 빼어난 부분과 마찬가지로 동일한 자연의 특성이 나타납니다. 모든 것이 다 그 특성대로입니다. 폴스타프가 짓는 죄는 오셀로Othello[5]가 짓는 죄와는 다른 방식의 죄입니다. 오셀로의 타락은 그가 가졌던 덕과 밀접한 관련이 있는 타락입니다. 만일 페르디타Perdita[6]가 타락했더라면 그녀는 맥베스 부인Lady Macbeth[7]과는 또 다른 방식의 나쁜 여인이 되었을 것입니다. 또 만일 맥베스 부인이 선한 여인이었다면, 그녀의 선은 페르디타의 선과는 사뭇 달랐을 것입니다. 우리가 자연에서 보는 악은 **이** 자연에 고유한 악입니다. 자연이 가진 그 특성이, 만일 자연이 타락한다면 그 타락은 꼭 이러한 형태를 취할 수밖에 없도록 만든 것입니다. 기생寄生의 끔찍함과 모성의 아름다움은 모두 동일한 기본 안案, 동일한 기본 착상으로부터 생겨 나온 선과 악입니다.

저는 앞에서 라틴어의 라틴어스러움에 대해 언급했습니다. 그런데 그 라틴어스러움은 로마인의 눈보다는 우리 눈에 더 잘 보일 것입니다. 영어의 영어스러움도 영어 외의 다른 언어를 쓰는 이들의 귀에 더 잘 들릴 것입니다. 마찬가지로 자연을 정말로 볼 수 있는

---

5) 셰익스피어의 4대 비극 중 하나인 《오셀로》의 비극의 주인공.
6) 셰익스피어의 《겨울이야기 *The Winter's Tale*》에 나오는 선한 여성.
7) 셰익스피어의 4대 비극 중 하나인 《맥베스 *Macbeth*》의 등장인물. 남편과 공모하여 국왕을 죽임.

이들은 오직 초자연주의자들입니다. 여러분은 자연으로부터 조금 떨어져 나와 뒤돌아서 보아야 합니다. 그때 비로소 진짜 풍경을 볼 수 있게 됩니다. 여러분이 자연이라는 강물의 짜릿한 맛을 확실히 의식할 수 있기 위해서는 먼저, 비록 잠깐이나마 이 세상 너머에서 오는 순전한 물을 맛보는 경험을 해야 합니다. 자연을 하나님으로, 혹은 '모든 것'으로 대우하는 것은 자연의 정수를 놓치는 것이자 자연에서 얻을 수 있는 즐거움을 다 놓치는 것입니다. 밖으로 나오십시오. 그리고 뒤를 돌아서 보십시오. 그러면 그때 비로소 보게 될 것입니다……곰, 아기, 바나나를 쏟아 내는 이 거대한 폭포수를, 원자, 난초, 오렌지, 암, 카나리아, 벼룩, 가스, 토네이도, 두꺼비로 넘실대는 이 엄청난 바다를 말입니다. 아니, 대체 어떻게 이런 것을 여러분은 궁극적인 실재라고 생각할 수 있었단 말입니까? 어떻게 이런 것을 인간이 행하는 도덕적 드라마를 위한 무대 정도로 생각할 수 있었단 말입니까? 자연은 자연일 따름입니다. 자연을 경배하지도 말고, 멸시하지도 마십시오. 자연을 만나고 자연을 경험하십시오. 만일 우리 인간이 불멸의 존재요, 자연은 (과학자들이 말하듯) 결국 쇠약해져 죽을 수밖에 없는 존재라면, 언젠가 우리는 이 수줍은 듯 화려한 창조물, 이 요물, 이 말괄량이, 이 못 말리는 요정, 이 벙어리 마녀를 그리워하게 될 것입니다. 그런데 신학자들의 말에 따르면, 자연 역시 언젠가는 우리처럼 구속救贖받을 것이라고 합니다. 자연이 현재 굴복하고 있는 그 '허무'는[8] 자연이 갖게 된 병일 뿐, 자연의 본질이 아닙니다. 자연은 길들여지거나(이는 하늘이 금하시는 일입니다) 단종斷種되는 것이 아니라 결국 자연답도록 치유될 것입니다. 우리는 우리의 옛 원수요 친구요 놀이 상대요 보모였던 자연을 알아볼 수 있을 것입니다. 왜냐하면 완벽해진 자연은 전보다 덜이 아니라 더 자연다운 모습이 될 것이기 때문입니다. 이는 즐거운 만남이 될 것입니다.

8) 로마서 8장 20절 참조.

# 10. '무서운 빨간 약'

하나님에 대한 믿음과 원시적 망상 사이의 연속성을 보임으로써 유신론을 논박하려는
시도들은 말하자면 인류학적 으름장 놓기Anthropological intimidation라고 할 수 있다.
에드윈 베번Edwyn Bevan, 《상징과 믿음Symbolism and Belief》, 2장

앞에서 저는 자연에 대한 연구를 통해서는 기적의 불가능성을
증명할 도리가 없다는 사실을 논했습니다. 자연은 실재의 전체가
아니라, 실재의 한 부분에 불과하기 때문입니다. 그것도 아마 작은
부분에 불과할 것입니다. 따라서 만일 자연 바깥의 실재가 자연을
침공하고자 한다면, 우리가 아는 한 자연은 속수무책일 수밖에 없
습니다. 그러나 이는 기적을 믿지 않는 사람들 중에서도 많은 이들
이 인정하는 바입니다. 그들은 다른 쪽에서 이의를 제기합니다. 그
들은 초자연이 자연을 침공할 의도가 없다고 생각합니다. 그러고는
초자연이 자연을 침공한 적이 있다고 말하는 이들을 초자연에 대해
유치하고 불합당한 개념을 가지고 있다며 비난합니다. 따라서 그들

은 그러한 간섭과 침공이 있다고 주장하는 모든 형태의 초자연주의
를 거부하는데, 그중에서도 특히 기독교를 거부합니다. 왜냐하면
기독교는 다른 어떤 형태의 초자연주의보다도, 기적들이―적어도
어떤 기적들의 경우는―그 신앙의 전체적 구조와 긴밀히 연결되어
있기 때문입니다. 제가 생각하기에 힌두교의 경우는, 거기서 기적
의 부분을 다 제거하더라도 본질적 요소는 전혀 손상을 받지 않습
니다. 회교의 경우도 거의 그렇습니다. 그러나 기독교는 그렇게 할
수 없습니다. 왜냐하면 기독교는 하나의 거대한 기적 이야기에 다
름없기 때문입니다. 자연주의적 기독교는 기독교의 고유한 요소를
모조리 제거한 기독교에 불과합니다.

불신자들이 겪는 난점은 이런저런 특정 기적에 대한 질문에서
시작되는 게 아닙니다. 훨씬 더 기본적인 문제에서부터 시작됩니
다. 정상적인 교육을 받은 현대인이라면, 기독교 교리의 단언적 진
술을 접할 때, 그의 눈에 전적으로 '미개하고' '원시적'으로 보이는
우주관을 만날 수밖에 없습니다. 마치 하나님이 주피터Jupiter나
오딘Odin 같은 신화의 신들 중 하나라는 듯, 하나님에게 한 '아들'
이 있다는 말을 듣습니다. 또 이 '아들'이 '하늘로부터 내려왔다'는
말을 듣습니다. 마치 하늘 궁전에 사는 하나님이 자기 '아들'을 낙
하산병처럼 밑으로 내려 보냈다는 듯이 말입니다. 또 이 '아들'이
'지옥―평평한 지구 표면 아래 있다고 믿어졌던 사자死者들의 세
계―으로 내려갔다가'[1], 마치 기구氣球를 탄 것처럼, 다시 아버지

가 계시는 하늘 궁전으로 '올라갔으며', 마침내 아버지 오른편에 놓인 화려한 의자에 앉게 되었다는 말을 듣습니다. 이런 생각 모두는, 지난 2000년간 이루어져 온 인간 지식의 증가와 더불어 이제는 완전히 허물어져 버렸고, 오늘날 제정신을 가진 정직한 사람이라면 누구도 되돌아갈 수 없는 어떤 실재에 대한 개념을 전제하는 것들입니다.

왜 현대 그리스도인들의 저술이 많은 이들에게 경멸당하고, 심지어 혐오를 받기도 하는지 설명해 주는 것이 바로 이러한 생각입니다. 어떤 사람이 일단 기독교란 **기본적으로** '천국'을 어떤 공간으로 보고 지구를 평평하다고 하며, 하나님에게 자식이 있을 수 있다고 생각한다고 이해하고 나면, 그 다음부터 자연히 그는 특정 난제에 대해 우리 그리스도인들이 제시하는 답변이나, 특정 반론에 대한 우리의 변호에 전혀 인내심을 갖고 귀 기울여 주지 않습니다. 우리가 제시하는 답변이나 변호가 재간 있는 것일수록, 더더욱 우리를 괴상한 사람으로 여길 뿐입니다. 그는 이렇게 말합니다.

"당연하지요. 일단 교리가 생기고 난 다음에는, 명석한 사람들이 그 교리를 변호해 주는 온갖 명석한 논증을 만들어 내는 법 아닙니까? 마치 어떤 역사가가 실수를 범해 놓고도 그 사실을 감추기 위

---

1) 가톨릭과 성공회가 사용하는 사도신경에는 '십자가에 못박혀 죽으셨고, 장사되셨고' 다음에 '지옥으로 내려가셨다descended into hell'라는 구절이 포함되어 있다.

해 더욱더 정교한 이론을 계속 만들어 낼 수 있는 것처럼 말입니다. 그러나 중요한 점은, 만일 애초에 그 역사가가 역사 문서들을 실수 없이 정확히 읽었더라면, 그러한 모든 정교한 이론들은 그의 머릿 속에서 하나도 생겨나지 않았을 것이라는 점입니다. 마찬가지로, 만일 신약성경의 저자들이 진짜 우주가 실제 어떤 모습인지에 대해 조금이라도 알고 있었더라면, 기독교 신학이란 분명 아예 존재하지 도 않았을 것 아닙니까?"

아무튼 저는 과거에 이런 식으로 생각했었습니다. 제게 사고하 는 법을 가르쳐 주신─풍자에 능하고, (한때는 장로교 신자였지만) 냉 엄한 무신론자였고, 《황금가지 Golden Bough》[2]의 애독자였으며, 이성 주의자 출판협회Rationalist Press Association에서 나온 책이 집 안 가 득했던─분도 이런 식으로 생각하셨습니다. 그분은 정말로 지적으 로 정직한 분이셨으며 제가 그분께 헤아릴 수 없이 많은 빚을 지고 있음을 기꺼이 인정합니다. 기독교에 대한 그분의 태도는 당시 제 게 성인다운 사고를 훈련받는 첫 출발점이었습니다. 그것은 가히 제 뼛속까지 새겨졌다고도 말할 수 있을 정도입니다. 그러나 그 후 저는 그런 태도가 사실은 전적으로 오해에서 비롯한다는 쪽으로 생 각이 바뀌었습니다.

......................................

2) 영국의 인류학자 제임스 조지 프레이저Sir James George Frazer가 저술한 신화와 종교에 대해 광범위한 비교학 연구서.

인내심 없는 회의론자의 태도가 어떤 것인지를 이렇듯 직접 경험을 통해 잘 알고 있는 저로서는, 제가 이번 장에서 무슨 말을 하든 그런 분들은 이미 철저히 무장태세라는 사실을 잘 압니다. 그는 속으로 말합니다.

"난 이 친구가 무슨 말을 하려는지 이미 잘 알지. 분명 이런 모든 신화적 진술을 그럴듯하게 설명해치울 거야. 그리스도인들은 늘 이런 식이지. 과학이 아직 다루지 않고, 따라서 아직 과학의 공격을 받지 않는 문제들에 대해선 늘 우리더러 터무니없이 동화 같은 이야기를 믿으라고 하지. 그런데 과학이 발전해서 그들의 진술이 거짓이라는 점이 증명되면(결국은 다 그렇게 되고 말 것인데), 그들은 갑자기 태도를 바꾸어서, 전에 한 말의 진짜 의미는 그런 게 아니었다는 식으로 설명을 해 대지. 가령, 그것은 어떤 시적 은유를 사용한 것이었다든지, 어떤 알레고리를 말한 것이었다든지, 또는 그들이 정말로 말하고자 했던 것은 누구나 인정할 어떤 평범한 도덕 원칙이었다는 식으로 말이지. 이런 식의 신학적 야바위 짓에 이제는 신물이 나."

저는 이 회의론자가 느끼는 이런 역한 감정에 상당히 공감하며, 또 소위 '현대주의적' 기독교는 정말 그렇게 이 인내심 잃은 회의론자가 고발하는 그런 식의 게임을 늘 벌여 왔다는 사실을 기꺼이 인정하는 바입니다. 그러나 저는 모든 설명이 다 그럴듯한 설명해치우기인 것은 아니라고 생각합니다. 어떤 의미에서 이제 제가 하려고 하는 일은 그 회의론자가 예상했던 바로 그 일입니다. 즉 교리의 '핵심' 내지 '진짜 의미'로 여기는 것과 그 부차적인 표현, 얼마든지 바뀌어도 무방한 표현으로 여기는 것을 구별하고자 합니다. 그러나 저는 기적적인 것을 '진짜 의미'와 구별해 떼어 내 버리려는 것이 **아닙니다.** 왜냐하면 제가 보는 바로는, 전적으로 기적적이요 초자연적인─가히 '미개하고' '마술적'으로도 보일 수 있는─요소야말로 다름 아니라 기독교의 진짜 핵심, 모든 부차적 요소를 최대한 벗겨 낼 때 남는 진짜 정수이기 때문입니다.

이를 설명하자면 현 논점과 별개로 중요한 주제, 분명한 사고를 추구하는 사람이라면 누구나 최우선적으로 숙지하고 있어야 할 어떤 주제를 먼저 다루지 않을 수 없습니다. 이 주제에 입문하려는 사람들은 마땅히 오언 바필드Owen Barfield[3] 씨의 《시어법 *Poetic Diction*》이나 에드윈 베번[4] 씨의 《상징과 믿음》 같은 책부터 먼저 읽어야 할 것입니다. 그러나 이 장의 논증을 위해서는 그런 책이 다루는 심도 깊은 문제는 제쳐 두고 다만 '대중적이고' 소박한 방식으로 이 주제를 다루는 것으로도 충분할 것입니다.

저는 런던에 대해 생각할 때 보통 유스턴Euston 역 모습을 떠올립니다. 그러나 런던에 수백만 인구가 살고 있다고 할 때, 제 머릿

---

3) 1898-1997. 영국의 철학자, 시인, 비평가로서, '잉클링스Inklings'의 회원이기도 했다.
4) 1870-1943. 영국 철학자, 역사학자.

속에 유스턴 역에 수백만의 사람들이 살고 있는 이미지가 떠오르는 것은 아닙니다. 또, 제가 실제 유스턴 역에 수백만 사람들이 살고 있다고 생각하는 것도 아닙니다. 사실, 런던에 대해 생각하는 동안 머릿속에는 유스턴 역 이미지가 떠오르지만, 제가 그 이미지에 **대해** 생각하거나 말하는 것은 아닙니다. 그랬다면 제 생각이나 말은 명백히 틀린 것입니다. 제가 런던에 대해 하는 생각이나 말이 맞는 것은, 그 생각이나 말은 제 머릿속에 있는 그림에 대한 것이 아니라, 제 상상 바깥에 실제로 존재하는 진짜 런던에 대한 것이기 때문입니다. 그 누구도 머릿속에 꼭 맞는 그림을 떠올릴 수 없는 실제 런던 말입니다. 또 다른 예를 들어 봅시다. 태양이 지구로부터 1400만 킬로미터 정도 떨어져 있다고 할 때, 우리는 이 숫자가 무엇을 의미하는지 완벽하게 분명히 이해하고 있습니다. 즉 우리는 그 숫자를 다른 숫자와 나눌 수도 있고 곱할 수도 있으며, 주어진 속도로 그 거리를 여행한다면 얼마나 많은 시간이 걸릴지 계산해 낼 수 있습니다. 그러나 이러한 분명한 **사고**thinking에 항상 따르기 마련인 **상상**imagining은 우리가 알고 있는 그 실재의 참모습에 비춰 보면 어이없을 정도로 틀린 것입니다.

이렇게, 생각하는 것과 상상하는 것은 서로 별개입니다. 우리가 생각하거나 말하는 것은 우리가 상상하거나 머릿속으로 그리는 것과 상당히 다를 수 있고, 또 대개 다릅니다. 즉 우리가 하는 생각이나 말은 옳지만, 그 생각이나 말에 따르는 머릿속 이미지들은 완전히 틀린 것일 수 있습니다. 제 생각으로는, 극도의 구상화具象化 능력을 가졌으며 훈련된 미술가가 아닌 한, 자기가 지금 생각하고 있는 대상과 낱낱이 유사한 그림을 머릿속에 떠올릴 수 있는 사람이 과연 있을지 의심스럽습니다.

이러한 예에서 알 수 있듯이 우리의 머릿속 이미지는 실재와 닮지 않았으며, 또 닮지 않았다는 그 사실을 사람들은 누구나 1분만 생각해 봐도 잘 알 수 있습니다. 저는 런던이 유스턴 역 훨씬 이상의 것이라는 사실을 잘 알고 있습니다.

이제는 조금 다른 종류의 문제를 다뤄 보겠습니다. 전에 어떤 부인이 어린 딸에게 아스피린을 너무 많이 먹으면 죽는다고 말하는 걸 들은 적이 있습니다. "왜죠? 그건 독약이 아니잖아요." 아이가 물었습니다. "그것이 독약이 아니란 걸 어떻게 알지?" 어머니가 말했습니다. 그러자 아이가 이렇게 말했습니다. "왜냐하면 엄마가 아스피린을 빻을 때 보면 빨간색 가루가 안 보이던데요." 분명 이 아이는 독약에 대해 생각할 때면 머릿속에 빨간 약을 떠올렸던 것이 확실합니다. 마치 제가 런던을 생각할 때 유스턴 역을 떠올리듯이 말입니다. 그런데 그 아이와 저의 차이점은, 저는 제 이미지가 실재 런던과 대단히 다르다는 사실을 알고 있는 반면, 그 아이는 독약이 **정말로 빨간색**이라고 생각했다는 점입니다. 그 아이는 이 정도만큼은 틀린 것입니다. 그러나 이것이, 그 아이가 독약에 대해 생각하거나 말하는 모든 것이 다 말이 되지 않는다는 것을 의미하진 않습니다. 그 아이는 독약을 삼키면 죽거나 아프게 된다는 사실을 완벽히 알고 있습니다. 그리고 그 아이는 자기 집에 있는 물질 중 어떤 것이 독약인지를 웬만큼은 알고 있습니다. 만일 그 집에 찾아온 어떤 손님에게 그 아이가 "그거 먹지 마세요. 엄마가 그건 독약이라고 그랬어요"라고 말했는데도, '이 아이는 독약을 빨간 약이라고 여기는 미개한 생각을 갖고 있다. 나는 성숙한 과학 지식을 통해 이미 오래 전에 그런 생각을 버렸는데……'라는 근거로 그 경고를 무시해 버린다면, 이는 정말 무분별한 일입니다.

이제 앞서 우리가 한 말(사고에 틀린 이미지들이 뒤따를 때에도 그 사고는 바른 사고일 수 있다)에 다음의 말을 추가할 수 있습니다. 사고는 틀린 이미지가 뒤따를 때뿐 아니라, 그 틀린 이미지가 바른 이미지로 착각되는 경우에도 일면 바른 사고일 수 있습니다.

다루어야 할 세 번째 상황이 또 있습니다. 앞선 두 예에서는 사고와 상상 문제를 다루었을 뿐, 언어 문제를 다루진 않았습니다. 런던에 대해 생각할 때 제 머릿속에는 늘 유스턴 역이 떠오르지만, 굳이 그것을 **언급**할 필요는 없습니다. 독약을 빨간색 약으로 생각하는 그 아이도, 독약에 대해 말할 때 굳이 그 생각을 말해야 하는 것은 아닙니다. 그러나 우리는 오감으로 지각되지 않는 무언가에 대해 말할 때는 매우 빈번히, 오감으로 지각되는 사물이나 행동을 가리키는 의미를 가진 말을 사용합니다. 가령 어떤 사람이 자신이 어떤 논점을 파악把握grasp하고 있다고 말할 때, 문자적 의미로는 무언가를 손으로 잡는다는 뜻의 동사(**파악하다**)를 사용하고 있지만, 그러나 분명 그는 자기 정신에는 손이 달려 있다거나, 논점이란 것이 총처럼 손으로 잡을 수 있는 것이라고 생각하는 것은 아닙니다. **파악하다**라는 단어를 피하기 위해 어쩌면 표현 방식을 바꾸어 "네 말이 무슨 뜻인지 보인다I see your point"라고 말할 수도 있습니다만, 이번에도 그 대상이 자신의 시야에 나타났다는 의미는 아닙니다. 어쩌면 그는 세 번째 시도로서 "(너의 말을) 잘 따라가고 있다I follow you"라고 말할지 모르겠습니다만, 이번에도 그가 지금 그 뒤를 따라 걷고 있다는 말은 아닙니다. 이는 누구나 익숙하게 알고 있는 언어 현상으로, 문법학자들은 이를 은유라고 부릅니다. 은유가 시인이나 웅변가들이 사용하는 일종의 장식품 같은 선택사항이여서 평범한 화자들에게는 필요 없다고 생각하는 것은 심각한 착각입니다. 사실인즉, 우리는 감각으로 지각되지 않는 것에 대해 말을 하자면 어쩔 수 없이 언어를 은유적으로 사용할 수밖에 없습니다. 심리학이나 경제학이나 정치학 같은 책에도 시나 경건서적 못지않게 많은 은유가 등장합니다. 모든 언어학자가 인정하듯이, 우리는 달리 말할 수는 없습니다. 이에 대해 좀더 만족스러운 연구를 원한다면 앞서 언급한 두 책과 거기 소개되어 있는 책을 읽어 보면 될 것입니다. 그러나 이는 일생에 걸친 연구를 요하는 분야로서, 여기서는 다만 초감각적인 것에 대한 우리의 모든 언어는 지극히 은유적이고 또 그럴 수밖에 없다는 사실 정도만 언급하고 넘어가야겠습니다.

이제 우리는 길잡이 역할을 해 주는 세 가지 원칙을 확인했습니다. (1) 사고와 거기에 따르는 상상은 서로 별개라는 것. (2) 사고는, 거기에 틀린 이미지가 따르고, 그 틀린 이미지를 사고하는 이가 옳은 이미지로 잘못 여기는 경우에도 요점에 있어서는 바른 사고일 수 있다는 것. (3) 보거나 만지거나 듣거나 할 수 없는 것에 대해 말하려면 필연적으로 **마치** 그것들이 보거나 만지거나 들을 수 있는 것인 양 말할 수밖에 없다는 것. (가령 우리는 **마치** 욕망이 정말 다발로 묶이거나 밑으로 눌려질 수 있는 것인 양, 욕망의 '콤플렉스complex합성물' 또는 '억압repression'이라고 말합니다. 또 우리는 **마치** 기관이 나무처럼 자라거나 꽃처럼 피어나는 것인 양, 기관의 '성장growth' 혹은 '발달development'이라고 말합니다. 또 우리는 **마치** 에너지가 우리에서 나온 동물이기라도 한 양, 에너지가 '방출되었다released'고 말합니다.)

이제 이 원칙을 기독교 신조에 들어 있는 소위 '미개하고' '원시적인' 조항에 적용해 봅시다. 먼저 우리가 인정해야 할 점은, (비록 전부는 아니지만) 많은 그리스도인들이 그런 조항들을 주장할 때, 회의론자가 경악할 만한 바로 그 조악한 그림을 정말로 머릿속에 떠올린다는 점입니다. 그리스도가 '하늘에서 내려오신' 분이라고 주장할 때 하늘에서 정말로 무언가가 쑥 내려오는 모습을 막연히 상상하기도 합니다. 또 그리스도를 '성부'의 '아들'이라고 말할 때 어떤 두 사람의 모습을 떠올리면서, 그중 한 사람이 다른 사람보다 더 나이 든 모습을 그리기도 합니다. 그러나 이제 우리는, 머릿속에 그런 그림이 떠오른다는 사실과, 그 사고 자체의 합리성이나 불합리성은 서로 아무 관련이 없다는 점을 알고 있습니다. 우스꽝스러운 이미지들이 뒤따른다는 것이 그 사고의 우스꽝스러움을 의미하는 것이라면, 우리의 모든 생각은 다 말이 되지 않는 것일 수밖에 없습니다. 게다가 그리스도인들은 믿는 대상과 그 대상의 이미지를 동일시하지 말아야 한다는 점을 분명히 합니다. 그들은 성부를 어떤 인간의 모습으로 그리지만, 동시에 성부에게는 몸이 없다고 주장합니다. 성부를 아들인 성자보다 나이든 모습으로 그리긴 하나, 또한 성부는 성자보다 오래된 존재가 아니며, 두 분 모두 영원토록 존재하는 분들이라고 주장합니다. 물론 저는 지금 어른 그리스도인들을 두고 말하는 것입니다. 우리는 기독교를 아이들이 품고 있는 환상으로 판단해서는 안 됩니다. 독약을 빨간색 약이라고 믿는 어린아이의 개념으로 의학을 판단해서는 안 되는 것처럼 말입니다.

여기서 저는 아주 단순한 착각에서 비롯하는 문제 하나를 짚고 넘어가려고 합니다. 그리스도인들이 하는 말의 의미를 머릿속에 떠올리는 그림들과 동일시해서는 안 된다는 점을 지적하면, 어떤 이들은 이렇게 응수합니다. "그렇다면, 그런 머릿속 그림과 또 그런 것을 뒤따르게 만드는 말을 아예 없애 버리는 편이 낫지 않습니까?" 그러나 이는 불가능합니다. 그런 권고를 하는 이들이 놓치고 있는 것은, 그들이 하나님에 대해 의인적 이미지 곧 '신인동형론적

anthropomorphic' 이미지를 제거하려 한다지만, 실상은 그것을 어떤 다른 종류의 이미지로 대체할 수 있을 뿐이라는 사실입니다. "난 인격적인 하나님a personal God을 믿지 않아." 누군가 이렇게 말할 수 있습니다. "그러나 난 어떤 위대한 영적 힘이 존재한다고는 믿지." 그런데 그가 놓치고 있는 점은, '힘force'이라는 단어 역시 바람이나 조수潮水나 전기나 중력 같은 온갖 종류의 이미지를 불러일으킨다는 점입니다. 또 어떤 이는 이렇게 말할지 모릅니다. "난 인격적인 하나님을 믿지 않아. 하지만 난 우리가 모두 인류 전체를 통해 움직이고 활동하고 있는 어떤 위대한 대존재Being의 일부라고 믿지." 자신은 아버지나 왕으로서의 하나님 이미지를 어떤 확산된 가스나 액체 이미지로 바꾼 것에 불과하다는 사실을 눈치채지 못하고서 말입니다. 제가 아는 한 소녀는 하나님을 어떤 완벽한 '실체substance'로 여기는 '지식 수준이 높은' 부모님 밑에서 성장했는데, 훗날 고백하기를 그래서 자신은 '하나님' 하면 거대한 타피오카 푸딩이 연상되었다는 것입니다. (설상가상으로 그 아이는 타피오카를 싫어했습니다.) 자신은 이런 어처구니없는 생각에 빠질 염려가 없다고 생각하는 분들은 실로 착각하고 있는 것입니다. 만일 여러분의 머릿속을 가만 관찰해 본다면, 하나님에 대한 소위 진보적이요 철학적인 개념이라는 것도, 실은 기독교 신학이 일으키는 의인적 이미지보다도 훨씬 더 우스꽝스러운, 어떤 막연한 이미지들을 여러분의 생각 속에 늘 동반한다는 사실을 발견할 것입니다. 왜냐하면 우리가 감각적인 경험을 통해 만날 수 있는 존재 중 최고는 다름 아니라 사람이기 때문입니다. 인간은 그래도 지구를 정복해 왔고, 덕을 공경해 왔으며(따르진 않았지만), 지식을 성취해 왔고, 시와 음악과 예술을 창조해 온 존재입니다. 만일 하나님이 존재한다면, 그분을 우리가 아는 다른 어떤 것보다 그래도 우리 인간과 가장 비슷한 존재일 것으로 가정하는 것은 결코 터무니없는 생각이 아닙니다. 물론 우리와 그분은 이루 말할 수 없을 만치 다릅니다. 그분에 대한 의인적인 이미지들이 모두 틀렸다고 단언할 수 있을 만큼 말입니다. 그러나 우리가 고상하게 생각한답시고 하나님을 비인격적이고 절대적인 대존재로 여길 때 우리 머릿속에 은근슬쩍 떠오르는 그런 형체 없는 안개나 비이성적 힘 같은 이미지는 분명 더더욱 틀린 이미지입니다. 왜냐하면 종류가 무엇이든 하여간 이미지들은 생겨날 수밖에 없기 때문입니다. 누구도 자신의 그림자를 떨쳐 버릴 수 없듯이 말입니다.

이렇게 현대의 어른 그리스도인의 경우는, 그가 우스꽝스런 이미지를 떠올린다고 해서 우스꽝스런 교리를 믿고 있다고는 말할 수 없습니다. 그러나 초기 그리스도인들의 경우도 그러한지는 의문이 제기될 수 있습니다. 어쩌면 초기 그리스도인은 그런 이미지들을 옳은 것으로 착각하면서 하늘 궁전이나 화려한 보좌 같은 것을 정말로 믿었는지도 모릅니다. 그러나 앞서 빨간 약의 예에서 보았듯이, 설령 그렇다 하더라도 반드시 그 주제에 관해 생각했던 모든 것이 다 틀렸음을 의미하는 것은 아닙니다. 그 예에서 보았듯이 그 아이는 독에 관해 많은 진실을 알고 있을 수 있으며, 특별한 경우에 있어서는, 어떤 어른이 모르는 진실도 알고 있을 수 있습니다. 한번, 그리스도가 정말 말 그대로 물리적으로 '성부 하나님의 오른편에at the right hand 앉으셨다'고 생각하는 어떤 갈릴리 농부를 가정해 봅시다. 만약 그 사람이 알렉산드리아에 가서 철학 교육을 받게 된다면, 그는 성부 하나님에게는 오른편이 있을 수 없으며, 어떤 의자에 앉아 계신 것도 아니라는 사실을 깨닫게 될 것입니다. 그러나 그렇다고 과연 그가 예전 순진했을 당시 자신이 그 교리에서 정말로 중요하게 생각했던 바에 영향을 준다고 여길까요? 그렇지 않을 것입니다. 왜냐하면 그가 농부일 뿐 아니라 바보이기도 했던 것이 아닌 한(이 둘은 다릅니다), 그가 전에 그 교리에서 중요하게 여겼던 것은 어떤 천상 어전御殿의 물리적 세부사항이 아닙니다. 분명 그에게 중요했던 것은, 과거 팔레스타인에 살았던 어떤 사람이, 죽음 후에도 여전히 살아 있어서 지금 실재의 전 영역을 다스리고 보존시키는 초자연적 대존재의 최고 대행자로서 일하고 계신다는 믿음입니다. 이러한 믿음 자체는, 그가 전에 가지고 있던 그 이미지의 허위성이 드러난다 해도 실질적으로는 아무런 영향을 받지 않습니다.

설령 초기 그리스도인들이 머릿속에 떠오르는 이미지들을 문자적으로 받아들였다는 사실을 증명할 수 있다 하더라도, 이것이 그들의 교리 전체를 모조리 폐기처분해도 좋다는 것을 의미하진 않습니다. 또, 그들이 정말로 그랬는가 하는 것은 또 다른 문제입니다. 우리가 가진 어려움은 초기 그리스도인들이 철학자들처럼 하나님이나 우주의 본질에 대한 우리의 사변적인 호기심을 만족시켜 주려고 글을 쓴 것이 아니라는 점에 있습니다. 초기 그리스도인들은 하나님을 **믿었던** 이들입니다. 그리고 하나님을 믿는 사람에게 철학적 명확성은 결코 **일차적** 관심사일 수 없습니다. 물에 빠져 허우적대고 있는 사람은 자신에게 던져진 밧줄을 분석하지 않으며, 사랑에 빠진 사람은 연인의 안색을 화학적으로 따지지 않습니다. 이렇게, 우리가 지금 여기서 다루고 있는 종류의 질문들은 신약성경의 저자들은 결코 제기한 적이 없는 것들입니다. 일단 그런 질문들이 제기된 경우에, 기독교는 순진한 이미지들이 틀렸다는 점을 아주 분명히 밝혀 왔습니다. 하나님을 인간과 비슷한 모습으로 생각했던 이집트 사막의 어떤 종파는 정죄받았고, 교회의 그런 결정을 받아들이기 어려워했던 그 사막의 수도승은 '얼빠진' 사람으로 불렸습니다.[5] 삼위일체의 세 위격 모두는 '불가해한incomprehensible' 존재들로 선언되었습니다.[6] 하나님은 '창조물들이 표현할 수 없고, 생각할 수 없으며, 볼 수 없는' 존재로 선언되었습니다.[7] 제2위격

........................................

5) 카시안Cassian은 이 사람(사라피온 원장)을 '지성이 혼란된 노인Senex mente confusus'이라 불렀다. 기본Gibbon의 책 47장에서 재인용.*
6) 아타나시우스 신조Athanasian Creed.*

이신 성자는 신체를 갖지 않았음은 물론, 인간과 얼마나 다른 존재인지 만일 자기 계시가 그분의 유일한 목적이었다면 그분은 인간의 모습으로 성육신하지 않았을 것입니다.[8] 우리가 신약성경에서 이런 식의 진술을 찾아볼 수 없는 것은 그 당시에는 아직 이런 이슈가 분명하게 제기되지 않았기 때문입니다. 그러나 신약성경에서도 우리는, 일단 그런 이슈가 분명하게 대두되면 그것이 어떤 식으로 결정될 것인지를 분명히 알게 해 주는 진술들을 찾아볼 수 있습니다. '성자Son'라는 칭호는 현대인의 귀에 '원시적'이고 '순진하게' 들릴 수 있습니다. 그러나 신약성경에서도 이미 이 '성자'는 영원히 '하나님과 함께 계셨고' 또한 하나님 **자신**이셨던 말씀, 담론, 이성과 동일시되고 있습니다.[9] 그분은 온 우주를 하나로 통일시켜 주는, 전반적 결합 원리, 응집 원리입니다.[10] 만물, 특히 생명이 그분 **안에서** 일어났으며,[11] 만물은 그분 안에서 자신의 최종 결론—그들이 표현해 내고자 애써 온 바의 최종 진술— 에 도달할 것입니다.[12]

물론 이런 사상들이 아직 존재하지 않았던, 기독교의 초기 상태

----

7) 성 크리소스톰 St.Chrysostom의 《불가해성에 관하여De Incomprhensibili》. 오토Otto의 《성스러움의 의미Idea of the Holy》 부록 I에서 재인용.*
8) 아타나시우스의 《화육론De Incarnatione》 viii.*
9) 요한복음 1장 1절.*
10) 골로새서 1장 17절.*
11) 골로새서 1장, $\acute{\epsilon}\nu\ a\grave{\upsilon}\tau\tilde{\omega}\ \acute{\epsilon}\kappa\tau\acute{\iota}\sigma\theta\eta$(만물이 그분 안에서 창조되었다). 요한복음 1장 4절.*
12) 에베소서 1장 10절.*

를 상상해 보는 일은 얼마든지 가능합니다. 마치 셰익스피어의 작품 중 마음에 들지 않는 부분에 대해 그것은 본래 원작에는 없던 것인데 후대의 '개작자'가 덧붙였을 것이라고 얼마든지 주장해 볼 수 있는 것처럼 말입니다. 그러나 그런 식의 억측을 진지한 탐구라고 할 수 있을까요? 특히 지금 이 문제에 있어서 그런 억측은 더더욱 자의적이라고 할 수 있는데, 왜냐하면 기독교를 넘어 유대교의 역사를 거슬러 올라가 본다 해도, 우리가 찾는 그런 명명백백한 신인동형론(의인적 이미지)을 발견하지 못하기 때문입니다. 물론 신인동형론이 부정되고 있는 것도 발견하지 못합니다. 한편에서는 하나님이 저 위 '높고 거룩한 곳'에 살고 계신 모습으로 묘사되는 구절을 만납니다. 그러나 또 한편에서는 "나 주의 말이다. 내가 하늘과 땅 어디에나 있는 줄을 모르느냐?"[13]라는 구절도 만납니다. 에스겔이 본 환상에서 우리는 하나님이 (이 조심조심하는 표현에 주목해 보십시오) "사람의 모습과 비슷한 형상the likeness as the appearance of a man"[14]으로 나타났다는 구절을 만납니다. 그러나 또한 우리는 "주님께서 호렙산 불길 속에서 너희에게 말씀하시던 날 너희는 아무 형상도 보지 못했다는 사실을 깊이 명심하여라……우상을 만드는 것은 스스로 부패하는 것이다"[15]라는 경고도 만납니다. 현대의 문

---

13) 예레미야 23장 24절(표준새번역).*
14) 에스겔 1장 26절(표준새번역).*
15) 신명기 4장 15-16절(표준새번역).*

자주의자 literalist를 가장 어리둥절하게 만들 만한 구절은 이것일 것입니다. 하나님을 저 하늘 어딘가에 살고 있는 분으로 말하는 듯하지만 성경은 또한 분명히 하나님이 하늘을 **만드셨다**고 말합니다.[16]

현대의 문자주의자가 혼란을 느끼는 이유는 성경의 저자들에게서 그들에게 있지도 않은 무언가를 얻어내려 하기 때문입니다. 물질과 비물질의 구분이라는, 지극히 현대적인 사고방식을 출발점으로 해서는, 고대 히브리인들의 개념이 그 둘 중 어디에 속하는지를 알아내고자 애씁니다. 그런 구별은 후대에 이르러 비로소 명확해진 사고방식이라는 점을 망각하고서 말입니다.

흔히 초기 인류는 아직 순수한 의미의 영을 이해하지 못했다는 말을 듣습니다. 그러나 초기 인류는 아직 순수한 의미의 물질도 이해하지 못했다는 사실도 기억해야 합니다. 사람들이 하나님을 하늘 궁전의 보좌에 앉아 계신 분으로 생각했던 시기는 또한 그들이 아직 지상의 왕의 보좌나 궁전을 단순한 물체로 여기지 못했던 시기이기도 합니다. 지상의 보좌나 궁궐을 생각할 때 고대인들에게 중요했던 것은, 그것의 영적 중요성―지금 말로 표현하자면, '풍기는 분위기'―이었습니다. 후대에 이르러 인류가 '영적인' 것과 '물질적인' 것을 대조할 줄 알게 되었을 때는, 하나님을 '영적인' 존재로

---

16) 창세기 1장 1절.*

이해했고 자신들의 종교에도 그간 이런 이해가 내포되어 있었다는 사실을 깨달았습니다. 그러나 이런 시기에 도달하기 전까지 그들의 정신세계에는 그런 대조 자체가 아예 존재하지 않았습니다. 물질과 전연 다른 영에 관한 명확한 진술을 찾아볼 수 없다고 해서, 그런 초기 단계를 비영적이라고 여기는 것은 그야말로 오해입니다. 오히려 순수한 의미의 물질을 아직 인식하지 못했던 그런 정신세계를 영적이라고 불러야 할 것입니다. 언어의 역사와 관련해 바필드 씨가 밝혀 주었듯이, 인간의 말은 처음엔 단순한 물리적 물체만을 지시할 뿐이다가, 점차 은유법을 통해 감정이나 정신 상태 같은 것도 지시하도록 쓰임새가 확장되어 온 것이 아닙니다. 실은 그 반대로, 우리가 현재 '문자적' 의미니 '은유적' 의미니 하고 부르는 것은 모두 문자적이면서 동시에 은유적이었던, 혹은 문자적도 아니고 은유적도 아니었던, 고대의 어떤 통합된 의미로부터 분석과정을 통해 점차 갈라져 나온 것입니다. 그러므로 인간이 처음엔 하나님이나 천국이란 말을 그저 '물질적'으로 이해했다가, 점차 영적으로 이해하게 되었다고 생각하는 것은 큰 오해입니다. 인간이 처음엔 '물질적인' 무언가를 생각했다고 말할 수 없는 것은, 지금 우리가 이해하는 의미의 '물질적인' 것은 '비물질적인' 것과 대조될 때 비로소 인식될 수 있는 것인데, 그 양자에 대한 인식은 인간 정신세계 속에서 서로 동일한 속도로 발달하기 때문입니다. 처음에 인간은, '물질적'이면서 동시에 '비물질적'인 무언가, 혹은 '물질적'이지도 '비물질적'이지도 않은 무언가를 생각했던 것입니다. 고대인들의 이런 통합적 사고방식을, 후대에 분석과정을 통해 비로소 생겨난 그 가지들 중 어느 한쪽으로 분류하는 것은 고대인들의 모든 문서를 오독하는 것이며, 지금 우리도 간혹 경험하는 그 의식 상태를 무시해 버리는 것이 됩니다. 이는 비단 이 문제뿐 아니라, 모든 건전한 문학비평이나 철학에서도 매우 중요한 사항입니다.

기독교 교리는—앞선 유대교 교리도 마찬가지로—언제나 영적 실재에 대한 진술이었지, 결코 원시 자연과학의 표본이 아닙니다. 영적 실재에 대한 개념에 있어서 그 적극적 측면은 무엇이든 그 교리 안에 늘 담겨 있었습니다. 다만 그 개념의 소극적 측면(비물질성)의 경우는, 추상적 사고가 완전히 발달하고 난 다음에야 비로소 인지되었을 뿐입니다. '문자적으로 이해한다'는 것이 무슨 의미인지를 이해할 수 있는 단계에 도달한 사람이라면 누구도 그 교리의 물질적 이미지들을 문자적으로 해석한 바가 없습니다. 여기서 우리는 '설명하기explaining'와 '설명해치우기explaining away'의 차이점을 생각해 볼 수 있습니다. 이 차이는 흔히 두 가지 방식으로 나타납니다.

(1) 사람들 중에는 어떤 말의 의미가 '은유적'이라는 소리를, 그 말은 별 의미 없다는 소리로 이해하는 이들이 있습니다. 가령, 그리스도가 우리에게 십자가를 지라고 말씀하신 것을 은유적인 표현으로 생각하는데, 이는 옳습니다. 그런데 그들은 십자가를 진다는 것

을 단지 바르게 살고 적당히 자선을 베푸는 삶 정도를 의미한다고 생각하는데, 이는 잘못입니다. 그들은 지옥 '불'을 지각 있게도 하나의 은유로 생각합니다. 그런데 어리석게도, 따라서 그것은 그저 인간 양심의 가책 정도를 말하는 것일 뿐이라고 결론짓습니다. 그들은 창세기의 타락Fall 이야기를 문자적이 아니라고 말합니다. 그러고는 (제가 실제 들어 본 말인데) 실제로 그것은 인간이 위로 도약하는 타락이었다고 말합니다. 이는 마치 "내 마음이 찢어졌다My heart is broken"는 말에는 은유가 포함되어 있다고 해서, "지금 기분이 너무 좋다"라는 뜻으로 이해하는 것과 같습니다. 이런 식의 해석은 솔직히 말이 안 됩니다. 제가 보기에 기독교의 '은유적인'—추상적 사고의 증가로 인해 은유적이 된—교리들은, 고대의 이미지들이 제거된 경우에도 여전히 우리에게 '초자연적인', 충격적인 무언가를 의미하는 말이어야 합니다. 그것의 의미는 이렇습니다. 과학을 통해 알 수 있는 물리적, 정신-물리적psycho-physical 우주 외에, 이 우주를 존재하게 하는 어떤 자존적인uncreated, 절대적 unconditioned 실재가 존재한다는 것입니다. 그리고 그 실재는 삼위일체 교리에, 물론 완벽하게는 아니지만 유용하게 묘사되어 있는, 그런 식의 어떤 적극적인 구조 내지 조직을 갖고 있다는 것입니다. 그리고 그 실재가 어느 특정 시점에 자신이 창조한 존재 중의 하나가 됨으로써, 우리가 알고 있는 이 우주 속으로 들어왔고, 그래서 이 우주 안에 자연적 우주의 정상 작용으로는 일으키지 못하는 어떤 효과들을 역사적 지평에 일으켰다는 것입니다. 그리고 이것이 그 무조건적인 실재와 우리가 맺고 있는 관계에 어떤 변화를 초래했다는 것입니다. 아마 여러분은 '우주 속으로 들어왔다'는 저의 밋밋한 표현도 '하늘에서 내려왔다'는 회화적인 표현 못지않게 은유적인 표현이라는 점을 눈치 채셨을 것입니다. 우리는 다만 수직 운동의 이미지를 수평 내지 막연한 운동의 이미지로 대체했을 뿐입니다. 기독교 교리의 고대 언어를 개선하고자 하는 시도는 결국 모두 이런 결과를 초래할 뿐입니다. 은유 없이는 도무지 어떤 주장도 할 수 없을 뿐 아니라, 토론의 주제도 제시할 수 없습니다. 우리의 말을 더 단조롭게 만들 뿐, 우리의 말을 더 문자적으로 만들 수는 없습니다.

(2) 기독교 교리의 진술은 다음 두 가지로 나누어집니다. 초자연적이고 절대적인 실재에 대한 진술, 그리고 그 실재가 자연적 우주 속으로 돌입해 들어옴으로 해서 역사적 지평에 일으킨 사건들에 대한 진술. 첫째 것은 '문자적인' 말로써는 묘사가 불가능하며, 따라서 그것에 대해 말해진 모든 말은 은유적으로 해석하는 것이 옳습니다. 그러나 두 번째 것은 전혀 다른 차원입니다. 역사적 지평에 일어난 사건들은 문자적으로 묘사할 수 있는 종류의 것입니다. 만약 그 일들이 일어났다면, 그것은 인간의 오감으로 지각될 수 있는 것입니다. 적법한 '설명'이 얼렁뚱땅하고 부정직한 '설명해치우기'로 변질되는 것은, 하나님에 관한 진술에 적용시키는 은유적 해석

을 바로 그런 사건들에 적용시킬 때입니다. 하나님에게 아들이 있다는 말은 결코 하나님이 성교를 통해 종을 번식하는 존재라는 의미로 주장된 바가 없습니다. 따라서 그리스도가 하나님의 '아들'이신 것은 인간이 자기 아버지의 아들인 것과는 다르다는 점을 분명히 한다고 해서, 우리가 기독교를 개조시키는 것은 아닙니다. 그러나 예수님이 물을 포도주로 바꾸셨다는 주장의 경우는, 완벽히 문자적 의미를 가진 말입니다. 왜냐하면 그 일은, 만일 일어났다면 얼마든지 감각할 수 있고 언어로 표현할 수 있는 성질의 것이기 때문입니다. 제가 "내 마음이 찢어졌다"라고 말한다면, 이는 여러분이 해부를 통해 확인해 볼 수 있는 그런 의미의 말이 전혀 아님을 너무도 잘 아실 것입니다. 그러나 제가 "내 구두끈이 끊어졌다"라고 말한다면, 그런데 여러분이 보기에 제 구두끈이 멀쩡하다면, 이때는 제가 거짓말을 했거나 아니면 제가 잘못 봤거나 둘 중 하나입니다. 이처럼 1세기 팔레스타인에서 일어났다는 '기적' 이야기들은 거짓말이거나 아니면 전설이거나 아니면 역사입니다. 만일 그 이야기 모두가, 혹은 그중 가장 중요한 이야기가 거짓말이거나 전설에 불과하다면, 그렇다면 지난 2천 년간 기독교가 주장해 온 것은 단지 거짓에 불과할 따름입니다. 물론, 그럼에도 기독교는 여전히 고귀한 감정이나 도덕적 진리를 담고 있는 무엇일 수는 있습니다. 그러나 그렇게 보자면 그리스신화도 마찬가지입니다. 북구北歐신화도 마찬가집니다. 그러나 이는 전혀 다른 사안입니다.

이 장은 기독교 교리의 개연성이나 비개연성에 대한 판단에 도움이 되는 내용은 전혀 담고 있지 않습니다. 우리는 다만 그 질문을 좀더 공정히 다룰 수 있기 위해 어떤 오해 한 가지를 제거했을 뿐입니다.

# 11. 기독교와 '종교'

종교를 자신의 신으로 삼는 이들은 하나님을 자신의 종교로 갖지 못할 것이다.

린라덴의 토마스 어스킨Thomas Erskine of Linlathen

사고와 상상력과 언어 사이의 관계를 보지 못할 때 생겨나는 생각의 혼란을 앞에서 제거했으므로, 이제 우리는 본 문제로 돌아가려 합니다. 그리스도인들은 하나님이 여러 기적을 행하셨다고 말합니다. 그러나 현대 세계는, 하나님의 존재를 믿는다고 말하는 이들조차도, 심지어 자연은 [초자연의 침입에 대해] 무방비라는 사실을 인정하는 이들조차도 그렇게 말하지 않습니다. 그들은 하나님이 그런 종류의 일을 하지 않을 분이라고 생각합니다. 현대인들의 이런 생각이 과연 옳을 수 있을까요? 저는 우리 시대의 대중적 '종교'가 생각하는 그런 종류의 하나님은 거의 확실히 기적을 행하지 않을 존재라는 점에 동의합니다. 문제는 이 대중적 종교가 과연 옳을 수 있겠느냐 하는 것입니다.

저는 일부러 '종교'라는 말을 사용했습니다. 기독교를 옹호할 때 우리가 끊임없이 부딪히는 반대는 상대방의 무종교 때문이 아니라, 그들이 실제 가진 종교에서 비롯됩니다. 아름다움이나 진리나 선에 대해서, 또는 그런 것 안에 내재하는 원리로서의 하나님에 대해서, 아니면 만물 속에 침투해 있는 어떤 거대한 영적 힘으로서의, 혹은 우리 모두가 그 일부인 어떤 공동의 정신으로서의, 혹은 우리 모두가 흘러나오는 원천인 어떤 막연한 영성의 못으로서의 하나님에 대해 한번 말해 보십시오. 그러면 여러분의 말에 우호적인 반응을 보이는 이들을 쉽게 만날 것입니다. 그러나 뚜렷한 목적을 갖고 특정한 행동을 수행하시는 하나님, 어떤 일을 하되 또 어떤 일은 하지 않는 하나님, 명확한 성격을 가졌으며 구체적이고 무언가를 선택하며 명령하고 금지하시는 하나님에 대해 언급해 보십시오. 그러면 그 순간 분위기는 갑자기 냉랭해질 것입니다. 사람들은 당황하거나 화를 냅니다. 그들은 그러한 개념이 원시적이고 미개하며 심지어 불경하다고까지 여깁니다. 대중적 '종교'가 기적을 배제하는 것은 기독교의 '살아 계신' 하나님을 배제하고, 대신 기적 같은 일은—실은 어떤 일도—행하지 않는 그런 종류의 하나님을 믿기 때문입니다. 이런 대중적 '종교'는 대략 범신론Pantheism으로 분류될 수 있는데, 따라서 이제 우리는 범신론에 대해 자세히 살펴볼 필요가 있습니다.

범신론은 통상 종교의 역사에 대한 다분히 공상적 억측에 기초를 두고 있다고 말씀드리는 것이 좋겠습니다. 이 억측에 따르면, 처음에 인간은 자연 현상을 설명하기 위해 '영들'을 발명해 냈습니다. 그리고 처음엔 그 영들이 자신과 똑같은 모습일 것이라 상상했습니다. 그런데 인간이 점점 계몽됨에 따라, 그 영들은 점점 덜 인간 같은 모습으로, 학문적 용어로 말하자면 덜 '신인동형적'이 되어 갔습니다. 신인동형적인 속성이 하나씩—인간적 외양, 인간적 감정, 인격성, 의지, 활동성 등에서 시작해서 결국 모든 구체적이고 적극적인 속성 모두—떨어져 나갔고, 그래서 결국은 순전한 추상적 관념—지성 자체, 영성 자체—만이 남게 되었습니다. 이런 식으로, 하나님은 나름의 분명한 성격을 가진 한 특정한 존재물이 아니라, 그저 특정 측면에서 바라본 '전체', 혹은 인간 염원의 모든 선이 무한까지 뻗어나갈 경우 결국 만나게 되는 어떤 이론적인 점點이 되어 버립니다. 현대적 관점에서는 어떤 것의 최종 단계는 그것의 가장 정교하고 문명적인 단계이므로, 현대인들은 이 '종교'를 기독교보다 더 심오하고 더 영적이고 더 계몽된 믿음으로 여기는 것입니다.

그러나 이러한 가상의 종교사는 사실이 아닙니다. 범신론은 분명 (그 주창자들이 주장하듯이) 현대인의 사고에 잘 맞긴 합니다. 그러나 어떤 신발이 발에 잘 맞는다고 해서 그 신발이 새것이라는 뜻은 아닙니다. 물이 새지 않는 좋은 신발이라는 뜻은 더더욱 아닙니다. 범신론이 우리 사고에 잘 맞는 것은, 그것이 인류의 오랜 계몽

과정 끝의 최종 단계이기 때문이 아니라, 그것은 가히 인류의 역사만큼이나 오래된 생각이기 때문입니다. 아마도 범신론은 모든 종교 중에서 가장 원시적인 종교라고 할 수 있습니다. 한 원시 종족의 신인 오렌다*orenda*는 '전체에 퍼져 있는 영'으로 해석될 수 있습니다. 인도에서 범신론은 태곳적부터 있어 온 사상입니다. 그리스인들은 플라톤과 아리스토텔레스의 사상을 통해 그들 문명이 최고 절정에 이르렀을 때야 비로소 범신론을 넘어설 수 있었습니다. 그러나 그들의 후손들은 다시 스토아 철학이라는 거대한 범신론적 사상 체계로 퇴보해 버렸습니다. 현대 유럽은 기독교의 지배적 영향 아래 있을 때에는 범신론을 피할 수 있었습니다. 그러나 조르다노 브루노Giordano Bruno[1]와 스피노자Spinoza[2] 등을 통해 범신론은 다시 되돌아왔습니다. 헤겔Hegel에 이르러서 범신론은 고등교육을 받은 거의 모든 이들의 공통된 철학이 되었습니다. 워즈워스 William Wordsworth[3], 칼라일Thomas Carlyle[4], 에머슨Ralph Waldo Emerson[5] 등을 통해서는 좀더 대중적인 형태의 범신론이 교양 수준이 더 낮은 사람들에게 전달되었습니다. 종교의 최종 발

........................................

1) 1548–1600. 이탈리아의 철학자, 사제, 우주학자.
2) 1632–1677. 네덜란드의 철학자.
3) 1770–1850. 영국의 낭만파 시인.
4) 1795–1881. 스코틀랜드의 에세이 작가, 풍자문학가, 역사학자. 대표작은《영웅숭배론On Heroes, Hero-Worship, and the Heroic in History》.
5) 1803–1882. 미국 에세이 작가. 시인.

달 단계이기는커녕, 범신론은 실은 인간 정신의 평상적 성향입니다. 범신론은 인간 정신의 평상적 수준이며, 성직자의 사기술 priestcraft이나 미신에 미혹될 경우 인간은 때로 그 수준 밑으로 떨어지기도 하며, 자기만의 노력으로는 인간은 그 수준 위에 결코 오랫동안 올라서 있지 못합니다. 플라톤 철학과 유대교, 그리고 (양자를 통합시킨) 기독교만이 범신론을 물리칠 수 있는 유일한 것이라는 사실이 이미 역사 속에서 증명되었습니다. 범신론은 인간 정신을 가만 내버려 둘 경우 자동적으로 빠져들게 되는 태도입니다. 범신론이 우리 정신에 잘 맞는 것은 지극히 당연합니다. 만일 '종교'가, 하나님이 인간에게 하시는 무엇이 아니라, 인간이 하나님에 대해 하는 말을 의미하는 것이라면, 범신론이야말로 가히 종교의 정수라고 할 수 있습니다. 그리고 그런 의미의 '종교'는 오로지 하나의 강력한 적을 가졌을 뿐인데, 기독교가 바로 그것입니다.[6] 현대 철학은 헤겔을 거부했고, 현대 과학은 종교에 전혀 우호적이지 않게 출발했지만, 그 둘 모두 결국 범신론을 향한 인간 정신의 성향을 막기에 무력하다는 사실이 증명되었습니다. 범신론은 고대 인도나 고대 로마에서처럼 오늘날도 강력한 세를 떨치고 있습니다. 신지학

.......................................

6) 따라서, 만약 종교를 중시하면서 동시에 기독교를 억압하는 정책을 펴는 어떤 교육부 장관이 있다면, 우리가 그를 꼭 위선자나, (일반적 의미의) 명칭으로 봐야 하는 것은 아닙니다. 어쩌면 그는 정말 진지하게 '종교'가 더 흥왕하기를 바라고, 이를 위해서는 기독교를 억압하는 것이 필요하다고 옳게 생각하는 사람일 수 있습니다.*

Theosophy이나 생명력life-force 숭배 등은 모두 범신론의 형태입니다. 독일인들의 소위 민족정기racial spirit 숭배 역시 야만인들에게 적합하도록 거두절미되고 다듬어진 범신론일 뿐입니다. 그러나 참으로 아이러니한 것은, 이러한 태곳적 '종교'로의 퇴보가 늘 그때마다 마치 전혀 새롭고 인간을 해방시켜 주는 사상이 드디어 출현한 양 찬양을 받아왔다는 사실입니다.

이와 유사한 선천적 성향의 예를 종교와 사뭇 다른 영역의 사고에서도 찾아볼 수 있습니다. 인간은 실증적 증거를 갖기 수세기 전부터 이미 원자atom의 존재를 믿어 왔습니다. 분명 인간 정신에게 그것이 자연스런 일이었기 때문일 것입니다. 그런데 우리가 자연스럽게 믿는 원자는 작고 단단한 탄알 같은 — 눈에 보이지 않을 만큼 작지만, 여하튼 우리가 경험적으로 아는 단단한 물체를 닮은 — 모습입니다. 인간 정신은 모래나 소금 알갱이에서 유추를 해서 손쉽게 이런 개념에 이릅니다. 이 개념은 많은 현상을 설명해 줍니다. 우리는 원자가 당연히 이런 모습일 거라고 편안하게 받아들입니다. 우리는 머릿속에 원자의 모습을 그려볼 수도 있습니다. 만약 후대의 과학이 골치 아프게 원자의 진짜 모습을 발견해 내지 않았더라면, 아마 이런 믿음이 영원히 지속되었을 것입니다. 그러나 과학이 원자의 **진짜** 모습을 발견해 내는 순간, 지금껏 당연히 옳게만 여겼던 옛 원자 이론에서 누렸던 정신적 편안함은 일순간 깨져 버리고 맙니다. 진짜 원자는 우리의 자연적 사고 양식으로 볼 때 매우 낯선 모습이라는 사실을 비로소 알게 됩니다. 원자는 전혀 (우리의 상상력이 이해하는 그런 의미의) 단단한 '물질'로 이루어지지 않았습니다. 원자는 단순하지 않으며 구조를 갖추고 있습니다. 원자는 다 같지 않으며, 묘사될 수도 없습니다. 물리학에서의 옛 원자 이론은, 종교에서의 범신론과 같습니다. 이 둘 모두 인간 정신의 정상적이고 본능적인 추측으로, 완전히 틀리진 않았지만 교정이 필요한 이론들입니다. 기독교 신학이나 양자물리학은 둘 다, 이러한 첫 번째 추측성 이론들과 비교하면 어렵고 복잡하고 딱딱하고 거슬리는 것들입니다. 그러나 어떤 대상의 진짜 본질을 처음 알게 되었을 때, 그것은 당연히 이럴 것이라는 우리의 본능적 추측이 깨질 때 받는 충격은 늘 그런 반응을 일으킵니다. 여러분은 슈뢰딩거Erwin Schrödinger[7]의 이론이 데모크리토스Democritus[8]의 이론처럼 그렇게 단박에 이해될 것으로 기대해서는 안 됩니다. 왜냐하면 슈뢰딩거는 사실을 너무 많이 알고 있기 때문입니다. 마찬가지로 여러분은 성 아타나시우스St. Athanasius[9]의 사상이 버나드 쇼George Bernard Shaw[10]씨의 사상처럼 단박에 이해될 것으로 기대해서는 안 됩니다. 왜냐하면 그 역시 사실을 너무 많이 알고 있기 때문입니다.

--------

7) 1887–1961. 오스트리아의 물리학자. 1933년 노벨상 수상.
8) 주전 460경–370경. 그리스의 철학자. '원자'라는 말을 처음 사용.
9) 293경–373. 교부, 알렉산드리아의 주교. 아리우스 이단에 맞서 니케아 신조 형성에 중요한 역할을 함.
10) 1856–1950. 아일랜드의 드라마작가, 문학비평가.

사람들은 흔히, 어렸을 때 배운 기독교와 어른이 돼서 배운 범신론을 서로 비교하기 때문에 이 문제를 처음부터 잘못 이해하고 들어가는 경우가 많습니다. 그들은 기독교가 하나님에 대해 '누구나 금방 이해할 수 있는' 이야기, 진리라고 보기에는 너무 쉬운 이야기인 반면, 범신론은 무언가 고상하고 신비한 이야기라는 식의 막연한 생각을 갖고 있습니다. 그러나 사실은 정반대입니다. 범신론의 외견상의 심오함 이면에는 다분한 자연적 그림식 사고가 얇은 베일 뒤에 감추어져 있습니다. 범신론이 그럴듯해 보이는 것이 실은 바로 이 때문입니다. 범신론자와 그리스도인은 모두 하나님이 어디에나 계시다고 생각하는 점에서는 의견이 같습니다. 그런데 범신론자는 하나님이 만물 안에 '퍼져 있고', '숨어 있으며', 따라서 어떤 구체적 존재물이라기보다는 보편적 매개물이라고 결론짓습니다. 왜냐하면 그들의 정신이 실은 가스나 액체나 공간 등의 그림에 지배받고 있기 때문입니다. 그러나 그리스도인은, 하나님이 시간과 공간의 모든 지점에 완전히 현존하시지만, 그러나 그 어디에도 **한 장소에 한정되어**locally 현존하시는 것은 아니라고 말함으로써, 의도적으로 그러한 이미지들을 배제시킵니다. 또, 범신론자와 그리스도인은 모든 인간이 하나님에게 의존하며 그분과 밀접한 관계에 있다고 생각하는 점에서도 의견이 같습니다. 그러나 그리스도인은 이 관계를 창조자와 창조물의 관계로 정의하는 반면, 범신론자는 (특히 대중적 형태의 범신론의 경우) 우리가 하나님의 '일부'로서, 하나님

안에 포함되어 있다고 말합니다. 이 또한 여러 부분으로 나뉠 수 있는, 어떤 광범위하게 퍼져 있는 물체의 그림이 슬며시 머릿속에 잠입한 것입니다. 이런 치명적 그림을 머릿속에 품고 있기에 범신론자는 하나님이 (마치 공기가 진흙이나 대리석이나 가리지 않고 스며들듯이) 우리가 말하는 악이나 선에 똑같이 현존한다고, 그 둘을 가리지 않는다고 결론짓습니다. 이에 대해 그리스도인은 이는 지나치게 단순한 생각이라고 대답하지 않을 수 없습니다. 하나님은 사실 엄청나게 다양한 양식으로 현존하는 분이기 때문입니다. 그분은 물질 안에 현존하시는 것과는 다른 양식으로 사람 안에 현존하시며, 모든 사람에게 같은 양식으로 현존하시는 것도 아니며, 예수님 안에는 다른 누구 안에 현존하시는 것과 또 다른 양식으로 현존하셨기 때문입니다. 또, 범신론자와 그리스도인은 하나님이 초인격적인 존재라는 사실에 대해서도 의견이 같습니다. 그런데 그리스도인이 의미하는 하나님은 결코 우리가 앞서 추측해 낼 수 없는 적극적인 구조를 가지신 분입니다. 정사각형에 대한 지식으로 정육면체를 추측해 낼 수 있는 것이 아니듯 말입니다. 하나님은 한 분이시면서 동시에 (세) '위격들persons'이십니다. 마치 정육면체가 여섯 개의 정사각형을 가졌으면서도 동시에 하나의 물체이듯이 말입니다. 우리는 하나님의 이러한 구조를 이해할 수 없는데, 이는 2차원의 존재가 정육면체를 이해할 수 없는 것과 같습니다. 그러나 그래도 우리가 이해할 수 없다는 사실 정도는 이해할 수 있는데, 만약 인격체를 넘어선 어떤 존재가 있다면, 그 존재는 **당연히** 우리에게는 불가해한 존재일 수밖에 없을 것이기 때문입니다. 그러나 범신론자는, 비록 '초인격적super-personal'이라는 말을 사용하긴 하나, 실제로는 하나님을 인격체에 못 미치는 존재sub-personal로 인식합니다. 이는 마치 2차원 세계에 사는 존재가 정육면체를 정사각형보다 **더 적은** 차원을 가진 것으로 여기는 것과 같습니다.

이처럼 매번 기독교는 범신론자의 자연적 기대를 교정해 주고, 더 난해한 이야기를 제시할 수밖에 없습니다. 슈뢰딩거가 데모크리토스를 교정해 줄 수밖에 없듯이 말입니다. 매번 그는 여러 구별을 늘려갈 수밖에 없고, 잘못된 유비Analogy를 배격하지 않을 수 없습니다. 그는 범신론이 안주하는 그런 뭉뚱그려진 대략적 이야기 대신, 뭔가 적극적이고 구체적이며 명료한 성격을 지닌 세밀한 이야기를 제시할 수밖에 없습니다. 실제 토론하다 보면, 범신론자는 자꾸 자기 입장을 바꾸는 경향이 있습니다. 조금 전에는 우리보고 단순 유치한 사고를 한다고 비난해 놓고선, 잠시 후엔 '기독론'이니 '삼위일체론'이니 하는 복잡하고 현학적인 이야기를 늘어놓는다며 비난합니다. 범신론자의 심정을 이해할 수 있습니다. 대중적 '종교'의 입장에서 봤을 때 기독교는 참 까다로운 존재입니다. '종교'의 두루뭉술한 진술에 대해 기독교는 거듭거듭 "글쎄요, 정확히 말하자면 그렇지 않지요", "저는 달리 표현할 수밖에 없습니다"라고 대답하기 때문입니다. 물론 이렇게 까다롭게 군다는 것 자체가 기독교의 옳음을 증명해 주는 것은 아닙니다. 그러나 만일 기독교가 진리라면 기독교는 이렇게 까다롭게 굴 수밖에 없을 것입니다. 저 홀로 터득한 '음악적 감각'을 고수하고 싶어 하는 사람에게 진짜 음악가는 까다로운 존재일 수밖에 없습니다. 마찬가지로 '옛날'이나 '고대 그리스와 로마'에 대한 낭만적 환상을 고수하고 싶어 하는 사람에게 진짜 역사가는 까다로운 존재일 수밖에 없습니다. 우리의 자연적 공상에는 대상의 확인된 실제 본질이 처음에는 늘 성가신―두루뭉술하게 잘 흘러가던 이야기판에 불쑥 끼어들어 하나하나 따지고 들며 잘난척하는 밉살스런 인간 같은―것일 수밖에 없습니다.

'종교'는 체험에 근거를 두고 있다고 주장하기도 합니다. 신비가들(정의는 모호하지만, 아무튼 요즘 인기를 누리고 있습니다)의 체험을 통해 보면 하나님은 기독교가 아니라 '종교'가 말하는 그런 하나님이라는 것입니다. 즉 그분은―혹 그것은―어떤 구체적인 대존재 concrete Being가 아니라 적극적인 성격 규정이 불가능한, '존재 일반being in general'이라는 것입니다. 하나님에 대한 우리의 이러저러한 진술에 대해 신비가들은 늘 "그건 그렇지 않다"라고 대답하는 경향이 있습니다. 신비가들의 이런 부정을 어떻게 이해할 것인지의 문제는 잠시 후에 다루고, 우선 왜 저는 그런 부정이 일상적 의미에서는 옳지 않다고 생각하는지 밝히겠습니다.

기원이 어떻든 간에, 아무튼 현재 구체적이고 개체적이고 명확한 사물들이 존재한다는 점에 대해서는 누구나 동의할 것입니다. 플라밍고, 독일 장교, 연인, 샌드위치, 파인애플, 혜성, 캥거루 같은 사물 말입니다. 이것은 단순히 원리나 일반성이나 원칙이 아니라, 사물들—사실들—입니다. 정말로 실재하는 저항적 실존물입니다. 우리의 지성이 완벽히 소화할 수 없는 무언가를 가졌다는 의미에서, 그 각각은 가히 **불투명체적**opaque 실존물이라고도 할 수 있습니다. 우리의 지성은, 그 사물들이 일반 법칙들을 예증해 주는 정도만큼은 그것들을 소화할 수 있습니다. 그러나 그것들은 단순한 예증 이상의 것입니다. 그 이상으로, 그 너머로, 그것들 각자는, 실존한다고 하는 '불투명체적' 냉엄한 사실, 자기로서 실제 존재한다고 하는 사실을 가진 존재들입니다. 그런데 이러한 불투명체적 사실, 이러한 구체성은 결코 자연법칙이나, 사고의 법칙 등을 가지고 설명할 수 없습니다. 모든 법칙은 "만일 A라면, B다"라는 형식으로 환원될 수 있습니다. 그런데 법칙들이 제공해 주는 것은 실제로 존재하는 이 세계가 아니라 '만일·그리고'의 세계일 뿐입니다. 다시 말해, 법칙이나 일반 원리를 통해 우리가 아는 것은 일련의 연결성일 뿐입니다. 그러나 실재 우주가 존재하기 위해서는 그 연결성으로 서로 연결될 무언가가 있어야만 합니다. 즉 용천수 같이 쏟아져 나오는 불투명체적 실재들이 그 패턴 속으로 공급되어야만 하는 것입니다. 만일 하나님이 이 세상을 창조하신 분이라면, 그분이 바로 이 물줄기의 원천이실 것이며, 이 원천으로부터 공급되는 그런 불투명체들이 있기에 비로소 참된 원리들이 그것들에 **대하여** 참일 수 있는 것입니다. 그런데 만약 하나님이 이렇게 모든 구체적이고 개체적인 사물들과 사건들의 궁극적 원천이라면, 그분 자신은 분명 최고로 구체적이고 개별적인 존재일 수밖에 없습니다. 다른 모든 것의 기원인 존재가 구체적이고 개별적인 존재가 아니라면, 그 어떤 것도 그럴 수 없을 것이기 때문입니다. 추상적이고 일반적인 무엇이 저 홀로 구체적인 실재를 낳을 수는 없습니다. 부기簿記는, 영원히 계속해 봐도 결코 단돈 1원도 만들어 낼 수 없습니다. 운율은 저 홀로는 결코 시를 만들어 낼 수 없습니다. 수입이 존재하려면, 부기에는 다른 무엇(계산할 진짜 돈)이 필요하며, 시가 존재하려면 운율에는 다른 무엇(시인이 공급하는 진짜 단어들)이 필요합니다. 이렇듯 만일 뭔가가 정말로 존재하려면 그 원천은 어떤 원리나 일반성일 수 없으며, 어떤 '이상'이나 '가치'일 수는 더더욱 없으며, 전적으로 구체적인 사실일 수밖에 없습니다.

아마도 보통 사람들은 하나님이 구체적이고 개체적인 존재임을 적극적으로 부인하진 않을 것입니다. 그러나 그들이 이 진리를 항시 유념하는 것은 아닙니다. '종교'를 믿는 이들이라면 더더욱 그렇습니다. 화이트헤드A. N. Whitehead[11] 교수가 말하듯, 하나님에게 무분별한 '형이상학적 찬사'를 바치지 않도록 유의해야 합니다. 우

---

11) 1861-1947. 영국 태생의 수학자, 철학자.

리는 하나님이 '무한하다'고 말합니다. 그분의 지식과 힘은 일부가 아닌 모든 것에 뻗친다는 의미라면, 이는 옳은 말입니다. 그러나 만일 '무한'이라는 단어가 하나님을 어떤 막연한— 구체성은 전혀 없고 일반성만 있는— '전부'로 보게끔 부추긴다면, 그 단어를 버리는 편이 더 낫습니다. 저는 감히 하나님을 한 '특정한 사물a particular Thing'이라고 말하고 싶습니다. 원래 그분은 존재하는 유일한 사물이었습니다. 그러나 그분은 창조적인 존재이시라, 다른 사물들도 존재하게 만드셨습니다. 따라서 그분은 그 사물들이 아닙니다. 또 그분은 '보편적 존재'가 아닙니다. 만약 그분이 그런 존재라면 창조물은 존재하지 못했을 것입니다. 왜냐하면 일반성 자체는 결코 어떤 것도 만들어 내지 못하기 때문입니다. 그분은 '절대적 존재'— 더 정확히는 **유일한** 절대적 존재—입니다. 그분만이 독립적인 존재라는 의미에서 말입니다. 그러나 하나님이 아닌 다른 것들도 분명 존재합니다. 그런 의미에서는 그분은 명확한 성격을 가지신 존재입니다. 가령, 그분은 의로우시지 무도덕적amoral이지 않으며, 창조적이시지 비활동적이 아닙니다. 구약성경은 이 점에 대해 놀랄 만한 균형을 보여 줍니다. 한편으로 하나님은 "나는 나다I AM"[12]라고 말씀하시며 자존自存의 신비를 선포하십니다. 그러나 또한 그분은 무수히 "나는 주다"—나, 궁극적인 사실은, 바로 **이런** 성격을 가진

---

12) 출애굽기 3장 14절 참조.

존재다—라고 말씀하시며, 우리에게 "주님을 알라"고, 다시 말해 이 특정한 성격을 발견하고 경험할 것을 권고하십니다.

제가 지금 바로잡고자 하는 오류는, 실은 이 세상에서 가장 진지하고 존경할 만한 오류 중 하나입니다. 제가 그 오류를 바로잡기 위해 앞서 사용했던 한 표현이 어떤 사람에게는 충격적일 수 있다는 점을 충분히 이해합니다. 하나님이 '한 특정한 사물'이라는 저의 말은 자칫 하나님의 본질과 다른 사물들의 본질 사이, 그분의 실존 양식과 다른 사물들의 실존 양식 사이에 있는 그 무궁한 차이를 무시하는 말처럼 들릴 수 있기 때문입니다. 따라서 균형을 잡기 위해 저는 서둘러 이렇게 덧붙여 말하지 않을 수 없습니다. 원자로부터 천사장에 이르기까지 모든 파생적 존재의 실존은, 그들의 창조자와 비교할 때, 실상은 거의 없는 것과 진배없다는 것입니다. 그들은 실존 원리를 자기 안에 갖고 있지 못하기 때문입니다. 그들의 **본질**은 그들이 **존재**한다는 사실과 서로 구분될 수 있습니다. 그들에 대한 정의나 개념은, 그들의 **실존 여부**와 상관없이, 얼마든지 이해되고 형성될 수 있습니다. 실존은 그들에 대한 개념에 덧붙여진 일종의 '불투명체적' 부가물일 따름입니다. 그러나 하나님의 경우는 다릅니다. 만일 우리가 정말 하나님의 **본질**을 제대로 이해했다면, 그분의 **실존**에 의문의 여지가 있을 수 없다는 것을 이해할 수밖에 없습니다. 다시 말해, 그분이 존재하지 않을 수 있다는 것은 있을 수 없는 일입니다. 그분은 모든 불투명체적 실존의 중심이며, 충만히 존재하는 유일한 것이며, 사실성facthood의 원천이기 때문입니다. 그런데 그분은 창조를 행하셨습니다. 따라서 우리는 그분을 어떤 의미에서 한 특정한 사물, 사물들 중의 하나로 말하지 않을 수 없습니다. 이는 결코 그분과 다른 사물들 사이의 무궁한 차이를 소홀히 여기는 말이 아닙니다. 오히려 그 반대로, 이는 범신론이 무시하는 그분의 한 적극적 완벽성, 창조하는 존재로서의 완벽성을 인정하는 말입니다. 실존으로 가득 흘러넘치는 분이시기에 하나님은 실존을 [다른 사물들에게] 나눠 주실 수 있는 분입니다. 그분은 다른 사물들이 존재하게끔, 그래서 그것들이 정말로 그분 자신과는 다른 존재들이게끔, 그래서 그분이 존재하는 전부라는 말이 틀린 말이 되게끔 할 수 있는 분입니다.

아무것도 존재하지 않았던 때는 없었음이 분명합니다. 원래 무無가 존재했다면 지금도 아무것도 존재하지 않을 것이기 때문입니다. 존재한다는 것은 어떤 적극적인 무언가Something라는 것, (형이상학적으로 말하자면) 어떤 특정한 모양이나 구조를 가진다는 것, 저것이 아닌 이것이라는 의미입니다. 따라서 늘 존재해 왔던 사물인 하나님에게는 늘 고유한 적극적 성격이 있었습니다. 그러므로 영원토록, 하나님에 대한 어떤 진술은 옳고 또 어떤 진술은 틀린 것일 수밖에 없습니다. 그런데 우리는, 우리 자신과 자연이 실존한다고 하는 이 단순한 사실을 통해 이미 어느 정도는 옳은 진술들을 알고 있습니다. 즉 우리는 그분이 창안하시며 행동하시며 창조하시는 존재임을 알고 있습니다. 이렇게 볼 때 하나님이 기적을 행하지 않는 존재라고 미리 가정할 수 있는 근거는 사라지게 됩니다.

그렇다면 왜 신비가들은 하나님을 늘 그런 식으로 이야기하는 것일까요? 왜 많은 사람들이 한사코 하나님은 기독교 신학이 말하듯 그렇게 구체적이고 살아 있으며 의지를 갖고 행동하시는 하나님일 수 없다고 주장하는 것일까요? 제 생각에 그 이유는 다음과 같습니다. 한번, (황홀한 비전 속에서) 인간의 모습을 어렴풋이 포착한 어떤 신비가 조개limpet[13], 현자賢者 조개가 있다고 가정해 봅시다. 그 신비가 조개는—(비록 스승만큼은 아니지만) 나름대로 유사한 체험이 있는—제자들에게 그 비전을 전해 줄 때 부정적 진술을 많이 사용할 수밖에 없을 것입니다. 그 조개는 인간은 껍데기가 없고 바위에 붙어살지 않으며 물에 둘러싸여 있지도 않다고 말해야 할 것입니다. 그 제자들은, 비록 적지만 나름으로 체험을 해 보았기에 그 말을 통해 얼마간 인간에 대한 개념을 얻을 수 있습니다. 그러나 학자 조개들, 철학사를 저술하고 비교종교학을 가르치지만 직접 그런 비전을 경험하지 못한 조개들의 경우는 다릅니다. 그들이 예언자 조개의 말에서 얻을 수 있는 것은 단지 부정적 진술이 전부입니다. 어떤 긍정적인 통찰을 통해 교정받지 못할 경우, 그들이 그런 부정적 진술을 가지고 상상해 내는 인간의 모습은, 특정하게 어디에도

13) 바닷가 바위에 붙어사는 조개.

존재하지 않고(바위에 붙어 있지 않으므로), 음식도 먹지 않는(음식을 실어 오는 물속에 살지 않으므로), 일종의 무정형 젤리 같은(껍데기가 없으므로) 존재입니다. 그런데 인간에 대한 전통적 경외심을 가진 그들은 허공에 사는 창백한 젤리 같은 존재야말로 최고의 실존 양식이라고 결론지을 것이며, 인간에게는 명확한 모양, 구조, 기관이 있다고 말하는 모든 교리를 미개한 물질주의적 미신으로 배격할 것입니다.

지금 우리의 상황은 이 학자 조개들이 처한 상황과 유사합니다. 위대한 예언자들과 성인聖人들은 하나님에 대해 최고로 긍정적이고 구체적인 직관을 가진 분들입니다. 하나님 존재의 언저리를 살짝 체험한 그들은 하나님이 생명과 에너지와 기쁨으로 충만한 존재임을 알게 되는데, 그들이 그분을 인격성, 정념passion, 변화, 물질성 같은 온갖 제한성을 초월하는 존재로 선언하는 것은 바로 그 때문입니다. 다시 말해, 이러한 제한성을 뛰어넘는 하나님의 긍정적 성질을 말하려는 것이 그 부정적 진술의 유일한 목적입니다. 그러나 뒤떨어진 우리는 지성적이고 '계몽된' 종교를 만든다며, 이러한 부정적 진술(무한하고infinite, 비물질적이며immaterial, 무정념의 impassible, 불변하는immutable 등등)을 아무런 긍정적 직관의 제어 없이 제멋대로 사용합니다. 우리의 신관에서 인간적 속성을 하나씩 제거해 갑니다. 그러나 그렇게 인간적 속성을 벗겨 내는 유일한 목적은 긍정적인 신적 속성을 밝히려는 것이어야 합니다. 바울 사도의 표현을 빌리자면, 우리의 목적은 우리의 신관을 벌거벗기려는 것이 아니라, 더 나은 것으로 덧입히려는 것이어야 합니다.[14] 그러나 불행하게도 우리에게는 그렇게 덧입힐 수 있는 수단이 없습니다. 우리의 신관에서 몇 가지 대수롭지 않은 인간적 특징을 제거해 버리긴 했지만, (지성적 탐구자들에 불과한) 우리는 그것들 대신 신성의 눈부신 진짜 구체적 속성을 공급할 수 있는 자원은 갖고 있지 못합니다. 따라서 세련화 과정의 매 단계마다 우리의 신관은 점점 내용을 잃어 가다가, 치명적인 심상들(끝없이 펼쳐진 고요한 바다, 모든 별 너머의 텅 빈 하늘, 흰 광채 나는 돔dome 등)이 들어오게 되고, 급기야 그저 무無, 실재하지 않는 무언가를 경배하는 지경에 이르게 됩니다. 그런데 인간의 지성understanding은, 아무 도움 없이 혼자서는 거의 필연적으로 이런 길을 걸을 수밖에 없습니다. 이것이 바로, 아버지의 뜻을 행하는 사람만이 참된 교리를 알 수 있다는 기독교의 진술이 철학적으로 옳은 이유입니다.[15] 상상력이 조금 도움을 줄 수는 있습니다. 그러나 우리 신관의 점증하는 공허함을 바로잡아 주는 구체적인 무언가를 접하는 때는 바로 우리가 도덕적인 삶, (더욱이는) 경건한 삶을 살 때입니다. 미약하게나마 참회하는 그 순간, 희미하게나마 감사드리는 그 순간, 우리는 비록 적게나마 추상화의

---

14) 고린도후서 5장 4절 참조.
15) 요한복음 7장 17절 참조.

심연에서 벗어날 수 있습니다. 이런 문제에서만큼은 이성에 의존하지 말 것을 가르치는 것은 다름 아닌 이성 자신입니다. 왜냐하면 이성은 자신이 재료 없이는 일할 수 없음을 스스로 잘 알기 때문입니다. 예를 들어, 지금 고양이가 찬장 속에 숨어 있는지 아닌지는 이성적 추론을 통해 알아낼 수 없는 문제임이 분명하기에, 이성은 우리 귀에 이렇게 속삭입니다. "가서 직접 눈으로 확인해 보라. 이는 내 영역이 아니다. 이는 감각으로 알아낼 수밖에 없는 문제다." 마찬가지입니다. 하나님에 대한 추상적 관념을 바로잡아 줄 수 있는 재료들은 이성에 의해서는 공급될 수 없습니다. 이성은 주저 없이, 가서 직접 경험해 보라—"직접 맛보아 알라"—고 말할 것입니다. 왜냐하면 이성에 따르면, 그렇게 하지 않는 지금 여러분의 태도가 비이성적이기 때문입니다. 만일 우리가 단순히 학식 있는 조개들과 같은 사람이라면, 지금 우리는, 만일 하나님을 우리보다 더 많이 체험한 사람들이 없었다면, 우리는 하나님을 비물질적이고, 불변하고, 무정념의 존재로 믿을 수 있는 이유도 갖지 못한다는 점을 망각하고 있는 것입니다. 우리에게 실로 계몽된 생각으로 보이는 그런 부정적 지식도 실은 우리보다 더 나은 이들이 가졌던 긍정적 지식에서 떨어져 나온 잔재—천상의 파도가 물러가면서 모래 위에 남겨 둔 자취—에 불과한 것이기 때문입니다.

블레이크William Blake는 말합니다. "영이나 비전은 현대 철학이 추측하듯 어떤 뜬구름 같은 것이나 무無가 아니다. 그것은 필멸하고 사멸하는 자연이 낳는 그 어떤 산물보다도 더 조직적이고 명료하다."[16] 블레이크는 그저 유령—환영이었을 수 있는—을 그리는 법에 대해 말한 것이지만, 그의 말은 형이상학적인 수준에서도 진리를 담고 있습니다. 하나님은 근본 사실, 근본 현실성으로서, 다른 모든 사실성의 원천이신 존재입니다. 따라서 그분은 결코 어떤 특색 없는 일반성일 수 없습니다. 만일 하나님이 존재하신다면, 그분은 존재하는 모든 것 중에서 가장 구체적인 존재, 가장 개체적이고 '조직적이고 명료한' 존재일 수밖에 없습니다. 우리가 그분을 말로 표현할 수 없는 것은 그분이 너무 막연한 존재라서가 아니라, 모호할 수밖에 없는 인간의 언어로 표현하기엔 너무 분명한 존재이시기 때문입니다. 따라서 **비신체적**incorporeal이니 **비인격적**impersonal이니 하는 말은 우리를 오도할 수 있습니다. 왜냐하면 그런 표현에는 우리에게 있는 어떤 실재가 그분에게는 결여되어 있음을 암시하기 때문입니다. 그런 말보다는 그분을 **초신체적**trans-corporeal인, **초인격적**trans-personal인 존재라고 말하는 편이 더 낫습니다. 지금 우리가 아는 바로서의 우리의 몸과 인격성은 실은 부정적 존재들negatives입니다. 그것들은 긍정적 존재가, 일시적이고 유한한 형식으로 나타날 수 있기 위해 충분히 희석되고서 남은 것들입니다. 우리의 성sexuality도 하나님 안에 있는 그 부단하고

---

16) 《묘사적 목록A Descriptive Catalogue》. Number IV.*

불가항력적인 창조적 기쁨이 단조短調로 조옮김된 것으로 여겨져야 합니다. 문법적으로는 그분에 대해 하는 말들이 '은유적'입니다. 하지만 더 깊은 의미에서는, 실은 우리의 육체적 정신적 에너지들이 참 '생명'이신 하나님의 '은유들'입니다. 생물학적 아들됨은 말하자면 신적인 아들됨이라는 입체물이 평면 위에 개괄적으로 표현된 것입니다.

이는 지난 장에서 논의된 바 있는 이미지 문제를 새로운 시각으로 볼 수 있게 해 줍니다. 왜냐하면 종교적 이미지들이 보존해 주는 것은 다름 아니라 하나님의 적극적이고 구체적인 실재에 대한 인정이기 때문입니다. 먹구름 속에서 천둥과 번개를 내리치시고, 산을 양처럼 껑충껑충 뛰게 만드시고 위협하시고 약속하시고 항변하시고 심지어 마음이 바뀌기까지 하시는 야훼 하나님이라는 구약성경의 조야하기 그지없는 그림들은, 추상적 사고에서는 증발해 버리고 마는 하나님의 **살아 계심**을 전달해 줍니다. 심지어 기독교에 미치지 못하는 이미지들 ─가령 백 개의 손이 달린 힌두교 우상─도 우리 시대의 '종교'가 빠뜨리고 있는 **무언가**를 가지고 있습니다. 우리가 그 우상을 거부하는 것은 옳은 일입니다. 왜냐하면 그 자체로서는 힘 숭배라는 불량하기 그지없는 미신을 부추기기 때문입니다. 구약성경의 이미지 중에도 우리가 거부해야 할 것이 많이 있을 것입니다. 그러나 거부하되, 이유를 분명히 알고서 그렇게 해야 합니다. 우리가 그런 이미지들을 거부하는 것은 그것들이 너무 강렬하기 때문이 아니라, 너무 약하기 때문입니다. 궁극적인 영적 실재는 그 이미지들보다 더 모호하거나 비활동적이거나 투명한 것이 아니라, 더 적극적이고 역동적이며 불투명한 것입니다. '영Spirit'과 혼soul(혹은 '혼령ghost')을 혼동하는 것이 그간 많은 해를 끼쳐 왔습니다. 굳이 그림으로 묘사하자면, 혼령은 몽롱하고 흐릿한 모습으로 그려져야 합니다. 왜냐하면 혼령이란 반쪽 인간half-men으로서, 육체가 있어야 비로소 온전한 창조물에게서 한 가지 요소가 따로 떨어져 나온 것이기 때문입니다. 그러나 '영'은, 그림으로 묘사하자면 정반대 방식으로 그려져야 합니다. 전통적인 상상에서 하나님은, 심지어 신들도 전혀 '환영스럽지shadowy' 않습니다. 심지어 죽은 사람들도 그리스도 안에서 영화롭게 될 경우, '혼령'이 아니라 '성인saint'이 됩니다. 지금도 '혼령을 봤다'는 말과 '성인을 봤다'는 말 사이에는 현격한 분위기 차이―전자는 창백하고 그림자 같은 존재이고, 후자는 찬란하게 빛나는 존재입니다―가 존재하는데 여기에는 '종교'에 관한 책 전체보다 더 많은 지혜가 담겨 있습니다. '영'을 머릿속 그림으로 상징화할 때, 우리는 그것을 물질보다 더 **무거운** 무언가로 표현해야 합니다.

하나님의 도덕적 속성을 충실히 표현하기 위해 옛 이미지들을 거부한다고 말하는 경우가 있는데, 이 말이 정말로 무슨 뜻인지 한번 신중히 생각해 봐야 합니다. 하나님의 사랑이나 선하심 등이 어떤 것인지를 **유비**를 통해―즉 인간 관계의 장場에서 그 평행물을 상상해 봄으로써—알고자 할 때는 물론 그리스도의 비유 말씀을 보면 됩니다. 그러나 그 사랑이나 선하심의 실재를 가능한 한 있는 그대로 인식해 보고자 한다면, 하나님의 그런 '도덕적 속성'을 그저 양심성이나 추상적 박애 정도로 해석하지 않도록 유의해야 합니다. 우리가 그런 실수를 쉽게 범하는 것은 하나님에게 정념passions이 있음을 부정하고(이 부정 자체는 옳습니다), 정열적이지passionate 않은 사랑은 무언가 결여된 사랑이라고 생각하기 때문입니다. 그러나 하나님에게 정념이 없다고 말하는 것은 정념이란 수동성passivity과 단속斷續성을 내포하기 때문입니다. 우리에게 사랑의 정념은 '(물에) 젖는 일'이 우리 몸에 발생하듯 우리에게 발생하는 무엇입니다. 그러나 하나님은 물이 '(물에) 젖는 일'로부터 면제되어 있듯 '정념'으로부터 면제된 분입니다. 그분은 사랑에 빠져들 수 없는데 이는 그분 **자신이** 곧 사랑이시기 때문입니다. 우리가 이 사랑을 인간의 일시적이고 파생적인 '정념'보다 뭔가 덜 강렬하고, 덜 격렬하다고 상상하는 것은 그야말로 재난적인 몽상입니다.

또 우리는 전통적 이미지들이 하나님의 불변성을 왜곡한다고 생각할 수도 있습니다. 그런 이미지들은 하나님께 다가갔던 이들이 거의 한목소리로 보도해 주는 그 평화—그 '세미한 소리'[17]—와 맞지 않는다고 말입니다. 저 역시 기독교 이전 하나님 이미지들의 적

---

17) 열왕기상 19장 12절 참고.

합성이 가장 떨어지는 곳이 바로 여기라고 생각합니다. 그러나 여기에도 위험이 도사리고 있습니다. ['하나님의 불변성' 하면] 자칫 거대한 무언가가 아무 움직임 없이 가만있는 모습 —맑고 잔잔한 대양, '흰 광채 나는' 돔 등— 을 거의 무의식적으로 떠올리고, 하나님을 그처럼 비활동적이고 그저 멍한 무엇으로 상상하기 쉽습니다. 그러나 신비가들이 그분께 다가갈 때 경험하는 그 고요는 전념 어린 고요, 깨어 있는 고요로서, 잠이나 백일몽과는 정반대의 것입니다. 그들은 그분을 닮아 가는 것입니다. 물리적 세계에서 고요는 어떤 장소에 아무것도 없을 때 생겨납니다. 그러나 궁극적인 평화는 생명의 고밀도로 인해 그렇게 고요한 것입니다. 말이 존재에 삼켜지는 것입니다. 이 고요에 움직임이 없는 것은 그분의 행위—이는 곧 그분 자신이기도 합니다—가 무시간적timeless 행위이기 때문입니다. 원한다면 이를 무한 속도의 움직임이라고 불러도 좋을 것이고, 아마 이것이 고요라는 말보다 덜 위험할 것입니다.

사람들은 추상적이고 소극적인 신을 생각하던 것에서 살아 계신 하나님을 생각하는 것으로 옮아가기를 꺼려합니다. 당연합니다. 바로 여기에 범신론의 가장 깊은 뿌리, 하나님에 대한 전통적 이미지들에 대한 반대의 가장 깊은 뿌리가 있습니다. 사람들이 그런 이미지들을 싫어하는 이유는 그것들이 하나님을 사람으로 묘사하기 때문이 아닙니다. 진짜 이유는, 그것들이 그분을 왕으로, 전사戰士로 묘사하기 때문입니다. 범신론자들의 하나님은 아무 일도 하지 않는 존재, 아무것도 요구하지 않는 존재입니다. 그런 하나님은 그저 여러분이 원하는 대로, 단지 선반 위의 책처럼 존재할 뿐입니다. 그는 여러분을 따라다니며 괴롭히지 않습니다. 어느 순간 그의 명령에 하늘과 땅이 순식간에 사라져 버릴 염려도 없습니다. 만일 그런 범신론의 하나님이 진리라면, 우리는 하나님을 왕으로 묘사하는 모든 기독교적 이미지들은 그저 역사적 우연에 속하는 것으로, 이제 우리 종교는 거기서 벗어나야 한다고 말해야 할 것입니다. 그러나 충격적이게도 우리는 그런 이미지들이 필요불가결한 것임을 발견합니다. 여러분은 전에 더 작은 일들과 관련해서 이런 충격을 당해 봤을 것입니다. 예를 들어, 여러분이 잡고 있던 줄이 갑자기 반대쪽에서 당겨질 때, 어둠 속에서 무언가 옆에서 숨 쉬는 소리를 듣게 되었을 때와 같은 경우에 말입니다. 여기서도 그렇습니다. 무언가 실마리를 따라가던 와중 어느 순간 예기치 못한 **생명**의 떨림이 전달되어 오고, 그 순간 우리는 충격을 받습니다. 혼자 있다고 생각했던 곳에서 살아 있는 존재를 만나는 일은 언제나 충격을 줍니다. "저기 봐!" 우리는 소리칩니다. "저게 **살아 있어.**" 따라서 수많은 사람들이 바로 이 지점에서 기독교로부터 뒷걸음쳐 물러납니다. 할 수 있다면 저도 그랬을 것입니다. 어떤 '비인격적인 하나님', 이는 사람들이 좋아합니다. 우리 머릿속에 들어 있는 주관적인 진선미의 하나님, 이는 사람들이 더 좋아합니다. 우리를 관통해 요동치는 어떤 무정형의 생명력, 우리가 끌어다 쓸 수 있는 방대한 힘으로서의 하나님, 이는 사람들이 최고로 좋아합니다. 그러나 진짜 하나님, 살아 계신 하나님, 반대쪽에서 줄을 끌어당기시고, 무한한 속도로 우리에게 다가오시는 하나님, 추적자, 왕, 남편으로서의 하나님, 이는 전혀 다른 문제입니다. 도둑 놀이를 하고 있던 아이들이 갑자기 조용해지는 순간이 있습니다. 방금 현관에서 난 저 소리, 혹시 **진짜** 사람 발자국 소리는 아닐까? ('하나님을 찾는 인간!' 운운하며) 그저 종교를 가지고 장난쳐 왔던 사람들이 갑자기 뒤로 움찔 물러서는 순간이 옵니다. 생각해 보십시오. 우리가 정말 하나님을 만나게 된다면? 우리는 정말 그런 것을 기대했던 것은 아니었습니다. 아니 더 나쁜 경우로, 만약 그분 편에서 친히 우리를 찾아왔다면?

이는 일종의 루비콘 강입니다. 우리는 건너가든지, 건너가지 않든지 둘 중 하나를 선택할 수 있을 뿐입니다. 그러나 일단 건너갔다면, 기적들로부터 안전할 수 있는 길은 없습니다. 우리는 **그 어떤 것도** 경험할 수 있습니다.

# 12. 기적의 적합성

원리Principle가 규칙Rule을 설명하는 순간 원리는 규칙을 대신한다.
셸리Shelley, 《에케 호모Ecce Homo》, 14장.

만일 궁극적 사실the ultimate Fact이 어떤 추상적인 관념이 아니라 눈부시도록 현실성으로 충만한, 그로 인해 불투명한, 살아 계신하나님이라면, 그분은 일을 행하실 수 있을 것입니다. 그분은 기적을 행하실 수 있을 것입니다. 그러나 과연 그분이 기적을 행하시려할까요? 신심 깊은 사람들 중에서도 많은 이들이 하나님은 그런 분이 아니라고 느낍니다. 왜냐하면 기적을 행하는 일 같은 것은 그분의 격에 맞지 않는다고 생각하기 때문입니다. 시시하고 변덕스러운독재자나 자신이 제정한 법을 스스로 깨뜨립니다. 선하고 현명한왕은 자신이 제정한 법을 스스로 준수합니다. 실력 없는 기술자들이나 나중에 또 손을 댈 필요가 있는 작품을 만듭니다. 이런 식으로 생각하는 사람들은 기적이 사실상 자연법칙을 깨뜨리는 게 아니라는 8장의 설명을 듣고도 마음이 바뀌지 않습니다. 그 설명 자체에는 수긍한다 해도 여전히, 어쨌거나 기적은 일의 질서정연한 진행에, 자신의 내재적 소질이나 성격에 따라 진행되어야 할 자연의 정상적 발전 과정을 간섭하는 것이라고 느낍니다(사실 기적은 그런 것입니다). 이런 비평가들에게는 자연의 정규적 진행이 그 어떤 기적보다도 감명적으로 와 닿습니다. (메러디스George Meredith[1]의 소네트에 나오는 루시퍼처럼) 그들은 밤하늘을 올려다보며, 전에 하나님이 스스로 그토록 장엄하게 하신 말씀을 가끔 취소하시기도 한다는 생각은 거의 불경에 가깝다고 느낍니다. 이런 감정 자체는 마음 속 깊고 고귀한 원천에서 나오는 것으로 마땅히 존중받아야 할 감정입니다. 그러나 제가 믿기로, 이는 잘못된 생각에 기초한 감정입니다.

학교에서 라틴어 시 작문을 처음 배우기 시작하며 초등학생들이 시를 지을 때 (전문적인 용어로서) '다섯 번째 운각韻脚에 장장격a spondee in the fifth foot'[2]을 주지 않도록 교육받습니다. 이는 그 학생들을 위해 좋은 규칙인데, 왜냐하면 정상적인 육보격 hexameter에서는 그 지점에 운각이 없기 때문입니다. 학생들이 그런 변칙적 형식을 마음껏 사용하게 허용한다면, 그들은 번번이 자

---

1) 1828-1909. 영국 소설가, 시인.
2) 두 개의 장음이나 강세가 있는 음절이 잇달아 나오는 음보.

기 편의대로 사용할 것이고, 그러다 보면 결국 육보격 시의 전형적 음이 어떤 것인지를 전혀 익히지 못할 것입니다. 그러나 그 학생들이 베르길리우스Publius Vergilius Maro[3]의 시를 읽을 경우 자신들에게는 금지되어 있는 바로 그것을 베르길리우스가—자주는 아니지만 아주 드물지도 않게—하고 있다는 것을 발견합니다. 마찬가지로 영어 운문 작문을 처음 배우는 학생들도 위대한 시인들의 시에서 '나쁜' 운율(가령 반운half-rhyme같은 것 등)을 발견하고서 충격을 받을 수도 있습니다. 심지어 목공일이나 자동차 운전이나 외과수술 같은 일에도, 숙련된 장인이 자신은 안전하고 분별 있게 사용하면서도, 제자들에게는 가르치지 않는 게 현명하다고 여기는 그런 '파격license'—변칙적인 방식—이 있습니다.

흔히 어떤 엄밀한 형식적 규칙을 통달한 지 얼마 안 된 초심자는 그런 규칙을 지키는 일에 지나치게 얽매이고 또 까다롭게 구는 것을 봅니다. 스스로 익힐 생각은 하지 않고 그저 비평만 하는 평론가들의 경우는 더더욱 까다롭게 굽니다. 고전문학 평론가들은 셰익스피어의 '불규칙성'과 '파격성'에 충격을 받습니다. 아둔한 학생은 베르길리우스의 비정상적 육보격이나 영국 시인들의 반운을 실력 부족 때문이라고 생각할 것입니다. 물론, 그것들은 모두 어떤 목적을 가지고 더 높고 정교한 법칙을 따르기 위해 운율의 피상적 규칙성을

---

3) BC 70-BC 19. 고대 로마 시인. 《에이네이스 *Aeneid*》의 저자.

깨뜨리는 경우인데도 말입니다. 《겨울 이야기 *The Winter's Tale*》에서 보이는 불규칙성이 그 작품 정신의 내적 일치성을 손상하는 것이 아니라 오히려 구현해 주고 완성해 주듯이 말입니다.

다시 말해, 규칙들 이면의 규칙이 있으며 일률성보다 깊은 통일성이 있습니다. 최고의 명공은 자신이 만들고 있는 작품의 생동하는 내적 법칙을 한 음표, 한 음절, 한 획도 깨뜨리려 하지 않을 것입니다. 그러나 그는 시시하고 상상력 부족한 평론가들이 법칙으로 오해하는 그런 피상적인 정규성과 정통성은 아무 거리낌 없이 얼마든지 깨뜨릴 것입니다. 정당한 '파격'을 단순한 서투름이나 비통일성과 얼마나 잘 구분할 수 있는지는 그 작품 전체의 진정한 내적 의미를 얼마나 파악하고 있느냐에 달려 있습니다. 만일 '하나님이 태초부터 종말까지 일하여 내신 작품'[4] ─ 자연은 이 작품의 한 부분, 그것도 아주 작은 일부에 불과할 것입니다 ─ 의 가장 심원한 정신을 전체적으로 파악했다면, 우리는 자연의 역사에 대한 기적적인 간섭들이 위대한 장인이신 하나님께 어울리지 않는 부적합성인지, 아니면 그분이 하시는 전체 일의 가장 깊고 참된 통일성의 표현인지를 판단할 수 있는 위치에 있을 것입니다. 아무튼, 하나님의 생각과 우리의 생각 사이의 간격은 셰익스피어의 생각과 옛 프랑스 학파the old French School의 시시한 평론가들의 생각 사이의 간격보다 무

─────────────

4) 전도서 3장 11절 참조.

한히 더 클 것임에는 틀림없습니다.

왜냐하면 하나님 편에서 봤을 때의 하나님의 외적 행위가, 자연을 과학적으로 연구할 때 보여 주는 그런 복잡한 수학적 관계성일 것이라고 누가 가정할 수 있겠습니까? 그럴 것이라고 가정하는 것은 시인이 운각을 가지고 시구를 지어 낸다고, 혹은 우리 언어가 언어의 문법에서 출발한다고 생각하는 것과 같습니다. 그러나 무엇보다 가장 좋은 예는 베르그송Henri-Louis Bergson[5]이 보여 준 예입니다. 어떤 특이한 정신적 문제로 인해 그림을 그저 작은 유색 점들이 모자이크처럼 한데 모여서 이루어진 무언가 정도로 생각하는 어떤 종족이 있다고 가정해 봅시다. 어떤 위대한 미술작품의 필법을 돋보기로 연구하면서, 그들은 그 점들 사이에 있는 복잡한 관계성을 점점 더 많이 알아가고, 이 관계성을 애써 일정한 규칙성으로 분류해 냅니다. 그들의 이런 수고가 헛되지는 않을 것입니다. 그 규칙성은 사실 '맞아 들어갈' 것입니다. 그것들은 대부분의 사실을 설명해 줄 것입니다. 그러나 만일 여기서 더 나아가, 그런 규칙성에서 조금이라도 벗어나는 것은 무엇이든 그 화가에게 어울리지 않으며, 그 화가가 자신의 규칙을 멋대로 어긴 것이라고 결론을 내린다면, 그들은 길을 한참 잘못 잡은 것입니다. 왜냐하면 그 화가는 실상 그들이 관찰한 그런 규칙에 따라 그림을 그린 게 아니었기 때문입니

---

5) 1859-1941. 프랑스 철학자.

다. 그들이 눈이 돌아갈 정도로 복잡하게 배열된 수만 개의 점을 관찰하면서 애써 재구성해 낸 것이, 실은 그 화가의 눈으로는 화판 전체를 응시하며 정신으로는 그림 구도법構圖法을 따르며 단 한 번의 섬광과도 같은 빠른 손목 회전으로 만들어 낸 것입니다. 그 점을 하나하나 세고 앉아 있는 관찰자들은 알아보지 못했고, 아마 앞으로도 알아보지 못할 구도법에 따라서 말입니다. 저는 지금 자연이 보여 주는 규칙성들이 가공架空의 것이라고 말하는 것은 아닙니다. 생동하는 원천으로서의 신적 에너지는, 이 시공간적 자연의 용도를 위해 시공간적 물체들로 응고되고, 그래서 우리의 추상적 사고를 통해 수학적 공식으로 변모될 때, 사실 흔히 이러저러한 패턴으로—우리의 관점에서 볼 때—구분됩니다. 따라서 그러한 패턴들을 발견할 때 우리는 참된—유용할 때도 많은—지식을 얻고 있는 것입니다. 그러나 그런 패턴들이 깨뜨려진 것을, 하나님이 그런 생동하는 규칙과 유기적 통일성을 깨뜨린 것으로 생각하는 것은 큰 잘못입니다. 만일 기적이 일어난다면, 그때는 그 기적을 일으키지 **않는** 것이 오히려 비통일성일 것이라고 생각해도 좋습니다.

도로시 세이어즈Dorothy Sayers 여사가 쓴 필독서《창조자의 정신the Mind of the Maker》을 읽어 본 분들이라면, 어떻게 기적이 비통일성이 아니라 최고의 통일성일 수 있는지를 분명히 이해할 것입니다. 세이어즈 여사의 논지는 하나님과 세상이 맺고 있는 관계와, 저자와 작품이 맺고 있는 관계 사이에 있는 유비성에 기초하고 있습니다. 당신이 어떤 이야기를 쓰고 있다고 할 때, 그 이야기에 기적 같은 변칙적인 사건들을 집어넣는 것은 경우에 따라 나쁜 예술일 수도 있고, 또 아닐 수도 있습니다. 당신이 어떤 평범한 현실주의적 소설을 쓰고 있는 경우에 이야기를 엉망진창으로 만들어 놓고선, 느닷없이 주인공에게 전혀 뜻밖의 행운이 찾아오게 해서 해피엔딩으로 마친다면, 이는 용납될 수 없는 일입니다. 그러나 처음부터, 어떤 뜻밖의 행운을 만난 사람의 경험담을 이야기의 주제로 선택하지 못할 이유는 전혀 없습니다. 아무리 특별한 사건도, 만일 당신이 쓰려고 하는 이야기의 **주제**가 그런 것이라면 완전히 허용 가능합니다. 반면, 수렁에서 빠져나오기 위한 미봉책으로 이야기 말미에 갑자기 그런 특별한 사건을 끌어들인다면 이는 예술적 범죄행위일 것입니다. 유령 이야기는 적법한 형태의 예술입니다. 그러나 플롯상의 어려움을 해결하기 위한 방편으로 평범한 소설에 느닷없이 유령을 끌어들여서는 안 됩니다. 분명, 기적에 대해 현대인들이 품고 있는 반감은 많은 경우 기적을 이러한 두 번째 종류의 기사奇事로 의심하는 데에 기초하고 있습니다. 작중인물들을 어떤 난관에서 구해 주기 위해, 작가가 어떤 이야기(자연)에, 실제로는 그 이야기의 성격에 속하지 않는 사건으로써 전횡적으로 간섭하는 경우 말입니다. 아마 어떤 이들은 부활을, 저자의 통제로부터 벗어난 상황에서 주인공을 구해 내기 위한 필사적 편법 같은 것으로 생각할 수도 있을 것입니다.

안심하십시오. 만일 제가 기적을 그런 것이라고 생각했다면, 저 역시 기적을 믿지 않았을 것입니다. 만일 어떤 기적이 정말 일어났다면, 그것은 이 우주적 이야기의 주제가 바로 그것이기에 그렇게 일어난 것입니다. 기적은 (물론 지극히 드물게 일어나는 일들이지만) 무슨 예외적인 사건도 아니고 아무 의미 없는 일도 아닙니다. 그 기적들은 바로, 이 우주적 이야기에서 플롯이 반전되는 장章입니다. 죽음과 부활은 다름 아니라 바로 이 우주적 이야기의 주제 자체이며, 따라서 만일 우리에게 안목이 있었다면, 이야기의 각 페이지에서 그 기적에 대한 암시를 발견할 수 있었을 것입니다. 그 주제는 이야기의 매 반전 때마다 변장된 모습으로 우리를 만났을 것이며, 식물 같은 그런 (말하자면) 사소한 등장인물들의 대화 중에서도 속삭여졌을 것입니다. 여러분이 지금껏 기적을 믿지 않았다면, 그 주된 이유가 어쩌면 이 우주적 이야기의 중심 주제가 무엇인지를 알고 있다고— 원자, 시간과 공간, 경제와 정치 등이 그 주요 플롯이라고—스스로 생각했기 때문은 아닌지 한번 되짚어 볼 필요가 있습니다. 그런데 여러분의 그런 생각이 과연 옳을까요? 이런 문제들에서 우리는 실수를 범하기 쉽습니다. 제 친구 중 어떤 이가 소설을 하나 썼는데, 그 소설의 중심 착상은 주인공이 나무에 대해 병적인 혐오증을 가졌고 그래서 강박적으로 나무들을 잘라 낸다는 것이었습니다. 그런데 그 이야기에는 자연히 다른 것도 따라 들어왔습니다. 사랑 이야기가 섞이기도 했습니다. 그리고 맨 마지막 장면은 마침내 그 나무들이 그 남자를 죽인다는 것이었습니다. 소설을 다 쓰고 나서 친구는 나이든 어떤 분에게 그 소설에 대한 평론을 부탁했습니다. 그런데 친구가 받은 평가는 이런 것이었습니다. "나쁘진 않습니다. 하지만 제 생각엔 그 나무 이야기 같은 **군더더기**는 다 빼 버렸으면 합니다." 물론, 하나님은 분명 내 친구보다 훨씬 더 이야기를 잘 쓰시는 분일 것입니다. 그러나 하나님이 쓰시는 이야기는 대단히 긴 이야기이며, 복잡한 플롯으로 구성된 이야기입니다. 그리고 아마 우리는 그다지 주의 깊은 독자가 아닐 것입니다.

# 13. 개연성

개연성은 우리가 경험해 본 대상들과 전혀 경험해 보지 못한 대상들 사이에 있을지 모를 유사성에 대한 추정에 기초한다. 따라서 이 추정이 개연성에서 비롯하기란 불가능하다.
흄 David Hume[1], 《인성론 Treatise of Human Nature》, 1권 1장 6절.

 

지금까지의 논증은 기적이 가능하다는 것, 따라서 하나님이 때때로 기적을 행하셨다고 말하는 이야기를 결코 무작정 무시해 버릴수 없음을 보여 주었습니다. 물론 이는 모든 기적 이야기를 다 믿어야 한다는 뜻은 아닙니다. 기적적 사건들에 대한 이야기 대부분은 아마도 거짓일 것입니다. 그러나 따지고 보면, 자연적 사건들에 대한 이야기의 대부분도 거짓입니다. 거짓말, 과장, 오해, 뜬소문 등이 아마 지금 세상에서 말과 글로 돌아다니는 이야기의 절반 이상을 차지할 것입니다. 따라서 특정한 기적 이야기의 진위를 판단해

----

1) 1711-1776. 스코틀랜드 철학자, 역사학자.

주는 척도를 찾아야 합니다.

물론, 어떤 의미에서 우리는 이미 명백한 척도를 갖고 있습니다. 어떤 이야기에 역사적 증거가 충분하다면 그 이야기를 받아들여야 합니다. 그러나 우리가 처음부터 보았듯, "이 이야기에 대해 얼마만큼의 증거를 요구해야 하는가?" 하는 질문에 대한 답은 "이 이야기는 어느 정도나 내재적으로 개연성을 가졌는가?" 하는 질문에 대한 우리의 대답에 달려 있습니다. 따라서 먼저 개연성의 척도를 찾아야 합니다.

현대 역사학자들이 일반적으로 따르는 절차는 이렇습니다. 심지어 기적의 가능성을 인정하는 학자들도 그러한데, 그들은 모든 '자연적' 설명의 가능성을 모두 시험해 보고 다 실패하지 않는 한, 결코 어떤 특정 기적의 사례를 인정하려 하지 않습니다. 다시 말해, 어떤 기적이 일어났다고 말하는 편보다는 차라리 가장 개연성 없는 '자연적' 설명을 받아들입니다. 어떤 집단 전체가 환각을 경험했다는 것, [최면에 걸리기로] 동의한 바 없는 일단의 관찰자들이 최면에 걸렸다는 것, 또 결코 거짓말쟁이라고 볼 수 없고 또 그 거짓말을 통해 얻을 이익도 없는 사람들이 여러 장소에서 동시에 어떤 거짓말을 모의했다는 것, 보통 이런 일은 대단히 개연성 없는 일로 알려져 있습니다. 얼마나 개연성 없는 일인지, 어떤 기적을 부정하려는 특별한 목적을 위할 때가 아니라면, 평소에는 전혀 제기조차 되지 않습니다. 그런데 현대 역사학자들은 어떤 기적을 인정하기보다 이런 설명을 더 선호합니다.

순수한 역사적 관점에서 보자면, 이런 식의 절차는 순전히 정신 나간 짓입니다. **만일** 우리가 처음부터, 여하튼 기적은 가장 개연성 없는 자연적 사건보다 더 개연성 없는 일이라고 전제하고 들어가는 것이 **아니라면** 말입니다. 그런데 과연 이런 전제가 옳을까요?

우리는 비개연성improbability의 여러 다른 종류를 구분할 필요가 있습니다. 기적은 정의상 다른 일들보다 드물게 일어나는 일이기에, 어떤 기적이 어떤 주어진 장소와 시간에서 일어나기란, 사전事前에 판단하자면, 분명 비개연적입니다. 그런 의미에서 보자면 모든 기적은 비개연적입니다. 그러나 이런 종류의 비개연성이 어떤 기적이 실제 **일어났다**는 것을 믿을 수 없는 이야기로 만들어 버리는 것은 아닙니다. 왜냐하면 그런 의미에서라면 다른 모든 사건도 마찬가지로 한때는 비개연적인 일들이었기 때문입니다. 런던을 덮고 있는 성층권에서 조약돌 하나가 특정 장소에 떨어지는 일, 특정한 사람이 큰 복권에 당첨되는 일 등은, 사전에 판단하자면 이루 말할 수 없이 비개연적인 일입니다. 그러나 그렇다고 해서, 실제 조약돌이 어느 가게 앞마당에 떨어졌다는 보고가, 혹은 모 아무개가 복권에 당첨됐다는 보고가 결코 믿을 수 없는 이야기는 아닙니다. 당신이라는 존재가 태어날 수 있기 위해 필요한, 조상들 간의 헤아릴 수 없는 만남과 다산적 결합에 대해 한번 생각해 본다면, 당신이 지금 존재한다는 것이 실로 한때는 얼마나 비개연적인 일이었는지를 깨닫게 될 것입니다. 그러나 일단 당신이 현재 이렇게 존재하는 이상, 당신이라는 사람이 실존한다는 보고는 믿을 수 없는 이야기가 아닙니다. 따라서 이러한 종류의 개연성 — 우연의 선행적 개연성 — 은 지금 우리의 관심사가 아닙니다. 우리의 관심은 역사적 개연성에 있습니다.

흄의 유명한 《기적에 관한 에세이 *Essay on Miracles*》 이래로, 많은 이들이 기적에 대한 역사적 진술은 모든 역사적 진술 중에서 가장 개연성 없는 진술이라고 믿어 왔습니다. 흄에 따르면, 개연성은 이른바 '과거 경험들의 다수결'에 달려 있습니다. 즉 어떤 일이 과거에 일어났다고 알려진 횟수가 많으면 많을수록, 앞으로 다시 일어날 개연성은 더 높습니다. 그런데 흄은 자연 행로의 규칙성은 과거 경험들의 다수결보다 높은 무언가에 의해 뒷받침되어 있다고 말합니다. 즉 자연 행로의 규칙성은 과거 경험들의 만장일치, 혹은 흄의 표현을 빌리자면 '확고하고 불변하는 경험'에 의해 뒷받침되어 있습니다. 사실, 기적과 반대되는 '한결같은 경험 uniform experience'이 있습니다. 그렇지 않다면 그것은 기적이 아닐 것이라고 흄은 말합니다. 따라서 기적은 모든 사건 중에서 가장 개연성 없는 사건입니다. 어떤 기적이 실제 일어났을 개연성보다, 그 증인들이 거짓말을 하고 있거나 아니면 무언가 착각하고 있을 개연성이 언제나 더 높습니다.

물론 기적들에 반하는 절대적으로 '한결같은 경험'이 있다면—

다시 말해 기적이 한 번도 일어난 적이 없었다면―기적은 한 번도 일어나지 않았다는 흄의 말에 동의해야 합니다. 그러나 불행하게도 우리는 기적에 반反하는 경험이 한결같다는 것을 오직, 기적에 대한 모든 보도가 거짓이라는 사실을 알 때 비로소 알 수 있습니다. 그런데 그 모든 보고가 거짓이라는 것은 오직, 기적이 한 번도 일어난 적이 없다는 것을 우리가 이미 알고 있을 때에만 알 수 있습니다. 즉 지금 우리는 순환논리를 펴는 것입니다.

흄의 주장에 대한 또 다른 반론으로서, 이 문제를 좀더 깊이 들여다보게 해 주는 것이 있습니다. (흄이 이해하는 바로서의) 개연성이라는 개념 전체는 자연의 한결같음―樣性Uniformity of Nature이라는 원리에 의존하고 있습니다. 만일 자연이 늘 동일한 방식으로 움직이는 게 아니라면, 어떤 일이 과거에 천만 번 일어났다 하더라도, 그것이 앞으로 그 일이 다시 일어날 개연성을 눈곱만큼이라도 높여 주는 것은 아닙니다. 그런데 우리는 자연의 한결같음을 어떻게 알고 있습니까? 잠깐만 생각해 봐도 경험을 통해 아는 게 아님을 알 수 있습니다. 우리는 자연 안에서 많은 규칙성을 관찰합니다. 그러나 사실, 지금껏 인류가 행해 왔고 또 앞으로 (인류가 존속하는 한) 행하게 될 모든 관찰은 다만 실제 일어나고 있는 사건들의 지극히 작은 일부에 대한 것에 불과합니다. 따라서 우리의 관찰은, 우리가 자연을 관찰하지 않을 때도 관찰할 때와 동일한 방식으로 자연이 행동한다는 확신이 없는 한 아무 소용이 없을 것입니다. 다시 말해,

우리가 자연의 한결같음을 믿고 있지 않다면 말입니다. 따라서 이렇듯 경험은 자연의 한결같음을 증명해 줄 수 없습니다. 왜냐하면 한결같음은 경험이 그 어떤 것을 증명하기 전에 먼저 가정되어야 하는 무엇이기 때문입니다. 그리고 경험의 단순한 길이도 여기선 도움이 되지 못합니다. "매 새로운 경험은 자연의 한결같음에 대한 우리의 믿음을 확증해 준다. 따라서 우리는 그것이 언제나 그렇게 확증될 것이라는 합리적 기대를 가질 수 있다"라고 말하는 것은 아무 소용이 없습니다. 왜냐하면 이러한 논증은 다만 미래도 과거와 같을 것이라는 가정 위에서만 통하는 것이며, 자연의 한결같음을 그저 다른 말로 표현한 것에 지나지 않기 때문입니다. 어쨌거나 자연의 한결같음은 대단히 개연성 높은 것이라는 말은 할 수 있는 것일까요? 불행하게도 그렇지 않습니다. 우리는 아까 모든 개연성이 바로 **그 한결같음에** 의존한다는 사실을 보았습니다. 만일 자연이 한결같은 것이 아니라면, 그 어떤 것에 대해서도 개연성 있다, 혹은 없다는 말을 할 수 없습니다. 그리고 분명, 개연성이라는 것이 존재하기 위해 당신이 가져야만 하는 그 가정 자체는 분명 개연성 있는 것일 수 없습니다.

기이한 사실은, 누구보다도 흄이 이 점을 잘 알았다는 것입니다. 그의 《기적에 관한 에세이》는 그의 주저主著가 보여 주는 더 근본적이고 훌륭한 회의론과 상당히 상충됩니다.

"기적이 일어나느냐?"라는 질문과 "자연의 행로가 절대적으로 한결같으냐?"라는 질문은 사실 동일한 질문을 두 가지 다른 방식으로 물은 것입니다. 그런데 흄은 능숙한 솜씨로, 그것이 마치 서로 다른 질문인 양 다룹니다. 먼저 그는 자연이 절대적으로 한결같냐는 질문에 대해서는 "그렇다"고 대답합니다. 그러고는 이 '그렇다'를 "기적이 일어나느냐?"라는 질문에 대해 "아니오"라고 대답하기 위한 근거로 사용합니다. 그가 애초에 답하려 했던 진짜 질문은 전혀 토의되지 않습니다. 그는 그저 그 질문의 한 형태에 대한 답을 가정함으로써 동일한 질문의 다른 형태에 대한 답을 얻을 뿐입니다.

흄이 다루는 그런 종류의 개연성은 오직 자연의 한결같음이라는 가정의 틀 내부에서만 유효합니다. 그런데 기적에 대해 묻는다는 것은 그 틀 자체의 타당성 내지 완벽성에 대해 의문을 제기한다는 것입니다. 따라서 어떤 주어진 틀 내에서만 유효한 개연성에 대해 제아무리 연구해 본들, 그것은 그 틀 자체가 어겨질 개연성이 얼마나 되는지 하는 물음에 대해서는 아무 말도 해 줄 수 없습니다. 가령 어느 학교 수업시간표에 화요일 아침 10시에 프랑스어 수업이 있다고 할 때, 프랑스어 수업 준비를 늘 게을리 하는 존스가 다음 주 화요일 수업에도 쩔쩔맬 것이라는 사실, 또 지난주 화요일에도 쩔쩔맸을 것이라는 사실은 충분히 개연성 있는 일입니다. 그러나 이것이 그 수업시간표가 변경될 개연성에 대해서는 대체 무슨 말을 해 줄 수 있겠습니까? 이를 발견하기 위해선 교무실을 엿보아야지 수업시간표를 아무리 연구해 봐야 소용이 없습니다.

흄의 방식을 고수할 경우, 우리는 그가 희망했던 바(모든 기적은 무한히 비개연적이라는 결론)를 얻기는커녕, 완전히 교착상태에 빠지게 될 뿐입니다. 그가 허용하는 유일한 종류의 개연성은 다만 자연의 한결같음이라는 틀 내에서만 유효합니다. 그런데 그 한결같음 자체가 의문시될 경우 (기적이 일어나는지 여부를 묻는 순간 이는 자연히 의문시됩니다.) 이러한 종류의 개연성은 그 순간 효력을 잃게 됩니다. 그리고 흄은 다른 종류의 개연성에 대해서는 아는 바가 없습니다. 따라서 그의 방식을 따르자면, 자연의 한결같음이 개연적인지 비개연적인지를 말할 수 없을 뿐만 아니라, 마찬가지로 기적이 개연적인지 비개연적인지도 말할 수 없습니다. 우리는 한결같음과 기적 둘 모두를 개연성도 비개연성도 나올 수 없는 구렁limbo에 가두게 됩니다. 이러한 결과는 과학자와 신학자 모두에게 마찬가지로 재난입니다. 그러나 흄의 방식을 따르는 한 여기에 대해 우리는 아무것도 할 수 없습니다.

그렇다면 우리의 유일한 희망은 이와 다른 종류의 개연성은 또 없는지 알아보는 것입니다. 자연의 한결같음을 믿을 수 있는 근거가 무엇인지 묻기를 잠시 그만두고, 대신 실제로 사람들이 무슨 이유에서 그것을 믿고 있는지에 대해 한번 생각해 봅시다. 제 생각에 이 믿음에는 세 가지 원인이 있는데, 그중 두 가지는 비이성적 원인입니다. 첫째로, 우리는 습관의 창조물입니다. 우리는 늘 새로운 상황이 옛 상황과 비슷할 것으로 기대합니다. 이는 동물들과도 공유하는 성향입니다. 우리가 키우는 개와 고양이에게서도 이런 성향이, 때로는 무척 코믹하게 나타나는 것을 발견합니다. 둘째로, 우리는 행동을 계획할 때, 자연이 평상적 내일처럼 행동하지 않을지 모른다는 이론적 가능성을 생각에서 밀어내 버릴 수밖에 없는데, 왜냐하면 그것에 대해 우리가 할 수 있는 일이 아무것도 없기 때문입니다. 이는 전혀 신경 쓸 가치가 없는 문제인데, 왜냐하면 우리가 그것을 해결하기 위해 할 수 있는 일이 전혀 없기 때문입니다. 그런데 우리는 습관적으로 생각에서 밀어내는 것을 곧 망각해 버리기 마련입니다. 그래서 이런 식으로 한결같음의 그림이 아무 경쟁자 없이 우리의 정신을 지배하기에 이르고, 우리는 그것을 믿어 버립니다. 이러한 두 원인 모두 비이성적인 것이며, 어떤 참된 믿음을 세우는 데뿐 아니라 어떤 거짓된 믿음을 세우는 데에도 효과적으로 쓰일 수 있습니다.

그러나 저는 또 다른 세 번째 원인이 있다고 확신합니다. 고故 아서 에딩턴 경Sir Arthur Eddington[2]은 이렇게 말했습니다. "때로 우리는, 과학에 있어서 소중히 여기지만 정당화할 수는 없는 확신을 가질 때가 있습니다. [일례로] 우리는 사물들의 적합성the fitness of things에 대한 어떤 타고난 감각에 영향을 받습니다." 이는 위험하

2) 1882–1944. 영국의 천체물리학자.

리만치 주관적이고 심미적인 척도처럼 들릴 수도 있으나, 과연 이 것이 자연의 한결같음에 대한 우리 믿음의 주요 원천임을 부인할 수 있을까요? 매 순간 선례 없고 예측 불가한 사건들이 자연 속으로 마구 내던져지는 우주라면, 그런 우주는 단순히 불편한 곳 정도가 아닐 것입니다. 그런 우주는 우리에게서 심원한 혐오감을 불러일으킬 것입니다. 우리는 그런 우주를 결코 받아들이려 하지 않을 것입니다. 그런 우주는 우리에게서 전적인 혐오감을 불러일으킵니다. 그런 우주는 우리가 가진 '사물의 적합성에 대한 감각'에 충격을 줍니다. 경험에 앞서, 또 많은 경험에도 불구하고, 우리는 이미 자연의 한결같음을 믿는 편에 가담해 있습니다. 이는 과학이 사실상 자연의 규칙성이 아니라, 외견적 불규칙성에 주의를 집중함으로써 진행되고 있다는 사실에서도 확인될 수 있습니다. 매 새로운 가설을 촉발시키는 것은 실은 자연에게서 보이는 그 외견적 불규칙성입니다. 이는 다름 아니라 우리가 불규칙성을 묵인하기를 거부하기 때문입니다. 우리는 그 불규칙성이 실은 불규칙성이 전혀 아니라고 말할 수 있게끔 해 주는 어떤 가설을 세우고 확증하기 전까진 결코 쉬지 못합니다. 자연이 우리에게 다가올 때, 처음엔 불규칙성의 거대한 덩어리같이 보입니다. 어제는 불이 잘 붙던 스토브가 오늘은 불이 잘 붙지 않습니다. 작년에는 깨끗했던 물이 올해는 유해합니다. 처음부터 우리가 아무리 반복되는 실망들로도 결코 흔들리지 않는, 자연의 한결같음에 대한 확고한 믿음으로 대하지 않았더라면, 외견상 불규칙해 보이는 경험 덩어리들은 결코 과학적 지식으로 변모되지 않았을 것입니다.

그런데 이러한 믿음 — 혹은 선호 — 은 과연 우리가 신뢰할 수 있는 것일까요? 아니면, 그저 인간 정신이 어쩌다 갖게 된 작동 방식에 불과한 것일까요? 이 믿음은 지금껏 늘 실제로 확증되어 왔다고 말해 봐야 아무 소용없습니다. 거기에 (혼잣말로라도) "따라서 앞으로도 늘 그럴 것이다"라고 덧붙이지 않는다면 말입니다. 그런데 당신이 그런 말을 덧붙일 수 있으려면, 자연의 한결같음에 대한 믿음은 충분한 근거를 가진 것임을 이미 알고 있어야 합니다. 그런데 지금 우리가 묻고 있는 것이 바로 그것입니다. 우리가 가진 사물의 적합성에 대한 감각이 과연 우리 외부 실재와 부합하는지 말입니다.

여기에 대한 대답은 우리가 어떤 형이상학을 견지하고 있는지에 달려 있습니다. 만약 존재하는 모든 것이 그저 '자연', 즉 거대한 무정신적 연동 사건the great mindless interlocking event에 불과하다면, 그래서 우리의 가장 깊은 내적 신념도 실은 어떤 비이성적 과정의 부산물에 불과한 것이라면, 그때는 분명 사물의 적합성에 대한 우리의 감각이, 또 그에 따르는, 자연의 한결같음에 대한 우리의 믿음이 우리 외부의 실재에 대해 무언가를 말해 주는 것이라고 가정할 그 어떠한 근거도 사라지게 됩니다. 우리의 신념은 그저 **우리에 대한** 어떤 사실 — 우리 머리카락의 색깔 같은 — 일 뿐이게 됩니다. 이렇게, 만일 자연주의가 옳다면 자연이 한결같다는 우리의 신념을 신뢰할 수 있는 어떤 근거도 갖지 못합니다. 그 신념이 우리가 신뢰할 수 있는 것이려면, 어떤 전혀 다른 형이상학이 참이어야 합니다. 만약 가장 깊은 실재가, 다른 모든 사실성의 원천인 '사실the Fact'이 얼마간 우리를 닮은 무엇이라면, 즉 그것이 어떤 이성적인 영 Rational Spirit이고, 우리의 이성적 영성은 바로 그것에서 비롯하는 것이라면, 그때는 정말 우리의 그런 신념이 신뢰받을 수 있습니다. 무질서에 대한 우리의 혐오감은 자연과 우리를 창조한 창조자에게서 비롯합니다. 우리가 도저히 믿을 수 없어 하는 그런 무질서한 세상은, 창조자가 도저히 창조하려 하지 않으셨을 그런 무질서한 세상입니다. 수업시간표가 끊임없이, 또 아무 의미도 없이 변경되진 않을 것이라는 우리의 신념은 충분한 근거를 가졌습니다. 왜냐하면 우리는 (어떤 의미에서) 이미 교무실을 엿보았기 때문입니다.

　과학은 필연적으로 이런 종류의 형이상학을 요구합니다. 우리의 최고 자연철학자들은 과학이 본래 자라나온 뿌리도 바로 형이상학이었다고 말합니다. 화이트헤드 교수는, '여호와의 인격적 에너지'와 '그리스 철학자의 이성성'이 결합된 하나님에 대한 수세기에 걸친 믿음이 체계적 질서에 대한 확고한 기대를 낳았고, 그런 기대가 현대 과학의 탄생을 가능하게 했다는 점을 지적합니다.[3] 인류는 자연에서 법Law을 기대했기에 과학적이 되었습니다. 그런데 그들이

--------

3) 《과학과 근대 세계 Science and the Modern World》, 2장.*

그렇게 자연에서 법을 기대했던 것은 그 법제정자Legislator를 믿었기 때문입니다. 대부분 현대 과학자들의 경우 이러한 믿음은 사멸했습니다. 이러한 사멸 이후에도 과연 자연의 한결같음에 대한 믿음이 얼마나 오래 지속될 것인지 지켜보는 것도 흥미로울 것입니다. 이미 두 가지 의미심장한 발전이 나타났습니다. 어떤 무법적 하위 자연sub-nature이 존재한다는 가설과, 과학을 참이라고 주장하던 것에 대한 포기가 그것입니다. 어쩌면 우리는 우리가 생각하는 것보다 더 가깝게 과학 시대의 종말에 살고 있는 것인지도 모릅니다.

그러나 반면 우리가 하나님을 인정한다면, 기적을 인정해야만 하는 것일까요? 물론입니다. 하나님이 정말 계신다면, 여러분은 기적으로부터 안전할 수 없습니다. 이는 거래입니다. 말하자면 신학은 이렇게 말하는 것입니다. "하나님을 인정하고, 그와 더불어 몇몇 기적의 위험을 받아들이라. 그러면 나는 압도적인 절대다수의 사건에 대해서, 그 한결같음에 대한 믿음을 확증해 주겠다." 이 철학은 여러분이 자연의 한결같음을 절대화시키지 못하게 하지만, 또한 이 철학은 그 한결같음을 일반적인 것으로, **거의** 절대적인 것으로 믿을 수 있게 해 주는 견고한 근거가 됩니다. 하나님은 자연의 전능성 주장에 위협을 가하는 존재이지만, 또한 자연의 합법적 용무를 확증해 주는 존재이기도 합니다. 즉 이는 되로 주고 말로 받는 것인데, 그 반대의 경우는 정말 좋지 못합니다. 자연을 절대화해 보십시오. 그러면 결국 자연의 한결같음의 개연성조차 믿지 못하게 될 것입니다. 너무 많은 것을 주장함으로써, 결국 아무것도 얻지 못하게 됩니다. 흄처럼 여러분은 결국 교착상태에 빠져듭니다. 그러나 신학은 일종의 작업 조정을 해 줍니다. 즉 과학자는 그의 실험을 계속할 수 있도록, 그리스도인은 그의 기도를 계속할 수 있도록 해 줍니다.

이렇게 되면 우리가 이 장에서 찾던 바도 얻게 됩니다. 기적이라고 주장되는 어떤 사건의 내재적 개연성을 판단할 수 있는 척도 말입니다. 우리는 그 개연성을 '사물들의 적합성에 대한 천부적 감각'으로 판단해야 합니다. 우주가 질서정연한 곳일 것임을 기대하는 우리의 그 감각으로 말입니다. 물론 저는 지금, 일반적 기적의 가능성 여부를 결정하는 데에 이 감각을 사용해야 한다고 말하는 것은 아닙니다. 우리는 이미 기적의 가능성의 철학적인 근거를 살펴 알고 있습니다. 또 저는, 이러한 적합성 감각이 역사적 증거에 대한 정밀한 탐구를 대신할 수 있다고 말하는 것도 아닙니다. 그러나 거듭 지적했듯이, 어떤 기록된 사건의 역사적 증거를 평가할 수 있기 위해선 먼저 그 사건의 내재적 개연성을 평가해야 합니다. 우리가 가진 적합성 감각은 바로 이렇게 어떤 기적적인 사건의 내재적 개연성을 평가할 때 발휘됩니다.

우리가 가진 적합성 감각에 이렇게 큰 중요성을 부여하는 것을 저의 독창적인 사상쯤으로 오해하는 분이 계실까 봐 적이 걱정스럽습니다. 사실 저는 그저 우리 모두가 늘 사용하는 어떤 원리를 정식으로 인정하는 것에 지나지 않기 때문입니다. **말로는** 무엇이라 하든, 실제로는 누구도 기독교 교리가 말하는 부활을, 에거리 루이스 부인Mother Egaree Louise이 어떻게 성 안토니St. Anthony의 도움으로 자신의 두 번째로 가장 좋은 골무를 기적적으로 발견했는가 하는 그런 시시껄렁한 이야기와 동급이라고 생각하는 사람은 없을 것입니다. 종교적인 사람이나 그렇지 않은 사람이나 모두 이 점에 있어서는 생각이 같습니다. 회의론자는 떠들썩하게 그 골무 이야기의 허구성을 폭로하겠다고 들며, 그리스도인은 '얼굴을 붉히며rosy pudency' 그 이야기를 뒤로 숨기려 하는데, 두 경우 모두 같은 사정을 말해 줍니다. 심지어 모든 기적 이야기를 다 터무니없는 이야기로 여기는 이들도 어떤 이야기들을 다른 이야기보다 훨씬 더 터무니없는 이야기로 여깁니다. 또 기적 이야기를 전부 믿는 이들도 (만일 그런 이들이 있다면) 어떤 이야기는 믿으려면 특별히 큰 믿음이 필요한 이야기들로 여깁니다. 이렇게 양편 모두는 사실 적합성이라는 척도를 사용하고 있습니다. 현존하는, 기적들에 대한 모든 불신의 절반 이상은 사실 그 기적들의 **비적합성**unfitness에 대한 감각에, 그것들은 하나님이나 자연의 품격에, 혹은 인간의 하찮음과 미천함에 어울리지 않는다는 확신에 기초하고 있습니다(제가 주장해왔듯, 이런 확신은 잘못된 철학에서 기인합니다).

다음 장에서 저는 기독교 신앙의 중심적 기적들을, 그 기적들의

'적합성'을 보여 주는 방식으로 제시해 보고자 합니다. 그러나 저는 추상적인 '적합성'이 만족시켜야 할 어떤 형식적인 조건들을 제시한 뒤 그 기적들을 억지로 그 틀에 끼워 맞추는 방식으로 전개하진 않을 것입니다. 우리가 가진 '적합성 감각'은 너무도 섬세하고 미묘해서 그런 식으로 다뤄질 수 없기 때문입니다. 만일 제가 성공한다면 그 기적들의 적합성은—물론, 실패한다면 그 비적합성이—우리가 그 기적들을 연구하는 도중에 저절로 명백하게 드러날 것입니다.

# 14. 장엄한 기적

태양 뒤편에서 비춰 오는 한 빛이 있었다네.
태양이 꿰뚫지 못하는 곳도 꿰뚫을 수 있을 만큼 맹렬한 빛이.

찰스 윌리엄스 Charles Williams

그리스도인들이 주장하는 중심 기적은 성육신 the Incarnation 입
니다. 그리스도인들은 하나님이 사람이 되셨다고 말합니다. 다른
기적은 모두 이 기적을 예비하는 것이거나, 이 기적을 전시하는 것
이거나, 이 기적에서 유래하는 것들입니다. 매 자연적 사건이 특정
순간, 특정 장소에서 자연의 전체적 특성이 나타난 것이듯이, 마찬
가지로 기독교에서 매 특정 기적은 성육신 기적의 특성과 의의가
특정 순간, 특정 장소에서 나타난 것입니다. 기독교에서는 자연이
[초자연에게] 제멋대로, 산발적으로 간섭당하는 일은 있을 수 없습
니다. 기독교는 자연에 대한 일련의 상호 무관계한 급습急襲으로서
의 기적이 아니라, 전략적 통일성을 갖춘 ― 완전한 정복과 '점령'을

기도하는 — 침공의 다양한 단계로서의 기적을 이야기합니다. 특정 기적들의 적합성과 (그에 따른) 신뢰성은 성육신이라고 하는 '장엄한 기적the Grand Miracle'과 그들이 어떤 관계에 있느냐에 달렸습니다. 그 장엄한 기적과 별개로 기적들을 논하는 것은 아무 소용없는 일입니다.

이 장엄한 기적 자체의 적합성과 신뢰성이 다른 기적들과 동일한 기준에 의해 판단될 수 없을 것임은 명백합니다. 먼저 우리는 이 기적을 판단할 수 있는 기준을 발견하는 일이 지극히 어렵다는 사실을 인정하고 들어가야 합니다. 만약 성육신이 정말로 일어난 일이라면, 이는 지구 역사상 중심적 사건일 수밖에 없습니다. 지구 역사 전체 이야기의 중심 주제가 되는 사건 말입니다. 이는 단 한 번 일어난 사건이기에, 흄의 기준으로 보자면 무한히 비개연적인 사건입니다. 그러나 그렇게 따지자면 지구의 역사 전체도 마찬가지로 단 한 번 일어난 이야기입니다. 그렇다면 이것도 믿을 수 없는 이야기로 치부해야 할까요?

이렇게, 성육신의 개연성을 측정하는 일은 그리스도인에게나 무신론자에게나 양자 모두에게 난제입니다. 이는 마치 자연의 실존 자체에 대해 그것이 내재적으로 개연성 있는 일인지 여부를 따져 묻는 일과 같습니다. 이것이 성육신이 실제로 일어났음을 역사적 근거에 입각해 주장하는 것이, 그 사건의 개연성을 철학적인 근거에 입각해 주장하는 것보다 훨씬 더 쉬운 이유입니다. 예수님의 삶과 말씀과 영향력에 대해, 기독교의 설명보다 더 어렵지 않은 설명을 제시하기란 역사적으로 볼 때 대단히 어려운 일입니다. 그분의 도덕적 가르침의 심오함과 건전성과 (덧붙여 말해 보건대) **명민성**과, 만일 그분이 정말 하나님이 아니라면 그분의 신학적 가르침 이면에 있다고 간주할 수밖에 없는 그 엄청난 과대망상증 사이의 모순은 그간 결코 만족스럽게 해결되어 본 적이 없습니다. 이에 대해 많은 비기독교적인 가설이 꼬리에 꼬리를 물고 등장해 왔고, 사람들을 끊임없이 혼란에 빠뜨려 왔습니다. 요즘도 우리는 그 모든 신학적 요소는 단순히, 소위 '역사적' 예수, 그저 한 인간일 뿐인 예수의 이야기에 붙은 후대의 첨가물일 뿐이라는 말을 듣습니다. 얼마 전에는, 기독교가 식물 신화들vegetation myths과 신비 종교들mystery religions로 시작되었고, 허위의 역사적 인물 예수는 다만 후대에 날조된 작품에 불과하다는 말을 들었습니다. 그러나 이러한 역사적 탐구는 아무튼 이 책의 범위를 벗어난 것입니다.

정말 일어난 사건이라면, 성육신은 실로 중심적 위치를 차지하는 사건일 수밖에 없고, 또 우리는 아직 그 사건이 일어났다는 것을 역사적 근거에 입각해서는 모르고 있다고 가정하므로, 현재 우리는 다음과 같은 유비가 예증해 주는 상황에 처해 있다고 볼 수 있습니다. 우리가 어떤 소설이나 심포니의 단편斷片들만 갖고 있다고 가정해 봅시다. 그런데 어떤 이가 새롭게 발견된 원고 조각을 가지고 와서 이렇게 말합니다. "이것이 바로 이 작품의 분실되었던 부분입니다. 이는 이 소설의 전체 플롯이 반전되는 장입니다. 이는 이 심포니의 중심 주제입니다." 만일 그 발견자가 주장하는 것처럼 그렇게 중요한 부분이라고 한다면, 이때 우리는 새롭게 발견된 부분이 과연 지금까지 보아 온 다른 모든 부분을 조명해 주는 역할을 하는지, 그것들을 모두 '통합시켜 주는지' 살펴봐야 합니다. 그렇게 할 때 크게 잘못된 판단을 내리게 될 가능성은 적습니다. 만일 새롭게 발견된 부분이 가짜라면, 처음엔 아무리 매력적으로 보였다 해도, 오래 두고 생각할수록 결국 그 작품의 나머지 부분과 조화되기 어렵다는 것이 점점 더 분명해질 것입니다. 반대로 만일 진짜라면 그음악을 매번 다시 들을 때마다, 혹은 그 책을 매번 다시 읽을 때마다 그 부분이 그 작품 속에 점점 더 확고하고 깊숙이 자리 잡고, 그 작품에서 지금껏 소홀히 지나쳤던 여러 세부사항의 의미를 밝혀 주는 역할을 한다는 사실을 발견하게 될 것입니다. 설령 새롭게 발견된 중심적 장이나 주제 자체가 큰 난제를 품고 있는 경우에도, 만일 그것이 다른 여러 난제들을 계속해서 풀어 주고 있다면, 우리는 그것을 진짜로 여겨야 합니다.

우리가 성육신 교리를 대해야 하는 방식이 바로 이런 것입니다. 앞서 유비에서 말한 심포니나 소설은 지금 우리에게 있는 지식 전체를 가리킵니다. 만일 그 교리가 받아들여질 경우, 성육신의 신뢰성은 우리가 가진 이 지식 전체를 얼마나 잘 조명해 주고 통합해 줄 수 있는지에 달려 있을 것입니다. 이 성육신 교리 자체가 얼마나 잘 이해될 수 있는지는 훨씬 덜 중요한 문제입니다. 여름 날 정오 하늘에 태양이 떠 있다고 믿는 것은, 우리가 그 태양을 분명히 볼 수 있어서가 아니라(사실 우리는 볼 수 없지요), 그 태양 덕분에 다른 모든 것을 볼 수 있기 때문인 것과 같은 이치입니다.

이 교리를 비평하는 사람이라면 누구나 접하게 되는 첫 번째 난제는 바로 그 교리의 핵심 자체에 대한 것입니다. '하나님이 사람이 되셨다'는 말은 대체 무슨 뜻인가? 영원한 자존적 영the eternal self-existent Spirit이자 근본적 사실성the basic Fact-hood이신 존재가 한 자연적 인간 유기체와 너무도 철두철미하게 하나로 결합되어 그 둘이 한 인격체one person를 이루었다는 것인데, 이는 대체 어떤 의미에서 있을 법한 일인가? 이는 아마 우리에게 커다란 걸림돌이었을 것입니다. 만약 앞서 우리가, 모든 인간의 경우 어떤 자연적 활동 이상의 활동(즉 이성적 추론 행위)이—따라서 아마도 어떤 자연적 행위자 이상의 행위자가—자연의 일부와 연합되어 있다는 사실을 살펴보지 않았더라면 말입니다. 그 둘은 어찌나 철두철미하게 연합되어 있는지 그 복합체 창조물은 그 자신을 '나'라고 부를 정도입니다. 물론 저는 지금, 하나님이 사람이 되셨을 때 일어난 일이 단순히 이러한 과정의 또 한 사례에 불과하다고 말하는 것은 아닙니다. 다른 사람들의 경우는, 어떤 초자연적 **창조물**이 한 자연적 창조물과 연합을 통해 한 인간이 된 것입니다. 그러나 그리스도인들이 믿기로 예수님의 경우는 초자연적 창조자 자신이 한 인간이 되신 것입니다. 저는 인간이 그 어떤 수를 쓴다 해도 결코 성육신하신 하나님의 의식 양식을 상상할 수 없다고 생각합니다. 이 지점에서 성육신 교리는 인간의 이해를 넘어섭니다. 그러나 초자연이 자연 속으로 내려온다는 사상 자체에서 느꼈던 그 난제만큼은, 이렇게 볼 때, 분명 애초 존재하지 않았다고, 혹은 적어도 모든 사람의 실제 경우에 있어서 극복되었다고 말할 수 있습니다. 만일 우리가 이 성적 동물로 산다는 것이 어떤 느낌인지를, 어떻게 자연적 사실들, 생화학적, 본능적 애정이나 혐오, 감각적 지각 등이 필연적 관계성을 이해하고 행실의 양식들의 보편적 구속력을 인정하는 이성적 사고와 도덕적 의지의 매체가 될 수 있는 것인지를 이미 경험을 통해 알고 있지 못했다면, 우리는 실제 일어나고 있는 일을 이해할 수 없었을 것이고, 상상은 더더욱 못했을 것입니다. 한 천문학자의 (대뇌) 피질 안에서 일어나는 원자들의 움직임과, 천왕성 너머 아직 발견되지 못한 어떤 행성이 분명 존재할 것이라는 그의 이해 사이에는 얼마나 엄청난 간격이 있는지, 하나님의 성육신도 어떤 의미에서는 더 놀라운 것이 못 된다고 말할 수도 있을 정도입니다. 우리는 영이신 하나님the Divine Spirit이 어떻게 예수님의 그 창조된, 인간적 영 안에 거하셨는지를 이해하지 못합니다. 그러나 또한 우리는 예수님의 인간적 영이, 또 모든 사람의 인간적 영이 어떻게 그의 자연적 유기체 내에 머물고 있는지도 역시 이해하지 못합니다.

우리가 이해할 수 있는 것은, 기독교 교리가 참이라면, 이런 복합체적 실존은 겉보기처럼 단순한 비정상성이 아니라, 하나님의 성육신에 대한 한 희미한 이미지— 동일한 주선율theme이 아주 낮은 단조로 표현된 것—라는 사실입니다. 이렇게 하나님이 어떤 인간적 영 속으로 내려오시고, 인간적 영이 자연 속으로 내려오며, 우리의 사고가 우리의 감각과 정념 속으로 내려오는 것이 사실이라면, 어른의 정신이 (물론 최상의 정신일 경우) 어린이들과의 공감 속으로 내려올 수 있고, 인간이 짐승들과의 공감 속으로 내려올 수 있는 것이라면, 우리는 모든 것이 서로 앞뒤가 맞게 되고, 우리가 살아가는 이—자연적이고 초자연적인—전체 실재가 우리가 처음 생각했던 것 이상으로 다방면적이고 섬세한 조화를 갖춘 곳이라는 사실을 이해할 수 있습니다.

우리는 어떤 새로운 중심 원리를 어렴풋이나마 깨닫게 됩니다. 상위의 것은, 그것이 정말로 상위의 것이라면 아래로 내려올 수 있는 능력을 가지고 있다는 것, 큰 것은 작은 것을 포괄할 능력이 있다는 것을 말입니다. 그렇기에 입체들은 평면 기하학의 많은 진리들을 예증해 주지만, 평면 도형들은 입체 기하학의 진리들을 전혀 예증해 주지 못합니다. 마찬가지로, 무기체에 해당하는 명제들은 많은 경우 유기체들에도 적용되나, 유기체에 해당하는 명제들은 무기체들에는 전혀 적용되지 못합니다. 몽테뉴Michel Eyquem de Montaigne[1]는 자신의 새끼 고양이와 같이 있을 때는 새끼 고양이처럼 놀았다kittenish고도 하지만, 그 고양이는 결코 몽테뉴에게 철학에 대해 말하지 못했습니다.[2] 어떤 경우에서나 큰 것이 작은 것 속으로 들어갑니다. 그리고 그렇게 할 수 있는 힘을 가졌느냐가 거의 그것이 정말 큰 것인지를 증명해 주는 시금석이라고 할 수 있습니다.

기독교 이야기에서, 하나님은 다시 올라가시기 위해 내려가십니다. 하나님은 아래로 내려가십니다. 절대적 존재라는 높은 곳으로부터 시공간 속으로 내려가시고, 인성 속으로 내려가시며, 더욱 아래로는, 만일 태생학자들embryologist의 말이 옳다면, 자궁 속에서 생명의 고대적, 전前 인간적 국면들을 되풀이recapitulate하시기까지 내려가시며, 자신이 창조하신 자연의 그 뿌리와 해저까지 내려가십니다. 그런데 하나님이 이렇게 내려가시는 것은 다시 올라가시기 위함입니다. 황폐된 세상 전체를 자신과 함께 위로 들어 올리시기 위함입니다.

어떤 힘 센 사람이 커다랗고 복잡하게 생긴 짐 밑으로 자기 몸을 점점 더 숙이고 있는 모습을 마음속으로 그려 보십시오. 그 짐을 들기 위해서 그는 그렇게 몸을 숙여야 합니다. 그의 모습이 거의 보이지 않게 될 정도로 그렇게 그는 짐 밑으로 자기 몸을 구부립니다. 그러고는 다음 순간, 마치 거짓말 같이 등을 곧추세워서는 그 큰 짐

1) 1533-1592. 프랑스 철학자, 에세이 작가.
2) 몽테뉴의 《에세이Essays》, 1권 12장 '레이몽 드 스봉드를 위한 변호Apology for Raimond de Sebonde.'*

덩어리를 어깨에 사뿐히 짊어지고 성큼성큼 걸어갑니다. 이런 모습도 그려 보십시오. 어떤 사람이 옷을 다 벗더니만 공중을 흘긋 보고서는 첨벙하고 물속으로 뛰어듭니다. 그러고는 초록빛의 따뜻한 수층을 지나 검은빛 나는 차가운 수층까지, 점점 세지는 수압을 견디며 돌진하듯 잠수해 들어가서는, 마침내 썩은 강바닥까지 내려갑니다. 그리고 폐가 터지기 일보직전, 색과 빛이 찬란한 수면 위로 다시 솟아 올라오는데, 손에는 그가 찾으러 내려갔던 소중한 물건이 흠뻑 젖은 채 들려 있습니다. 다시 빛 속으로 올라왔으므로 이제 그도, 그 물건도 자신의 참 빛깔을 드러냅니다. 그 물건이 자기 색을 잃고 가라앉아 있던 어둡고 깊은 강바닥에선 그도 자신의 색을 잃었었지만 말입니다.

이러한 하강과 재상승에서 우리는 어떤 친숙한 패턴을 알아보게 됩니다. 세상 전체에 쓰여 있는 어떤 패턴 말입니다. 먼저 이는 모든 식물 생명의 패턴입니다. 이 생명은 작고 단단하고 생명 없어 보이는 무언가로 자신을 축소시켜야 합니다. 그러고는 땅 밑으로 들어가야 합니다. 그러면 거기서 다시 새로운 생명이 올라옵니다. 또 이는 모든 동물 발생의 패턴이기도 합니다. 완전했던 유기체가 정자와 난자가 되기까지 내려갔다가, 어두운 자궁 속에서 일단 재생산되고 있는 그 종種보다 열등한 생명이 됩니다. 그러고는 서서히 완벽한 태아가 되었다가, 살아 있고 의식을 가진 아기가 되고, 마침내 성인成人이 되는 그런 상승이 일어납니다. 이는 우리의 도덕적,

정서적 삶에 있어서도 마찬가지입니다. 애초 무구하고innocent 자생적이던 우리의 욕망은 통제나 전적 부인이라는, 죽음 같은 과정을 겪어야 합니다. 그러면 거기로부터 원숙한 인격으로의 재상승이 일어나는데, 이런 원숙한 인격에서는 그 원료들이 다시금, 그러나 새로운 방식으로 자기 힘을 발휘합니다. 이렇게 '죽음과 재생'— 내려갔다가 다시 올라가기— 은 말하자면 [실재 전체의] 중심 원리입니다. 대로大路는 거의 언제나 이렇게 병목을, 좁은 길을 통해 나 있습니다.

성육신 교리는 이러한 원리를 훨씬 더 확실하게 중심 위치에 올려놓아 줍니다. 자연 안에 이런 패턴이 있는 것은 이 패턴이 먼저 하나님 안에 있었기 때문입니다. 앞서 언급된 예들이 실은 그 신적 주선율이 단조로 조옮김된 경우입니다. 저는 지금 단순히 그리스도의 십자가와 부활 사건만을 꼭 짚어 말하는 것은 아닙니다. 저는 그 전체 패턴,—그 두 사건은 다만 이 전체 패턴의 전환점일 뿐입니다— 그 참된 '죽음과 재생'에 대해 말하는 것입니다. 그간 수없이 많은 씨앗이 아름다운 나무에서 어둡고 추운 흙 속으로 떨어져 나왔지만, 이 모두는 다만 하나님이 창조 세계의 맨 밑바닥을 훑고 올라오신 거대한 하강과 재상승에 대한 희미한 유비들에 지나지 않습니다.

이러한 관점에서 볼 경우 기독교 교리는, 우리가 다른 출처들에서 얻게 된, 실재에 대한 최고 심원한 이해들과 너무도 잘 맞물려 돌아가기에, 이는 자칫 새로운 방향의 의심을 불러일으킬 수도 있습니다.

"너무 잘 맞아떨어지지 않는가? 이렇게 잘 맞아떨어지는 것으로 봐서 이는 분명 사람들이 다른 곳에서, 아마도 곡물의 연례적 죽음과 부활에서 이 패턴을 보았기에 갖게 된 사상이지 않겠는가? 왜냐하면 실지로 그러한 연례 드라마 —그 종족의 삶에 너무도 중요한— 를 거의 명명백백히 자신의 중심 주제로 삼고 있는 종교들이 역사상 많았기 때문이다. 그런 종교들에서—아도니스Adonis[3], 오시리스Osiris 같은 — 신은 거의 명약관화하게 곡물이 인격화된 존재로서, 해마다 죽고 다시 살아나는 '곡물 왕corn-king'이다. 그렇다면 그리스도 역시 또 하나의 이런 곡물 왕인 것이 아니겠는가?"

이는 기독교의 가장 기묘한 점과 맞부딪치게 합니다. 어떤 의미에서 보자면, 방금 묘사된 그 관점은 옳습니다. 어떤 관점에서 보자면, 정말 그리스도는 아도니스나 오시리스와 '같은 종류'입니다(물론 이것은, 그들의 경우는 언제 어디서 살았던 존재인지를 아무도 모르는 반면, 그리스도는 대략이나마 연대가 추정될 수 있는 해에 로마의 한 행정관에 의해 처형당한 역사적 인물이라는 사실을 고려하지 않는다는 조건 아래서 그런 것이지만).

---

3) 그리스신화에 나오는 미소년으로 아프로디테 여신의 애인 신. 해마다 죽었다가 부활하는 자연의 순환을 나타내는 초목의 정령.

그런데 여기서 우리를 어리둥절하게 만드는 문제와 부딪치게 됩니다. 기독교가 이런 종류의 종교라면, 신약성경에 땅에 떨어지는 씨의 유비가 그렇게 드물게 (제가 틀리지 않았다면 겨우 두 번만) 언급되고 있는 이유는 대체 무엇일까요? 곡물 종교는 대중적이자 존경받을 만한 종교입니다. 만약 초기 기독교 교사들이 사람들을 이해시키고자 했던 것이 바로 이런 곡물 종교였다면, 대체 그들은 무슨 동기에서 그 사실을 감추었던 것일까요? 그들에게서 받는 인상은, 자신들이 전파하는 것이 곡물 종교에 얼마나 가까운지를 전혀 인식하지 못하고 있었다는 것입니다. 그들은 사용했을 법한 풍부하고도 적절한 이미지들과 연상들을 매번 그저 지나쳐 버리고 맙니다. 그들은 유대인이었기에 그것들을 억압했던 것이라고 말하는 사람이 있을 수 있으나, 이는 다만 이 수수께끼에 새로운 형태를 줄 뿐입니다. 생각해 보십시오. '죽는 신dying God'을 말하는 종교로서 지금껏 살아남은 유일한 종교이자 또 유례없이 영적 높은 경지까지 올라간 종교가 다름 아니라 유대인들에게, 즉 '죽는 신' 운운하는 사상들과 전혀 거리가 먼 민족 —그런 민족으로서 거의 유일하다고 할 수 있는—에게 떠올랐던 것은 대체 어떤 일입니까?

저의 경험을 말해 보자면, 제 상상력과 시심詩心이 '죽음과 재생' 패턴에 크게 매료되었던 시절, 어떤 곡물 왕을 만나 보고자 하는 열망에서 신약성경을 생애 처음 진지하게 읽었다가, 그 기독교 문서에는 그런 사상이 거의 전무하다는 것을 발견하고서 흥미를 잃고,

또 어리둥절했던 기억이 있습니다. 시선을 잡아당기는 장면이 하나 있긴 합니다. 어떤 '죽는 신'—역사적으로 실존했던 죽는 신으로서 유일하다고 할 수 있는—이 손에 빵을, 즉 곡물을 들고서 "이것은 나의 몸이다"[4]라고 말하는 장면입니다. 분명 여기서만큼은—아니, 여기가 아니라면 적어도 이 구절에 대한 가장 초기의 주석들과 또 후대의 경건문헌들에서 점점 더 빈번히—이 진리가 명시되어 있을 것이라고 생각했습니다. 이것과 곡물들의 연례적 드라마 사이의 관련성이 분명히 언급되어 있을 것이라고 생각했습니다. 그러나 실제로는 그렇지 않습니다. 제 눈에는 그 둘 사이의 관련성이 보였습니다. 그러나 그리스도의 제자들에게, 또 (인간적으로 말하자면) 그리스도 자신에게 그 관련성이 보였다는 증거는 실은 존재하지 않습니다. 그리스도께서도 거의, 마치 자신이 지금 무슨 말씀을 하고 계신 건지 모르고 계셨던 것처럼 보일 뿐입니다.

이렇게 신약성경은 우리에게, 죽는 신 역할을 자신이 **행하고** 있으면서도, 생각과 말씀은 죽는 신 운운하는 종교 사상들과 전혀 거리가 먼 어떤 분을 보여 줍니다. 자연종교들이 중심 주제로 삼고 있는 바로 그 일이 정말로 역사 속에서 한 번 일어난 것 같은데, 그러나 이는 전혀 자연종교와 거리가 먼 세계에서 일어났습니다. 이는 마치 당신이 정말로 큰 바다뱀sea-serpent을 만나 보게 되었는데,

4) 마태복음 26장 26절, 마가복음 14장 22절, 누가복음 22장 19절 참조.

알고 보니 그 큰 바다뱀은 큰 바다뱀의 존재를 믿지 않다는 것을 알게 되는 것과도 같습니다. 또 이는 마치 랜슬롯 경Sir Launcelot[5]이 했다고 말해지는 모든 일을 다 행했으면서도, 정작 자신은 기사제도에 대해 전혀 들어 보지도 못한 것으로 보이는 어떤 사람 이야기를 역사책에서 보는 것과도 같습니다.

그러나 만일 받아들여질 경우, 이 모든 것이 쉽게 이해되도록, 앞뒤가 맞도록 만들어 줄 한 가지 가설이 존재합니다. 그리스도인들은 단순히 '하나님'이 예수님으로 성육신하셨다고 주장하는 것이 아닙니다. 그들의 주장은 유일하신 참된 하나님은 유대인들이 야훼라고 부르며 경배했던 바로 그 하나님이며, 바로 그 하나님이 우리에게 내려오셨다는 것입니다. 그런데 이 야훼 하나님에게는 이중적 특성이 있습니다. 먼저, 한편으로 그분은 자연의 하나님, 자연의 창조자이십니다. 하나님은 밭고랑에 비를 보내 주시고 골짜기들을 오곡백과로 우거지게 하셔서 웃고 노래하게 하시는 분입니다. 그분 앞에서 숲의 나무들이 기뻐하며 그분의 음성은 들의 사슴을 놀라게 해 새끼를 낳게 합니다. 그분은 밀과 포도주와 기름의 하나님이십니다. 이런 점에서 보자면, 그분은 자연신들이 하는 일을 늘 하고 계신 분이라고 말할 수 있습니다. 말하자면 그분은 바커스Bacchus[6], 베누스Venus[7], 케레스Ceres[8] 등이 모두 하나로 똘똘 뭉

---

5) 아서Arthur 왕의 전설에 나오는 원탁기사들 중 으뜸가는 기사.

처진 존재입니다. 유대교에서는 자연이 모종의 허상이거나 재앙이 거나 유한한 실존 그 자체가 악이라거나, 따라서 구원은 만유가 하 나님 속으로 흡수되어 들어가는 데에 있다거나 하는, 그런 비관적 이고 범신론적인 종교들에서 발견되는 사상을 조금도 찾아볼 수 없 습니다. 그러한 반反자연적 관념들에 비하자면, 야훼 하나님은 거 의 자연신으로 착각될 수도 있을 정도입니다.

그러나 다른 한편으로 야훼는 분명 어떤 자연신이 **아닙니다.** 그 분은 곡물 왕처럼 그렇게 매해 죽고 다시 살아나는 존재가 아닙니 다. 그분은 포도주와 다산多産을 베풀어 줄 수 있는 분이나, 그렇다 고 우리는 그분을 바커스 신이나 아프로디테 신에게 하듯 경배해서 는 안 됩니다. 그분은 자연의 영혼도 아니고 자연의 일부도 아닙니 다. 그분은 영원에 거하시는 분입니다. 그분은 높고 거룩한 곳에 거 하십니다. 하늘은 그분의 보좌이지 그분의 수레가 아니며, 땅은 그 분의 발등상이지 그분의 옷이 아닙니다. 어느 날 그분은 지금의 하 늘과 땅을 폐하시고 새 하늘과 새 땅을 만드실 것입니다. 그분은 인 간 안의 어떤 '신적 불꽃divine spark'과 동일시될 수 있는 분도 아 닙니다. 그분은 '하나님이시지 사람이 아닙니다.'[9] 그분의 생각은

--------------------------------------

6) 그리스신화에 나오는 술의 신.
7) 로마신화에 나오는 여신으로서 경작된 땅이나 채소밭과 연관되었다. 뒤에 로마인 들은 이 여신을 그리스의 사랑의 여신 아프로디테와 동일시했다.
8) 로마신화에 나오는 식용식물의 성장을 관장하는 여신.
9) 민수기 23장 19절 참조.

우리의 생각과 다릅니다. 우리의 모든 의는 더러운 누더기와 같습니다. 에스겔에게 나타나신 그분의 모습에 대한 묘사를 보면, 그 이미지들은 자연으로부터가 아니라, 인류가 에스겔 사후 수세기 이후에야 만들기 시작한 기계로부터 온 이미지들입니다(이는 좀처럼 주목받고 있지 못한 신비입니다).[10] 에스겔 선지자가 보았던 것은 어떤 **발전기**dynamo같아 보이는 무엇이었습니다.

야훼는 자연의 영혼도 아니고, 또 자연의 적敵도 아닙니다. 자연은 그분의 몸도 아니고, 또 그분으로부터 떨어져 내려온 무엇도 아닙니다. 자연은 그분의 창조물입니다. 그분은 자연신이 아니라 자연의 하나님—자연을 고안하셨고 만드셨고 소유하시고 다스리는 분—입니다.

이는 지금 이 책을 읽는 분 모두에게는 매우 익숙한 관념입니다. 그래서 우리는 이것이 세상에서 가장 평범한 관념일 것이라고 쉽게 단정해 버립니다. 우리는 '일단 사람이 하나님을 믿는다면, 당연히 이런 하나님을 믿는 것이지 무슨 다른 종류의 하나님을 믿는단 말인가?'라고 생각합니다. 그러나 역사는 인류가 이와 다른 온갖 종류의 하나님을 믿어 왔다는 사실을 가르쳐 줍니다. 우리는 우리의 특권을 우리의 본능으로 착각합니다. 마치 자신의 교양 있는 예절이 자신의 천부적 자질인 것으로 믿는 숙녀처럼 말입니다. 실은 누

10) 저는 이 점을 캐논 아담 폭스Canon Adam Fox에게서 배웠습니다.*

군가에게서 배워서 체득하게 됐다는 사실을 잊고서 말입니다.

자, 이렇게 만일 그런 하나님이 계시고, 또 그분이 하강하시고 재상승하시는 분이라면, 이제 우리는 왜 그리스도가 곡물 왕과 무척 닮았으면서도 동시에 그렇게 곡물 왕에 대해 아무 말씀이 없으신 것인지를 이해할 수 있습니다. 그분이 곡물 왕과 닮은 것은 다름 아니라 곡물 왕은 그분에 대한 초상肖像이기 때문입니다. 그 둘 사이의 유사성은 전혀 가공적이거나 우연적인 것이 아닙니다. 왜냐하면 곡물 왕은 자연의 사실로부터 (인간의 상상력을 통해) 비롯했고, 자연의 사실들은 자연의 창조자로부터 비롯했기 때문입니다. '죽음과 재생' 패턴이 자연 안에 있는 것은, 그것이 먼저 그분 안에 있었기 때문입니다.

다른 한편, 예수님의 가르침이나 그 준비단계로서의 유대교 사상에 자연종교의 요소들이 놀라울 정도로 결여된 것은 그 자체가 명백히 자연의 원본Nature's Original이기 때문입니다. 그 안에서 여러분은 처음부터 바로 자연종교의 배후를, 자연의 배후를 경험합니다. 참 하나님이 현존하는 곳에는 그 하나님의 그림자는 나타나지 않습니다. 그 그림자의 원본 자신이 나타나고 있기 때문입니다. 역사 전체에 걸쳐 히브리인들은 늘 자연신들을 경배하지 못하도록 인도받아 왔는데, 이는 자연신들과 자연의 하나님 사이에 닮은 면이 전혀 없기 때문에서가 아니라, 자연신들은 기껏해야 닮은 것에 불과하고, 닮은 것에 등 돌리고 원본 자신에게 향하는 것이 그 민족에게 주어진 운명이었기 때문입니다.

히브리 민족에 대한 언급은 현대인들이 기독교 이야기에서 반감을 느끼는 특징 중 하나에 주목하게 합니다. 솔직히 말하자면, 우리 현대인들은 '택함 받은 민족'이라는 사상 자체를 전혀 좋아하지 않습니다. 태생적으로, 또 교육을 통해 민주주의자가 된 우리는 하나님을 찾는 일에 대해서도 모든 나라와 개인이 동일한 수준에서 출발한다고 생각하고 싶어 합니다. 심지어 모든 종교는 모두 동등하게 옳다고도 생각합니다.

먼저, 기독교는 이런 관점을 전혀 용인하지 않는다는 사실부터 짚고 넘어가야 합니다. 사실 기독교는 인간이 하나님을 찾아간다는 말 자체를 하지 않습니다. 대신 하나님이 인간을 위해, 인간에게, 인간에 대해 어떤 일을 하셨다고 말할 뿐입니다. 그리고 하나님이 그 일을 하신 방식은 더할 나위 없이 선택적이고 비민주적인 방식입니다. 하나님을 아는 지식이 전 인류 가운데 상실되고 희미해지자, 한 사람(아브라함)이 뽑힙니다. 그는 자신의 자연적 환경으로부터 분리되어 나와(이는 분명 무척 괴로운 일이었을 것입니다), 낯선 나라로 보내지며, 온 세상에 참 하나님을 아는 지식을 전해야 할 운명을 가진 한 민족의 조상이 됩니다. 이 민족 내에서도 선택은 계속 일어납니다. 어떤 이들은 사막에서 죽는가 하면, 어떤 이들은 바벨론에 남겨집니다. 선택은 여기서도 그치지 않고 계속됩니다. 이 과정은 점점 좁혀 들다가, 마침내 창끝 같은 한 예리한 정점으로까지 좁아집니다. 바로, 무릎 꿇고 기도하고 있는 한 유대 소녀가 그것입니다. (구원에 관한 한) 인류 전체가 바로 이 정점으로 좁혀진 것입니다.

이런 식의 과정은 현대인들이 호감을 느낄 만한 것이 전혀 못 됩니다. 하지만 이는 자연이 습관적으로 행하고 있는 일과 놀라울 정도로 유사성을 보입니다. 선택selectiveness을 하는 것, 그리고 그에 따라 엄청난 낭비를 일으키는 것, 이는 자연이 일하는 방식입니다.

어마어마한 우주공간에서 아주 작은 부분만이 물질로 채워져 있습니다. 모든 별 중에서도, 아마 대단히 적은 수의 별만이, 어쩌면 오직 하나의 별만이 행성들을 가지고 있습니다. 우리 태양계의 행성 중에서도 아마 하나의 행성만이 유기체적 생명을 유지해 줍니다. 유기체적 생명이 전달되는 일에 있어서도, 수없이 많은 씨와 정자가 방출되고 그중 소수만이 선택되어 번식에 쓰임 받습니다. 그 종種들 중에서도 오직 하나의 종만이 이성을 가진 존재입니다. 그 종 내에서도 오직 소수만이 아름다움이나 힘이나 지성에 있어서 탁월성에 도달합니다.

실은 이는 버틀러Joseph Butler[11]가 《유비Analogy》에서 제시한 유명한 논증과 위험하리만치 흡사해 보이긴 합니다. 제가 '위험하

---

11) 1692-1752. 영국 주교, 신학자, 변증학자, 철학자.

리만치'라고 말하는 것은 그 논증이 거의 다음과 같은 식으로 모방 될 수도 있기 때문입니다. "당신은 기독교가 말하는 하나님의 행위 가 따지고 보면 악하고 어리석은 것이라고 말한다. 하지만 그렇다 고 치더라도 기독교가 참이 아닌 것이 되는 것은 아니다. 왜냐하면 나는 (하나님이 창조한) 자연도 그렇게 나쁘게 행동한다는 사실을 보 여 줄 수 있기 때문이다." 여기에 대해 무신론자는—만일 그가 심 적으로 그리스도와 가까운 사람이면 사람일수록 더욱 분명히—이렇 게 대답할 것입니다. "만약 그런 하나님이 있다면 나는 그를 멸시 하고 그에게 도전할 것이다."

그러나 저는 지금, 우리가 현재 알고 있는 이 자연이 선하다고 말 하는 것은 아닙니다. 여기에 대해서는 잠시 후에 살펴볼 것입니다. 또 저는, 자연보다 조금도 나을 것 없이 행동하는 하나님을 정직한 인간이 예배할 수 있다고 말하는 것도 아닙니다. 제가 말하려는 요 지는 좀더 미묘한 것입니다. 자연이 보여 주는 이러한 선택적이고 비민주적인 특질은 적어도 그것이 인간 삶에 영향을 주는 정도에 있어서는, 선한 것도 악한 것도 아닙니다. 이러한 자연적 상황을 영 이 잘 활용하느냐 못 하느냐에 따라, 선을 낳기도 하고 악을 낳기 도 합니다. 한편으로는 무자비한 경쟁과 오만과 시기 등을 가능케 만듭니다. 그러나 다른 한편으로는 겸양과 (우리의 가장 큰 즐거움 중 하나인) 감탄을 가능케 해 줍니다. 제가 (단순히 어떤 법적 의제擬制를 통해서가 아니라) 정말로 '다른 모든 사람과 대등하고', 저보다 더 현명하거나 똑똑하거나 용감하거나 학식 있는 사람을 우러러 볼 일이 전혀 없는 그런 세상이 있다면, 이는 참으로 견딜 수 없는 세상일 것입니다. 영화배우나 유명한 축구선수들의 열성 '팬들'은 결코 그런 세상을 바라지 않을 것입니다! 기독교 이야기가 하는 일은 자연 수준에서 이미 우리에게 혐오감을 주는 어떤 잔인성과 낭비성을 신적 수준에서 격상시키는 것이 아닙니다.

기독교 이야기가 하는 일은 하나님의 행위 안에도 자연 안에서 작동하는 어떤 동일한 원리가 작동하고 있음을 —비록 자연 안에서는 때에 따라 좋거나 나쁘게 작동하지만, 하나님의 행위 안에서는 언제나 전혀 잔인하거나 낭비적이지 않은 방식으로 작동하고 있음을— 보여 주는 것입니다. 이는 우리에게, 처음에는 무의미하게만 보였던 어떤 원리가 실은 어쩌면 좋고 공정한 어떤 원리에서 유래했을 수 있다는, 그 원리의 부패한 복제품, 그 원리가 이 **망쳐진** 자연 속에서 취하는 병적 형태일 수 있다는 것을 보여 줌으로써 자연세계를 조명해 줍니다.

왜냐하면 그리스도인들이 말하는 하나님의 '선택'을 가만 들여다보면, 거기에는 우리가 염려하는 그런 '편애favouritism'가 전혀 발견되지 않기 때문입니다. 그 '선택받은' 민족은 그들 자신을 위해서 선택받은 것이 아니라 (그들 자신의 영예나 쾌락을 위해서는 더더욱 아닙니다), 바로 선택받지 못한 이들을 위해서 선택받은 것입니다. 아브라함이 들은 말씀은 '그의 씨'(즉 선택받은 민족)를 통해서

'모든 민족이 복을 받게 된다'는 것이었습니다. 그 선택받은 민족은 다름 아니라 무거운 짐을 지기 위해 선택된 것입니다. 그들은 큰 고난을 겪었습니다. 그러나 이사야가 깨달았듯이, 그들의 고난은 다른 이들에게 치유를 가져다주는 고난입니다. 최종적 선택을 받은 여자, 마리아에게는 어머니가 받을 수 있는 최고의 고통이 임합니다. 그녀의 아들, 성육하신 하나님은 '고통을 많이 겪은 사람man of sorrows'입니다.[12] 하나님이 아래로 임하여 오신 사람, 그래서 찬미의 대상이 되실 수 있는 유일한 존재이신 그분은 누구보다도 고통을 많이 겪으셨던 분입니다.

그러나 아마 당신은 이렇게 묻고 싶을 것입니다. "그렇다고 문제가 없어지는가? 비록 상황은 역전되지만, 어쨌거나 이는 여전히 부정의한 일이 아닌가?" 처음엔 자신의 '선택받은' 백성을 부당하게 편애했다고 하나님을 비난했다가, 이제 그들을 부당하게 박대했다고 하나님을 비난하고 싶어집니다. (이 두 가지 비난을 동시에 제기하려는 시도는 하지 않는 것이 좋습니다.)

여기서 우리는 기독교에 아주 깊숙이 뿌리박고 있는 한 원리를 만납니다. 바로 **대리**Vicariousness라고 이름 붙일 만한 원리입니다. 죄 없으신 한 분이 죄지은 다른 이들을 위해 고난을 받습니다. 또 모든 선인도 나름대로 다른 모든 악인을 위해 고난 받습니다. 그런

12) 이사야 53장 3절 참조.

데 이러한 '대리'는 ─ '죽음과 재생'이나 '선택'이 그렇듯 ─ 또한 자연의 특성이기도 합니다. 자충족성, 자신의 힘으로만 산다는 것은 자연의 영역에서는 불가능한 일입니다. 모든 존재는 다른 존재에게 도움을 받으며, 다른 존재들을 위해 희생하며, 다른 존재들에 의존해 살아갑니다. 그리고 여기서도 우리는 이 원리 자체는 선한 것도 악한 것도 아니라는 점을 알아야 합니다. 제 생각에 고양이는 좋지 못한 방식으로 쥐를 의지해 살고 있습니다. 꿀벌과 꽃은 좋은 방식으로 서로를 의지해 살아갑니다. 기생 동식물은 '숙주'에 의지해 살아갑니다. 인간 태아도 자기 엄마를 의지해 살아갑니다. 대리가 없는 사회적 삶에는 착취나 압제도 없을 것이지만, 또한 친절이나 감사도 없을 것입니다. 이렇게 이 원리는 사랑과 미움, 불행과 행복이 다 흘러나오는 원천입니다. 이 점을 이해했다면, 자연이 보여 주는 대리의 부패한 예를 보고서 그 원리 자체의 신적 기원 가능성 여부를 아예 부정하는 일은 하지 않을 것입니다.

여기서 잠시 뒤를 돌이켜보면서, 어떻게 성육신 교리가 우리의 다른 지식들에 이미 빛을 던져 주고 있는지를 짚어 보는 것도 좋을 것입니다. 지금까지 이미 성육신 교리를 네 가지 다른 원리와 관련지어 보았습니다. 인간의 복합체적 성질, 하강과 재상승 유형, 선택, 그리고 대리. 첫 번째 것은 자연과 초자연 사이의 경계에 대한 사실이라고 이름 붙일 만합니다. 다른 세 가지는 자연의 특성입니다. 그런데 대부분의 종교는 자연의 사실들과 마주할 때, 단지 그 사실들을 재긍정하며 그것의 현재 모습에 어떤 초자연적인 위신을 부여하거나 아니면 그저 부정하며 우리에게 그로부터의, 자연 자체로부터의 해방을 약속해 주거나 하는, 둘 중 하나를 할 뿐입니다. 자연종교들은 첫 번째 태도를 취합니다. 그런 종교들은 우리의 농경적 관심사를, 더 나아가 우리의 전全 생물학적 생명을 축성祝聖해 줍니다. 디오니소스[13]를 숭배할 때 우리는 실제로 술에 취하며, 다산의 여신들을 숭배하는 신전에서는 진짜 여자들과 성교를 합니다. 자연종교의 현대적, 서구적 형태라 할 수 있는 생명력Life-force 숭배 사상에서는, 현재 우리의 유기체적, 사회적, 산업적 생활이 점점 더 복잡한 형태로 '발전'해 가고 있는 이 추세를 우리의 신으로 삼습니다. 반면, 불교나 고등 힌두교처럼 더 문명화되고 예민한, 반反자연적 종교들, 비관주의적 종교들은 자연이 악하고 몽상적일 뿐이며, 이러한 끊임없는 변화로부터, 이러한 분투와 욕망의 화로로부터 탈출할 수 있는 방도가 있다고 말해 줍니다.

이렇게 이 두 가지 종류의 종교들은 모두 자연의 사실들에 대한 어떤 새로운 시각을 제공해 주지 못합니다. 자연종교들은 그저, 우리가 투박한 건강과 유쾌한 야만성 중에 있을 때 자연스럽게 갖게 되는 그런 자연관을 강화시켜 줄 뿐이고, 반면 반자연적 종교들은 우리가 동정심이나 까다로움이나 심신의 피로 중에 있을 때 갖게

---

13) 그리스신화에서는 바커스로 나오는 술과 황홀경의 신.

되는 그런 자연관을 강화시켜 줄 뿐입니다.

그러나 기독교 교리는 이 둘 중 어느 쪽 태도도 취하지 않습니다. 만일 야훼 하나님은 다산을 베푸는 존재이니까 우리의 음탕함을 정당하게 여길 것이라고 생각하거나, 하나님은 선택이나 대리를 사용하는 분이니 우리도 자연이 행하는 저급한 선택이나 대리를 ('영웅'이나 '초인'이나 사회적 기생충으로서) 따라 해도 무방할 것이라고 생각하며 기독교 교리에 접근하는 사람이 있다면, 그는 순결과 겸손과 자비와 정의를 요구하는 기독교의 엄격성에 놀라고 불쾌해질 것입니다. 또한 모든 재생에 앞서 죽음이 있다는 것, 불평등의 사실, 모든 존재는 상호 의존할 수밖에 없다는 것 등을 그저 이 악한 우주의 추한 필연성으로 여기며, 이 모든 것이 사라져 버리는 어떤 초월적인 '깨달음의enlightened' 영성 속으로 구원받기를 바라며 기독교 교리에 접근하는 사람이 있다면, 그 역시도 마찬가지로 실망할 것입니다. 기독교 교리에 따르면, 어떤 의미에서—물론 엄청난 차이가 있지만—'저 위에서도 사정은 마찬가지'이기 때문입니다. 즉 위계적 불평등, 자기양도의 필요성, 다른 이들을 위해 자신을 기꺼이 희생하기, 우리를 위한 다른 이들의 희생을 감사하며 사랑하며 (부끄러움 없이) 받아들이기 등은 자연 너머의 영역도 지배하는 원리입니다. 사실 차이를 낳는 것은 오직 사랑입니다. 이기심과 필연성의 세상에서는 악한 것이 되는 원리들도 사랑과 이해의 세상에서는 좋은 것이 됩니다.

이렇게, 저 높은 세상에 대한 그 교리를 받아들일 경우 우리는 이 낮은 세상에 대해 새로운 발견들을 하게 됩니다. [우리가 사는] 이 골짜기의 풍경을 처음으로 정말로 이해하게 되는 것은 저 높은 언덕 위에 올라서 볼 때입니다. 바로 그렇게 높이 올라서 볼 때 비로소 우리는 (자연종교들이나 자연을 부정하는 종교들에서는 발견할 수 없는) 참된 조명을 발견합니다. 자연이 자연 너머에서 오는 어떤 빛으로 빛나는 것을 보게 되며, 누군가가 자연에 대해 자연 내부에서 알 수 있는 것 이상을 말해 주는 것을 듣게 됩니다.

이 교리 전체가 암시하는 바처럼, 현재 자연은 악이 널리 퍼져 있습니다. 신적 생명에서는 선의 양식mode으로 존재하는 그 위대한 핵심 원리들이, 자연의 작용에서는 덜 완벽한 형태를 취하고 있을 뿐 아니라(이는 우리가 응당 예상할 수 있는 바입니다), 제가 앞서 그랬듯 '병적'이나 '부패한'이라고 묘사할 수밖에 없는 그런 형태를 취하고 있습니다. 그런데 이런 부패성은 자연의 전적인 개조 없이는 완전히 제거될 수 없습니다. 완벽한 인간적 덕은 인간 삶에서, 대리와 선택으로부터 생겨나는 모든 악을 다 몰아내고 좋은 것만 취할 수 있을 것입니다. 그러나 그렇다 하더라도 자연의 낭비성과 고통스러움은 여전히 남을 것이고, 또한 질병의 형태로 인간 삶도 계속해서 감염시킬 것입니다.

그런데 기독교가 인간에게 약속하는 운명에는 인류나 지구의 범위를 뛰어넘는 자연의 '구속'이나 '개조'가 포함되어 있습니다. 우리는 '창조 세계 전체'가 지금 산고 중이며, 인간의 재생은 자연의 재생을 알리는 신호가 될 것이라는 말씀을 듣습니다.[14] 이는 몇 가지 문제를 일으키는데, 이에 대한 토론은 성육신 교리를 좀더 분명한 빛 가운데서 볼 수 있게 해 줍니다.

우선, 우리는 선한 하나님이 창조하신 자연이 어떻게 이런 상태에 처하게 되었는지를 묻게 됩니다. 이 질문의 의미는, 자연이 어떻게 불완전한 것이 되었는지— 어떻게 '개선의 여지'(선생님들이 성적표에 자주 쓰는 표현)가 필요한 것이 되었는지—를 묻는 질문일 수도 있고, 또 어떻게 자연이 적극적으로 부패하게 되었는지를 묻는 질문일 수도 있습니다. 만일 우리의 질문이 첫 번째 의미라면, 기독교의 대답은 (제가 생각하기에) 하나님이 처음부터 자연을 그렇게, 시간 속에서 점진적인 과정을 통해 완전에 도달하도록 창조하셨다는 것입니다. 하나님은 지구를 처음에는 '혼돈하고 공허한' 곳으로 만드셨고, 그 다음 그것을 점진적으로 완성에 도달시키셨습니다. 다른 곳에서처럼 여기서도 친숙한 패턴을 봅니다. 하나님으로부터 혼돈한 지구로의 하강이 있고, 또 그 혼돈으로부터 완성으로의 재상승이 있습니다. 이런 의미에서 볼 때, 어느 정도의 '진화론 evolutionism'이나 '발달론developmentalism'은 기독교에 있어 본질적입니다. 자연의 불완전성에 대한 이야기는 이 정도로 충분합니

.....................................
14) 로마서 8장 18-23절 참조.

다. 그러나 자연의 적극적 부패성 문제는 전혀 다른 설명을 요구합니다. 기독교에 따르면 이러한 부패성은 모두 죄에서 비롯합니다. 인간의 죄, 또 인간 아닌 어떤 강력한 초자연적 창조물의 죄에서 말입니다. 이러한 기독교 교리는 요즘 인기가 없는데 이는 우리 시대의 만연된 자연주의—자연 외에는 어떤 다른 것도 존재하지 않으며, 설령 존재한다 해도 그 침범으로부터 자연은 어떤 최후 방어선에 의해 보호받고 있다는 사상—때문이며, 그렇기에 자연주의의 오류가 드러난다면 그 비인기성도 사라질 것입니다. 물론 우리는 선조들이 악마론Demonology이라는 사이비 과학의 이름으로 탐구했던 그런 존재들에 대한 병적 호기심에서는 당연히 벗어나야 합니다. 우리가 취해야 할 태도는, 우리 중에 적군 스파이가 있을 것이라고 믿으면서도 특정한 스파이 소문은 거의 전부 믿지 않는, 그런 전시戰時의 지각 있는 시민의 태도 같은 것이어야 합니다. 우리는, 자연과 **부분적으로** 맞물려 있는 어떤 다른 고차원적 '자연'의 존재들이 인간들처럼 타락했으며, 우리의 자연 안에서 일어나는 일들에 간섭해 왔다는, 그런 일반적인 진술 정도에서 그쳐야 합니다. 이러한 교리는 개인의 영적 삶에 유익을 줄 뿐 아니라, 또한 자연에 대한 피상적인 낙관적, 또는 비관적 관점에서 벗어나게 해 줍니다. 자연을 두고 '선하다' 혹은 '악하다'라고 부르는 것은 수준 낮은 철학입니다. 우리가 사는 이 세상은 황홀한 쾌락, 매료시키는 아름다움, 잠재된 가능성의 세상이지만, 동시에 모든 것은 끊임없이 파괴되고, 무無로 돌아가고 있기도 합니다. 말하자면 자연은 어떤 좋은 것이 망가진 모양을 하고 있습니다.

인간과 천사들의 죄가 가능할 수 있었던 것은 하나님이 그들에게 자유의지를 주셨기 때문입니다. 즉 하나님께서 자신의 전능 일부를 포기하셨던 것인데(이 또한 일종의 죽음, 하강입니다), 하나님은 자신이 자유로운 창조물들—설령 그들이 타락하더라도—의 세상에서 자동기계들의 세상에서는 가능할 수 없는 깊은 행복과 충만한 광휘를 만들어 낼 수 있음(이것은 재상승입니다)을 아셨기 때문입니다.

생겨나는 또 다른 질문은 이것입니다. 만일 인간의 구속救贖이 전체 자연의 구속의 시작점이라면, 결국 이는 인간이 자연에서 가장 중요한 존재라는 말인가? '그렇다'고 제가 대답해야 하더라도 저는 전혀 당황하지 않을 것입니다. 만약 인간이 우주에서 유일한 이성적 동물이라면, 그때는 (앞서 보았듯이) 인간의 크기가 아무리 작더라도, 인간이 거주하는 이 지구의 크기가 아무리 작더라도, 그 것이 인간을 우주 드라마의 주인공으로 보는 생각을 웃음거리로 만드는 것은 아닙니다. 생각해 보십시오. 《거인 잡는 용사 잭*Jack the Giant-Killer*》이야기에서 잭은 등장인물 중에서 가장 크기가 작았습니다. 또 저는 인간이 정말로 이 시공간적 자연에서 이성을 가진 유일한 창조물일 수 있다는 것도 전혀 개연성 없다고 생각지 않습니다. 인간이 그렇게 도드라진, 고독한 존재라는 것—말하자면 그림과 액자의 불균형— 은 앞서 살펴본 자연의 '선택성selectiveness'

을 생각해 보면 충분히 있을 수 있는 일입니다.

그러나 꼭 이런 가정만 가능한 것은 아닙니다. 사실 무수한 이성적 종種이 존재하며 인류는 다만 그중 하나일 뿐이라고 생각해 볼 수도 있습니다. 그 종들 중에서 오직 인류만이 타락했다고 생각해 보는 것입니다. 타락한 종이기에, 하나님은 인간을 위해 위대한 일을 행하십니다. 그리스도의 비유에서 목자가 한 마리 잃어버린 양을 찾아 나서듯이 말입니다. 인간이 도드라지고 고독한 것은 우수성에 있어서가 아니라, 비참함과 악에 있어서 그런 것이라고 생각해 보자는 것입니다. 그렇다면 하나님의 자비가 임할 종은 두말할 것도 없이 바로 인간입니다. 인간이라는 탕자를 위해 살진 송아지, 더 정확히 말하자면 영원하신 어린양이 죽임을 당한 것입니다. 그러나 일단 이렇게 하나님의 아들이, 인간의 공로 때문이 아니라 인간의 무가치함 때문이지만 어쨌거나, 인성을 취하신 이상 인간 종은 (전에 무엇이었든) 이제 어떤 의미에서 전체 자연에서 중심적 존재가 된 것입니다. 그래서 인간 종은, 오랜 하강 후에 마침내 상승할 때는 자기와 더불어 모든 자연을 이끌고 상승할 것입니다. 왜냐하면 이제 인간 종에는 자연의 주인이신 분이 포함되어 있기 때문입니다. 다른 먼 태양계의 행성들에 거주하는 아흔아홉의 의로운, 타락하지 않았기에 구속이 필요 없는 종족들이 우리 인간 종족에 임한 영광 덕분에 재창조되고 영화롭게 된다는 것인데, 이는 우리가 이미 알고 있는 바와 잘 조화됩니다. 왜냐하면 하나님이 하시는 일은 단순히 수리하는 것이나, 원래상태 *status quo*를 회복시키는 것 이상이기 때문입니다. 구속받은 인류는 타락 이전 인류의 상태보다 훨씬 더 영광스러운 무엇이 될 것입니다. (어둔 밤하늘에 가려 보이진 않지만) 이 우주 어딘가 존재하고 있을지 모를 어떤 타락하지 않은 종족보다 더 영광스러운 무엇 말입니다. 죄가 더 큰 곳에 더 큰 자비가 임한 것입니다. 더 깊은 죽음이 있는 곳에 더욱 찬란한 재생의 빛이 임한 것입니다. 그리고 인류에게 임한 큰 영광은, 참된 대리 vicariousness를 통해 다른 모든 창조물을 높여 주게 될 것이고, 그래서 결국 타락해 보지 않은 창조물들도 아담의 타락을 복되다 노래하게 될 것입니다.

지금까지 저는 성육신이 필요했던 것은 오직 인간의 타락 때문이라는 가정에 입각해 말했습니다. 물론 어떤 그리스도인들은 이와 다른 견해를 갖고 있습니다. 그 견해에 따르면, 하나님이 자연 속으로 내려오신 일은 인간의 죄 때문에 야기된 것이 아니었습니다. 성육신은, 설령 구속 Redemption을 위해서는 필요치 않았더라도, 영화 Glorification와 완성 Perfection을 위해서 일어났을 것이라는 견해입니다. 이 경우, 그 부대상황들은 대단히 달랐을 것입니다. 하나님의 낮아지심 humility은 있었겠으나 하나님의 비하 humiliation는 없었을 것입니다. 즉 고난, 독毒과 초醋[15], 가시 면류관과 십자가

---

15) 시편 69편 21절 참조.

등은 없었을 것입니다. 그러나 이런 관점에서도, 분명 성육신은 어디서 또 어떤 식으로 일어났는지 상관없이 여전히 자연의 재생의 시작점입니다. 사랑이신 하나님이 스스로에게 강제하신 이끌림에 의해, 인류의 비참함과 비천함을 외면하지 못하시고 인류 중에 성육신하셨다는 사실이 성육신이 갖는 우주적 중대성을 앗아가는 것은 아닙니다.

구속은 인간의 구속에서 시작해서 마침내 우주의 구속으로까지 이어진다는 이 교리는 현대인들에게 신화적으로 보일 수도 있겠으나, 실은 이를 부정하는 다른 이론들보다 훨씬 더 철학적입니다. 하나님은 과거에 자연 속으로 들어오신 적이 있지만 그러나 이제는 자연을 떠나셨다는 주장, 혹은 자연 속에 들어오신 적이 있지만 자연에 실질적으로 아무 변화도 주지 못하셨다는 주장, 혹은 전체체계의 영화glorification 없이도 어떤 일개 창조물의 영화가 실현될 수 있다고 생각하는, 그런 주장들보다 말입니다. 하나님은 악을 제외하고는 결코 그 어떤 것도 무無로 돌려 버리시는 분이 아닙니다. 어떤 좋은 것을 만들어 놓으시곤 나중에 다시 그것을 없애 버리시는 분이 결코 아닙니다. 그리스도의 위격 안에서 이루어진 하나님과 자연의 연합에는 결코 이혼이 있을 수 없습니다. 하나님이 다시 자연 **바깥으로 나가시는** 일은 없을 것이며, 따라서 자연은 이러한 기적적인 연합이 요구하는 모든 방식을 통해 영화롭게 될 수밖에 없습니다. 봄이 오면 봄은 "땅의 한구석도 그냥 두지 않습니다."[16]

연못에 떨어진 조약돌 하나라도 연못 가장자리까지 파장을 보냅니다. 우리가 이 드라마에서 인간이 갖는 '중심적' 위치에 대해 묻고 싶어 하는 그 질문은 실은 제자들이 그리스도께 물었던 질문, 자기들 중에서 "누가 가장 큰 자이니까?"라는 질문과 같은 수준의 것입니다. 하나님은 이런 종류의 질문에는 대답하시지 않습니다. 인간의 관점에서 볼 때는 비인간 자연, 더 나아가 무생물 자연의 재창조가 인간 구속의 부산물에 불과한 것처럼 보이겠지만, 마찬가지로 어떤 머나먼 곳의 어떤 비인간 생명체들의 관점에서 인간의 구속은 이러한 더 광범위한 봄철에 대한 서곡에 불과한 것으로 보일 수도 있을 것이고, 인간의 타락이 허용된 것도 그러한 더 큰 목적을 염두에 둔 것으로 생각될 수 있을 것입니다.

이 두 가지 태도는 모두, ......**에 불과하다**라는 말만 뺄 수 있다면 둘 다 옳을 수 있습니다. 모든 일에 목적을 갖고 행하시며 모든 일을 앞서 내다보시는 어떤 하나님이 계셔서 완전히 서로 연동하는 어떤 자연에 역사하고 계시다고 한다면, 그때는 우연이나 미결 같은 것들, 즉 우리가 ......**에 불과하다**라고 말할 수 있는 것들은 결코 존재할 수 없습니다. 그 어떤 것도 다른 어떤 것의 '부산물에 불과한 것'일 수 없습니다. 모든 결과는 다 처음부터 의도된 것입니다. 한 관점에서는 부차적인 것도 다른 관점에서는 핵심적인 것입

16) 윌리엄 워즈워스의 《서곡*The Prelude*》에 나오는 구절.

니다. 모든 것, 모든 사건은 최초, 최상의 것이면서 동시에 최종, 최저의 것일 수도 있습니다. 춤의 한 동작에서 인간에게 몸을 굽히는 파트너는 다른 동작에서는 인간의 절을 받습니다. 높다는 것, 중심이라는 말은 곧 끊임없이 자기 자리에서 내려온다는 것을 의미합니다. 낮다는 것은 곧 높여진다는 것을 의미합니다. 모든 선한 주인은 다 종들이기도 합니다. 하나님은 인간의 발을 씻기십니다. 이런 문제에 대해 생각할 때 보통 우리는 가련하리만치 정치적이고 산문적인 개념에 얽매이기 일쑤입니다. 우리는 단조로운 반복적 평등 아니면 전횡적 특권, 이 두 가지만을 생각하기 쉽습니다. 실재의 그 모든 배음背音, 대위선율, 그 예민한 떨림, 그 상호 활성화 inter-inanimation 등은 놓쳐 버리면서 말입니다.

이런 이유로, 저는 서로 다른 종류의 창조물을 구속하기 위한 여러 번의 성육신이 있었을 것이라는 (앨리스 메넬Alice Meynell[17]이 흥미로운 시에서 말한 적 있는) 이야기를 전혀 개연성 있다고 여기지 않습니다. 스타일—말하자면 하나님의 작풍作風—에 대한 감각이 그런 생각을 거부하게 만듭니다. 여기서 대량 생산이나 대기 행렬 waiting queue 같은 것을 떠올리는 것은 전적으로 수준 미달의 사고에서 비롯합니다. 인간 외의 또 다른 자연적 창조물이 죄를 범한 일이 있었다면, 우리는 그들도 구속되었을 것이라고 믿어야 합니

17) 1847-1922. 영국 작가, 비평가, 시인.

다. 그러나 하나님이 인간이 되신 사건으로서의 성육신은 전체 구속 드라마에서 단 한 번 일어난 유일무이한 행위일 것이고, 다른 종種들은 이와 완전히 다른 행위들을 목도했을 것입니다. 그 각 행위들은 서로 동등하게 유일무이할 것이며, 그 전체 구속 드라마 과정에 동등하게, 또 각기 다른 방식으로 필수적인 행위들일 것이며, 각 행위들은 다 (어떤 한 관점에서 볼 때) 드라마의 '중심 장면'으로 여겨질 것이고, 또 거기에는 다 정당한 이유가 있을 것입니다. 2막을 사는 사람들에게 3막은 에필로그로 보일 것이고, 3막을 사는 사람들에게는 2막은 서론으로 보일 것입니다. 그리고 두 편 모두 옳습니다. 다만 그들이 그 치명적 단어인 **불과하다**는 말을 덧붙이거나, 아니면 그 단어를 피하는 대신 그 두 행위를 서로 동일하다고 말하는, 바보 같은 주장만 펴지 않는다면 말입니다.

이 지점에서 우리가 주목해야 할 것이 하나 있습니다. 바로 기독교 교리를 받아들인다는 것은 죽음에 대한 한 특정한 관점을 받아들인다는 것을 포함한다는 사실입니다. 죽음에 대해 생각할 때 인간이 자연적으로 취하게 되는 태도가 두 가지 있습니다. 하나는 고상한 관점으로, 스토아학파에게서 그 최고 경지를 찾아볼 수 있는데, 바로 죽음은 '대수롭지 않은 일이다does not matter'라는 관점입니다. 죽음은 '자상한 자연의 퇴거 신호kind nature's signal for retreat'이며, 그러므로 우리는 죽음을 대수롭지 않게 여겨야 한다는 것입니다.

또 다른 태도는 '자연적' 관점으로, 죽음이라는 주제에 대한 거의 모든 사적 대화들에, 또 인류의 생존에 대한 많은 현대 사상에 은연 중에 깔려 있는 태도인데, 바로 죽음은 최고의 악이라는 관점입니다. 아마 홉스Thomas Hobbes[18]가 이러한 생각에 기초해서 자신의 사상 전체를 세웠던 유일한 철학자일 것입니다. 이렇게 첫 번째 태도는 인간의 자기 보존본능을 그저 부정하며, 두 번째 태도는 그저 긍정할 뿐으로, 두 가지 모두 자연에 대해 전혀 새로운 시각을 열어 주지 못합니다.

기독교는 두 가지 태도 모두 지지하지 않습니다. 기독교 교리는 좀더 미묘합니다. 한편으로 죽음은 사단의 승리이며 타락에 대한 형벌이고 또 마지막 원수입니다. 그리스도께서는 나사로의 무덤에서 눈물을 흘리셨고 겟세마네에서 피땀을 흘리셨습니다. 그분 안에 있던 참 생명Life of Lives은 우리 못지않게, 아니 우리보다 더 이 형벌로 받은 역겨운 것penal obscenity, 즉 죽음을 혐오하셨습니다. 그러나 또 다른 한편으로는, 자기 생명을 잃는 자만이 자기 생명을 구원할 수 있습니다. 우리는 세례를 통해 그리스도의 **죽음** 속으로 들어가며, 이는 타락에 대한 치유입니다. 실로 죽음은 요즘 말로 '양면성을 가진ambivalent' 것입니다. 죽음은 사단의 주력 무기이자, 또한 하나님의 주력 무기입니다. 죽음은 거룩한 것이며, 또한 부정

18) 1588-1679. 영국 철학자, 《리바이어선Leviathan》의 저자.

한unholy 것입니다. 우리의 최고 불명예이자 또한 우리의 유일한 희망입니다. 그리스도께서 정복하러 오신 것이자, 또한 그분이 사용하시는 정복 수단입니다.

이 신비를 완전히 꿰뚫어보기란, 물론 우리의 능력을 훨씬 벗어난 일입니다. 만일 '하강과 재상승' 패턴이 (충분히 그래 보이는바) 실재의 근본 양식formula이라면, 그때는 죽음의 신비에 그야말로 최고의 비밀이 숨어 있을 것입니다. 그러나 성육신이라는 '장엄한 기적'을 바른 관점에서 살펴보자면 말해야 할 것이 있습니다. 먼저, 가장 높은 차원의 죽음에 대해서는 토론할 필요가 없습니다. 즉 '창세 전before the foundation of the world'[19]의 그 어린양의 신비한 죽음에 대해서는 생각할 필요가 없습니다. 또 우리는 가장 낮은 차원의 죽음에 대해서도 생각할 필요가 없습니다. 즉 유기체에 지나지 않은, 인격personality은 갖지 못한 유기체들의 죽음은 여기서 우리의 관심사가 아닙니다. 그 죽음에 대해서는, 영적 기질을 가진 어떤 사람들이 인간의 죽음에 대해 말하듯이 그건 "대수롭지 않은 일이다"라고 말해도 좋을 것입니다. 그러나 인간의 죽음에 대한 기독교의 놀라운 교리는 결코 그냥 지나칠 수 없습니다.

기독교에 따르면, 인간의 죽음은 인간의 죄의 결과입니다. 인간은 본래 죽음이 면제된 존재였습니다. 그리고 구속받아, 더 유기적

---

19) 요한계시록 13장 8절 참조.

이고 더 순종적이 된 자연 속에서 새로운 삶(아직 명확한 의미는 모르지만 이 삶에서도 우리에겐 몸이 있을 것입니다)을 살게 될 때에도 인간은 다시금 죽음을 면제받을 것입니다. 이는, 만약 인간이 단순히 자연적 유기체에 지나지 않은 존재라면 말이 되지 않는 교리일 것입니다. 그러나 인간이 만일 그렇게 자연적 유기체에 지나지 않은 존재라면, 그때는 우리가 앞서 보았듯이, 인간이 하는 생각들은 모조리 터무니없는 것이 되고 말 것입니다. 왜냐하면 그 모든 생각은 다 비이성적 원인에서 기인한 것이기 때문입니다. 따라서 이렇게 볼 때 인간은 분명 복합체적 존재인 것에 틀림없습니다. 자연적 유기체에 초자연적인 영이 점유해 살고 있는, 혹은 그 둘이 **공생** 관계에 있는 존재입니다. 아직 자연주의적 사고에서 헤어나지 못한 이들은 분명 듣고 놀랄 테지만, 기독교 교리는 지금 우리가 초자연적 영과 유기체 사이에서 목도하는 관계들은 비정상적인 것이며, 병적인 것이라고 말합니다. 현재는 영이 오직 부단한 경계태세를 갖춤으로써만, (생리적인 그리고 심리적인) 자연의 부단한 반격에 맞서 자기 기지를 지켜 낼 수 있을 뿐이고, 결국에 가서는 언제나 생리적 자연에게 패배당하고 맙니다. 조만간 영은 몸에서 진행되어 온 와해 과정들을 거부할 수 없게 되고, 결국 죽음이 일어납니다. 그러면 잠시 후 그 자연적 유기체도 (왜냐하면 그것 역시 자신의 승리를 오래 누리지 못하기에) 마찬가지로 단순한 물리적 자연에 정복되기에 이르고, 그래서 결국 비유기체 상태로 돌아갑니다.

그러나 기독교적 관점에서는, 언제나 상황이 이랬던 것은 아니었습니다. 한때 영은 적대적인 자연 속에서 근근이 자기 주둔지를 지키는 주둔군 처지가 아니었고, 그 유기체를 완전히 '자기 집 삼아at home' 지냈던 적이 있습니다. 자기 나라에 사는 왕처럼, 자기 말을 타고 있는 기수처럼, 더 나은 비유를 들자면 켄타우로스 Centaur[20]의 인간 부분이 말 부분과 완전히 '자기처럼' 지내듯이 말입니다. 유기체에 대한 영의 지배력이 완전하고 또 아무런 저항을 받지 않았을 때에는 죽음은 결코 일어나지 않았을 것입니다. 물론, 아무 제어 없이는 그 유기체를 죽이고 말 자연의 힘들에 대해 영이 항구적으로 승리를 거둔다는 말은 곧 어떤 지속적인 기적이 일어나고 있다는 말이기도 합니다. 그러나 이 기적은 실은 지금도 매일같이 일어나고 있는 그런 종류의 기적일 뿐입니다. 왜냐하면 우리가 이성적 사고를 한다는 말은, 직접적인 영적인 힘으로 우리 뇌의 어떤 원자들과 우리의 자연적 혼soul의 어떤 심리적 경향성이 자연에 내맡겨 있을 때는 하려고 하지 않았을 어떤 일을 강제한다는 것이기 때문입니다. 기독교 교리를 몽상적이라고 치부할 수 있으려면, 영과 자연 사이의 현 경계가 너무도 명확히 이해 가능하고 자명해서, 그것이 존재할 수 있는 유일한 상황임을 '포착'해야 합니다. 그러나 과연 그렇습니까?

---

20) 그리스신화에 나오는 반인반마半人半馬.

실제로 이 경계 상황이 너무도 기묘해서, 그것이 지금 자연스럽게 보이는 것은 다만 관습 때문일 뿐이며, 그것을 완전히 이해 가능하게 해 주는 것은 오직 기독교 교리 밖에는 없습니다. 분명 이 경계는 전쟁 상황이긴 합니다. 그러나 이는 서로를 파괴하는 그런 전쟁은 아닙니다. 자연이 영을 지배할 때는 모든 영적인 활동을 파멸시킵니다. 그러나 영이 자연을 지배할 때는 자연의 활동을 오히려 확증시켜 주며 향상시켜 줍니다. 이성적 사고를 위해 사용된다고 해서 뇌의 기능이 저하되지는 않습니다. 도덕적 의지를 섬기는 일을 위해 조직화된다고 해서 감정이 약해지거나 피로해지지 않습니다. 면도를 하면 수염이 더 강해지고, 둑을 쌓으면 강이 더 깊어지듯 오히려 뇌도, 감정도 더 풍요로워지고 더 강해집니다. 다른 조건이 동일하다면, 이성적이고 유덕한 사람의 몸은 바보나 난봉꾼의 몸보다 더 건강하며, 그런 사람은 감각적 쾌락도 더 크게 누립니다. 왜냐하면 감각의 노예가 된 이들은, 일단 미끼에 넘어간 이후로는 주인들이 더 이상 먹을 것을 주지 않기 때문입니다. 이렇게 일어나는 모든 일로 볼 때, 이 경계 상황은 실은 전쟁 상황이 아니라 반란 상황입니다. 즉 하급자가 상급자에 맞서 일어난 반란이고, 이 반란을 통해 하급자는 상급자뿐 아니라 자기 자신도 파괴시킵니다. 그리고 만일 현 상황이 반란 상황이라면, 이성은 그러한 반란이 아직 일어나지 않았던 때가 있었다는 믿음, 또 그 반란이 진압될 때가 있을 것이라는 믿음을 거부할 수 없으며, 오히려 요구할 것입니다. 그리고 만일 이렇게 인간 안의 초자연적 영과 자연적 유기체가 싸움을 벌여 왔다는 믿음에 근거가 있음을 보았다면, 이제 우리는 이 믿음이 다음 두 가지, 아주 기대치 못한 방면에서 확증되는 것을 보게 됩니다.

아마 기독교 신학 전체가 거의 다음 두 가지 사실로부터 추론될 수 있었을 것입니다. (a) 인간은 추잡한coarse 농담을 한다는 사실, 그리고 (b) 인간은 망자亡者를 괴기하게 느낀다는 사실.

인간이 추잡한 농담을 한다는 사실이 말해 주는 바는, 자기 자신의 동물성을 못마땅한 것으로, 혹은 우스꽝스러운 것으로 여기는 존재라는 것입니다. 저는 인간 안에서 영과 유기체가 서로 싸움을 벌이고 있는 상황이 아니라면 이는 이해될 수 없는 것이라고 생각합니다. 이는 그 둘이 서로 '편안하게at home' 지내고 있지 못하다는 표지인 것입니다. 그러나 이러한 현 상태를 원래부터 그랬던 것이라고 상상하기란 대단히 어렵습니다. 인간은 본래부터 자신이 이런 창조물이라는 사실에 반은 충격을, 또 반은 포복절도하리만큼의 우스꽝스러움을 느껴왔다고 생각하기란 어렵습니다. 개가 개로서의 자기 존재를 우스꽝스럽게 여기는 일은 없을 것입니다. 천사도 천사로서의 자기 존재를 우스꽝스럽게 여기는 일은 없을 것입니다.

망자에 대해 우리가 갖는 감정도 마찬가지로 기이합니다. 우리가 유령을 두려워하기 때문에 시체를 싫어하는 것이라는 말은 하나마나한 말입니다. 시체를 싫어하기 때문에 유령을 두려워하는 것이라 말해도 그에 못지않게 일리가 있기 때문입니다. 왜냐하면 우리가 유령을 무시무시하게 여기는 것은 많은 부분 창백함, 부패, 관, 수의, 벌레 같은 것이 연상되기 때문인 것이 사실입니다. 실은 시체나 유령 같은 개념 자체를 가능하게 만드는 그 분리 자체를 싫어합니다. 마땅히 분리되어서는 안 되는 것이 분리되었기에, 그 분리 때문에 생긴 두 반쪽 모두에 혐오를 느끼는 것입니다.

이러한, 우리가 몸에 대해 갖는 수치심과 망자에 대해 갖는 감정에 대해 자연주의가 제시하는 설명은 전혀 만족스럽지 않습니다. 자연주의는 원시적 타부니 미신이니 하는 말을 늘어놓곤 합니다. 실은 그것들 역시 설명되어야 할 무언가의 결과에 불과한 것인데도 말입니다. 그러나 일단 기독교 교리를 받아들이고 나면, 즉 인간이 본래는 하나의 단일체였으며 현재의 분리 상태는 비자연적이라는 사실을 인정하고 나면 모든 현상은 앞뒤가 들어맞게 됩니다. 기독교 교리를 두고, 라블레François Rabelais[21]가 쓴 책의 어떤 장, 혹은 어떤 좋은 유령 이야기, 혹은 에드거 앨런 포Edgar Allan Poe[22]의 《이야기 Tales》를 사람들이 왜 좋아하는지를 설명하기 위해 만들어진 것이라고 말한다면 터무니없는 말일 것입니다. 하지만 기독교

---

21) 1494경-1553. 르네상스 시기 프랑스 작가. 익살스럽고 풍자적인 걸작 《팡타그뤼엘 Pantagruel》과 《가르강튀아 Gargantua》의 저자.
22) 1809-1849. 미국 시인, 단편소설작가, 희곡작가, 에세이작가로서 으스스한 분위기의 작품들을 썼음.

교리가 분명 그것을 설명해 주는 것은 사실입니다.

위의 제 논증은 우리가 유령 이야기이나 추잡한 유머에 대해 내리는 가치 판단과는 아무 상관이 없다는 점을 지적해야 할 것 같습니다. 어떤 분들은 그 둘을 다 나쁜 것이라고 생각할 것입니다. 하지만 또 어떤 분들은 그 둘이 비록 (옷처럼) 타락 때문에 생겨난 것이긴 하지만, (옷처럼) 타락 이후 세상에서 그 타락을 다루는 적합한 방식이라고 생각할 것입니다. 즉 완벽해지고 재창조된 인간은 더 이상 그런 종류의 웃음이나 그런 종류의 오싹함을 경험하지 않게 될 것이지만, 지금 여기서는 그런 공포심을 느끼지 못하고, 그런 농담을 즐길 줄 모르는 것은 인간다움에 못 미치는 일이라고 말입니다. 그러나 어느 쪽 생각이 옳든 하여간 그것들은 현재 우리 인간이 부적응 상태에 있음을 말해 주는 증거입니다.

죄의 결과이자 사단의 승리로서의 인간의 죽음에 대한 이야기는 이 정도로 마치겠습니다. 그러나 죽음은 또한 죄로부터의 구속의 수단이며, 인간을 고치시는 하나님의 약이며, 사단을 물리치는 하나님의 무기이기도 합니다. 어떤 동일한 것이 싸움하는 한쪽 편으로서는 멋지게 날린 한 방이었지만 동시에 그보다 더 뛰어난 상대편이 그를 꺾는 수단으로 사용할 수도 있다는 것은 이해하기 그리 어려운 일이 아닙니다. 뛰어난 장군, 뛰어난 체스 경기자는 상대방의 계략에서 정확히 그 강점을 취해 오히려 그것을 자신의 계략 추축으로 삼습니다. "그래, 내 성장castle을 먹을 테면 먹어라. 네가 그럴 것이라고 예상했던 것은 아니었다만…… 사실 말이지 나는 네가 더 똑똑할 줄로 생각했었다. 하여간, 먹어라. 그러면 난 이제 이렇게…… 말을 움직일 것이고, 그러면 이렇게 세 번만 말을 움직이면 넌 완전 외통수에 걸린다." 바로 이런 일이 죽음에 대해 일어났을 것이라고 생각해야 합니다. 죽음이라는 고차원적 문제를 설명하기엔 이는 너무 하찮은 은유가 아니냐고 말씀하지 마십시오. 경계태세를 조금 늦추기만 해도 우리도 모르게 우리의 사고방식 전체를 지배해 버리고 마는, 우리 시대의 (전혀 은유라고 인식되지도 않는) 그런 기계적, 무기물적 은유는 이보다 비교할 수 없을 만치 훨씬 더 부적당한 것들입니다.

어쩌면 일이 이런 식으로 일어났을 거라 생각해 볼 수도 있습니다. 우리의 원수인 사단은 인간더러 하나님에 대항해 반란을 일으키라고 꼬드깁니다. 인간은 그렇게 했고, 그러자 이제 인간은 그 원수가 인간 (심리적, 물리적) 유기체 안에서 인간의 영에 대항해 일으키는 다른 반란을 제어할 힘을 잃어버리게 됩니다. 그러자 그 다음에는, 그 유기체도 비유기체의 반란에 맞서 자신을 유지시킬 힘을 잃어버리고 맙니다. 이런 식으로 사단은 인간의 죽음을 만들어 냈던 것입니다.

그러나 하나님은 인간을 창조하셨을 때 애초부터 인간을 이런 식으로 만드셨습니다. 만약 인간 안의 최상위 부분이 하나님에 맞서 반란을 일으키면, 그것은 자기 밑 하위 부분들에 대한 자신의 제

어력을 잃어버릴 수밖에 없도록, 그래서 결국 죽음을 겪을 수밖에 없도록 말입니다. 이런 조치는 형벌로도 볼 수 있지만("[그] 나무의 열매는 먹지 말라 네가 먹는 날에는 반드시 죽으리라")[23], 다른 한편으로는 자비로, 하나의 안전장치로 볼 수도 있습니다. 그것을 벌로 볼 수 있는 것은 — 마르다가 그리스도께 "그러나…… 선생님…… **냄새가 나나이다**"[24]라고 말한 — 죽음은 끔찍하고 치욕스러운 것이기 때문입니다. 토마스 브라운 경Sir Thomas Browne[25]은 "난 죽는 것이 두려운 것이 아니라 부끄럽다"라고 말한 바 있습니다. 하지만 또 죽음을 자비로도 볼 수 있는 것은, 기꺼이 또 겸손히 받아들임으로써 인간은 자신의 반란 행위를 무無로 돌리기 때문이며, 또한 인간은 이 부패하고 흉물스런 형태의 죽음을 더 고차원적이고 신비적인 — 영원히 선하며, 최고 차원의 삶을 이루는 필수적 구성요소인 — 죽음으로 만들 수 있기 때문입니다.

'중요한 것은 준비하는 것The readiness is all'[26]입니다. 물론 단순히 영웅적 태도로써의 준비가 아닌, 겸손과 자기포기로 하는 준비를 말하는 것입니다. 우리의 원수는, 우리가 그렇게 환영해 맞아들이면 우리의 종이 됩니다. 괴물이었던 육체적 죽음이 자아에 대

---

23) 창세기 2장 17절.
24) 요한복음 11장 39절 참조.
25) 1605-1682. 영국의 의사, 작가.
26) 셰익스피어의 《햄릿》 5막 2장에 나오는 표현.

한 복된 영적 죽음이 되는 것입니다. 영이 그것을 원한다면 — 달리 말해, 기꺼이 죽으시는 하나님의 영이 자기 안에서 그것을 원하시도록 허락한다면 — 말입니다. 이는 또 안전장치이기도 한데, 왜냐하면 타락한 인간에게 자연적 불멸성은 더 할 수 없이 절망적인 운명이기 때문입니다. 죽음이라는 외적 필연성의 도움을 받아 항복할 수 있는 기회 없이, 끝없는 세월 동안 자신의 교만과 욕망의 사슬로, 또 점점 커지고 복잡해지는 그 교만과 욕망이 만들어 내는 끔찍한 문명의 사슬로, 자기 자신을 점점 가속적으로 꽁꽁 묶어 갈 수 있는 자유(이런 걸 자유라고 부를 수 있다면)를 누렸다면, 아마도 그는 단순히 타락한 인간 상태를 넘어서, 그 어떤 양태의 구속으로도 구속될 수 없는 악마 같은 존재로 계속 변화해 갔을 것입니다. 이런 위험은 막아졌습니다. 금지된 열매를 먹은 이들은 생명나무로부터 쫓겨나야 한다는 선고가 내려졌는데, 이런 선고는 인간의 창조된 그 복합체적 본질에 이미 함축되어 있습니다. 그러나 이러한 형벌로서의 죽음을 영생을 위한 방편으로 전환시키기 — 그 소극적, 예방적 기능에 적극적, 구원의 기능을 덧붙이기 — 위해서는, 더 나아가 인간이 죽음을 **받아들이는** 일이 필요했습니다. 인류는 자유 가운데 죽음을 포용하고, 전적인 겸손으로 그것에 순응하고, 그 잔을 끝까지 마시고, 그것을 생명의 비밀로서의 신비한 죽음으로 전환시켜야 했습니다.

그러나 스스로 자원하지 않으셨더라면 전혀 인간이 되실 필요가 없었던 분, 인류라고 하는 이 비참한 부대에 스스로 자원하여 입대하신 분, 또 완벽하게 인간이셨던 분만이 이러한 완전한 죽음을 수행할 수 있었고, 그래서 죽음을 이겨내실 수 ─ 혹은 구속해 내실수 ─ 있었습니다(어떤 표현을 쓰는지는 중요하지 않습니다). 그분은 다른 모든 이들을 위해 죽음을 맛보신 분입니다. 말하자면 그분은 우주의 대표적 '죽음을 행한 자 Die-er'입니다. 그리고 그렇기 때문에, 부활이자 생명이신 분입니다. 반대로 말해 보자면 그분은 참으로 사는 분이시기에, 참으로 죽는 분이실 수 있습니다. 왜냐하면 그것이 바로 실재의 근본 양식이기 때문입니다. 무릇 상위는 하위 속으로 내려올 수 있습니다. 그렇기에 영원 속에서 끝없는 자기 양도의 복된 죽음 가운데 성부께 자기 자신을 투신해 오셨던 그분은 또한, 그 끔찍한 (우리를 위한) 비자발적 몸의 죽음 속으로도 내려오실수 있었던 것입니다. 그리고 대리 Vicariousness는 그분이 창조하신 실재의 바로 그 작풍이기에 그분의 죽음은 또한 우리의 죽음이 될수 있습니다. 이렇게 이 전숲 기적은, 우리가 실재에 대해 익히 알고 있는 바에 반反하기는커녕, 오히려 실재라고 하는 그 난해한 텍스트의 뜻을 분명히 밝혀 주는 주석 역할을 합니다. 아니 더 정확히 말하자면, 실은 이 기적이 본 텍스트이고 자연은 다만 그 텍스트에 대한 주석에 불과하다는 사실이 드러나는 것입니다. 다시 말해, 과학이 말해 주는 바는 사실 어떤 시에 붙은 주註에 불과하며, 기독교는 바로 그 시 자체입니다.

'장엄한 기적'에 대한 개략적 이야기는 이 정도로 마치려 합니다. 이 기적의 신뢰성은 그 명백성Obviousness에 있지 않습니다. 비관론Pessimism이니 낙관론Optimism이니 범신론Pantheism이니 유물론Materialism이니 하는 것은 모두 '명백해' 보인다는 매력을 가지고 있지만 말입니다. 그런 것 각각은 처음 보기에는 많은 사실에 뒷받침되고 있는 듯합니다. 그러나 더 깊이 생각해 보면 결국 모두 극복 불가능한 허점을 지니고 있음이 드러납니다.

성육신 교리가 우리 지성에 호소하는 방식은 이와 전혀 다릅니다. 그 교리는 이면을 파고 들어가며, 전혀 기대하지 못했던 경로를 통해 우리의 나머지 다른 지식과 결국 통하며, 우리가 품고 있던 가장 심오한 생각들, '더 깊은 생각들second thoughts'과 가장 잘 조화를 이루며, 그런 생각들과 하나 되어, 그간 우리가 지녀 온 피상적 견해들을 토대부터 허물어뜨립니다. 이 성육신 교리는 여전히, "모든 것은 결국 다 무無가 될 뿐이다, 모든 것은 다 진보하고 있다, 모든 것이 다 하나님이다, 모든 것은 다 전기電氣다"라고 확신하는 사람에게는 전혀 씨가 먹히지 않을 것입니다. 이 교리에 귀를 기울이게 되는 때는, 그렇게 싸잡아 말하는 식의wholesale 신조들이 우리를 실망시키기 시작할 때입니다.

성육신이라는 사건이 정말로 일어났는지를 묻는 것은 역사적 질문입니다. 그런데 역사 문제를 다룰 때는, 본질적으로 비개연적인 어떤 것에 대해서 당연히 요구해야 할, 그런 종류, 그런 정도의 증거를 요구하지 않는 것입니다. 여러분은 다만, 받아들여질 경우 다른 모든 현상을 조명해 주고 정리해 주며 우리의 웃음과 논리를 설명해 주며, 또한 망자를 왜 두려워 하는지, 왜 우리는 죽음이 좋은 것일 수도 있다고 여기는지를 설명해 주는, 그리고 무수한 별개의 이론으로는 망라될 수 없는 것을 총망라해 주는 어떤 것에 대해 요구할, 그런 종류, 그런 정도의 증거만을 요구해야 합니다.

# 15. 옛 창조의 기적

아들이 아버지께서 하시는 일을 보지 않고는 아무것도 스스로 할 수 없나니
아버지께서 행하시는 그것을 아들도 그와 같이 행하느니라
요한복음 5장 19절


그림 Grimm의 《동화 *Fairy Tales*》나 오비드 Ovid의 《변신 *Meta-*
*morphoses*》이나 이탈리아 서사시 같은 책을 읽어 보면, 거기에는
분류하기 거의 불가능할 정도로 다양한 기적이 등장합니다. 짐승이
사람으로 변하는가 하면, 사람이 짐승이나 나무로 변하기도 하고,
나무가 말을 하는가 하면, 배가 여신으로 변하기도 하며, 어떤 마법
의 반지가 외진 곳에다 갑자기 진수성찬을 차리기도 합니다. 어떤
이들은 이런 종류의 이야기를 참을 수 없어 하지만, 또 어떤 이들은
재미있어 합니다. 그러나 그런 이야기들이 정말로 있었던 일이라고
조금이라도 생각하게 된다면, 그 재미는 곧 악몽으로 바뀌고 맙니
다. 정말 그런 일이 일어났다는 말은 자연이 무언가에 침공을 당했

다는 말입니다. 그런데 그런 이야기들이 보여 주는 바는, 자연이 어떤 낯선 세력의 침공을 받았다는 것입니다. 그러나 기독교 기적들의 적합성fitness, 또 그 기적들이 이런 신화적 기적들과 다른 차이점은 바로, 기독교의 기적들에서는 자연을 침공한 그 세력이 전혀 낯선 세력이 아니라는 사실에 있습니다. 기독교의 기적 이야기를 보면, 자연이 어떤 신a god이 아니라 자연의 하나님에게서 침공을 받았다면 일어났음직한 일들입니다. 이방인이라서가 아니라 자연의 주권자이기에 자연의 지배권을 벗어나 있는 세력이신 하나님의 침공 말입니다. 기독교의 기적 이야기들이 선포하는 바는, 그 침공 세력은 단순히 어떤 왕a king이 아니라 **참되고 유일한** 왕the King, 자연과 인간의 왕이신 분이라는 것입니다.

저는 기독교의 기적들이 대부분의 다른 기적들과 다른 부류에 속하게 되는 점이 바로 이것이라고 생각합니다. 저는 기독교 문서에 기록되지 않은 다른 모든 기적 이야기들을 거짓으로 밝혀내는 것이 기독교 변증가의 의무라고(회의론자들은 그렇게 생각하는 경우가 많지만) 생각하지 않으며, 또 그런 기적 이야기들을 불신하는 것이 그리스도인의 의무라고도 생각하지 않습니다. 저는 하나님이 이교도를 통해서는, 이교도를 위해서는 어떠한 기적도 행하신 바가 없다는, 혹은 자연적 창조물들이 그런 기적을 행하는 것을 허락하신 바도 없다는 주장에 전혀 묶여 있지 않습니다. 저는 만일 타키투스 Publius Gaius Cornelius Tacitus[1], 수에토니우스Gaius Suetonius

Tranquillus[2], 디오 카시우스Cassius Dio Cocceianus[3] 등이 말한 것처럼 베스파시아누스Caesar Vespasianus Augustus[4]가 정말 두 번의 치유를 행했고, 또 현대의 의사들이 그 치유들은 기적이라고밖에 볼 수 없다고 말한다 해도, 아무 이의가 없습니다. 그러나 제 주장은, 기독교의 기적들은 서로 간에, 또 그 기적들이 드러내는 종교의 전체 구조와 유기적 관계를 맺고 있다는 점에서, 기타 기적들보다 훨씬 더 큰 내재적 개연성을 가지고 있다는 것입니다. 전에 어떤 로마 황제가—황제치고는 꽤 좋은 황제였다고 칩시다—정말 어떤 기적을 행한 적이 있다는 사실이 증명되었다고 해 봅시다. 그러면 물론 우리는 그 사실을 사실로서 받아들이기는 해야 합니다. 그러나 그렇다고 해도 그 기적은 여전히 하나의 매우 고립적이고 이례적인 사실로 남을 뿐입니다. 즉 그 기적에서는 아무것도 전개되지 않고, 그 기적을 낳기까지 전개되어 온 것도 전혀 없으며, 그 기적 때문에 어떤 교리가 확립되는 것도 아니고, 어떤 것이 설명되는 것도 아니며, 결국 그 기적은 그 무엇과도 아무 관련이 없습니다. 그것은 단지 비기독교 기적의 한 예외적인, 좋은 경우에 불과할 뿐입니다. 이교의 이야기들에서 신들이 세상사에 간섭하며 행했다고 하

1) 56경-120경. 로마의 웅변가, 공직자, 역사가. 게르만족에 관한 《게르마니아 Germania》의 저자.
2) 69경-122경. 로마의 전기 작가. 《황제들의 생애De vita Caesarum》의 저자.
3) 150경-235. 로마의 관리, 역사가. 《로마사Romaika》의 저자.
4) 9-79. 로마의 황제(69-79 재위).

는 그런 비도덕적인, 때로는 거의 천치 같은 행위들은, 설령 거기에 대한 무슨 역사적 증거라고 봐 줄 만한 것이 발견된다손 치더라도, 이 우주를 전적으로 무의미한 곳으로 여기는 사람들이 아닌 한 그런 이야기들을 사실로 받아들일 사람은 아무도 없습니다. 끝없이 문제점만 생성할 뿐 아무것도 해결해 주지 못하는 기적은, 이성적인 인간이라면 오직 절대적 강제에 의해서만 믿을 수 있을 뿐입니다. 어떤 경우는 기적의 신뢰성과 그 종교의 신뢰성이 서로 반비례하기도 합니다. (제가 믿기로, 후대의 문서들에 기록된) 붓다가 행했다고 하는 기적들이 바로 여기에 해당합니다. 생각해 보십시오. 자연은 벗어나야 할 환영에 불과하다고 가르치신 분이 자신은 자연계에 어떤 효과를 낳는 일에 관여했다는 것인데, 이보다 더 앞뒤가 맞지 않는 말이 또 있겠습니까? 우리를 악몽에서 깨우러 오셨다는 분이 그 악몽을 더 **증가시켰다**는 것이 말입니다. 붓다의 가르침을 존경하면 할수록 우리는 그분이 행했다는 기적들은 덜 인정하게 됩니다. 그러나 기독교에서는, 현존하시는 하나님이 어떤 분이며 또 어떤 목적을 위해 이 세상에 오셨는지를 더 잘 이해하면 할수록 기독교의 기적들에 대해 더 큰 신뢰를 갖게 됩니다. 이것이 바로, 기독교에서는 기독교 교리의 어떤 부분을 포기한 이들이 아니고서는 기독교의 기적들을 부정하는 이들이 거의 없는 이유입니다. 기적 없는 기독교를 요구하는 사람의 사상은 기독교에서 '종교'[5]로 퇴보하고 있는 것입니다.

그리스도의 기적들은 두 가지 방식으로 분류될 수 있습니다. 첫 번째 분류 방식은 다음 여섯 부류로 그 기적들을 나눕니다. (1) 다산多産의 기적 (2) 치유의 기적 (3) 파괴의 기적 (4) 무생물계 지배

5) 구약성경의 기적들을 살펴보는 것은 이 책의 범위를 벗어난 일이며, 지금 제게 없는 여러 종류의 지식이 요구되는 일입니다. 그러나 현재 제가 갖고 있는 견해—잠정적인 것이니 얼마든지 교정될 수 있습니다만—를 말해 보면 이렇습니다. 사실적 면에서, 하나님은 오래 준비 과정의 끝에서 그 절정으로서 사람으로 성육신하셨듯이, 문서적 면에서도 그렇게, 진리는 처음에 **신화적인** 형태로 나타났다가 오랜 응축 과정, 집중화 과정을 거쳐 마침내 역사History로서 성육신하게 된 것이라고 생각합니다. 이런 견해는 신화 일반을 단순히 (에우헤메로스Euhemerus처럼) 역사로, (몇몇 교부들처럼) 악마적 몽상으로, (계몽주의 철학자들처럼) 성직자들의 사기로 오해하는 것이 아니라, 최선의 경우 어떤 참된—비록 미광이지만—신적 진리의 광선이 인간의 상상력에 떨어진 것으로 봅니다. 다른 민족들처럼, 히브리 민족에게도 신화가 있었습니다. 그러나 그들은 선택된 백성이었기에, 그들의 신화도 선택된 신화였습니다. 즉 인류 역사 가장 초기의 신성한 진리들을 전달해 주는 매개물이 되도록, 진리가 마침내 완전한 역사적 진리가 되는 신약성경에서 귀결점을 맞는 그 과정의 첫 번째 계단이 되도록 하나님에게 선택받은 신화였습니다. 구약성경의 어떤 특정 이야기를 두고 그것이 이러한 결정화 과정 중 어디에 속하는지를 과연 확실성을 갖고 말할 수 있는지 하는 것은 또 다른 문제입니다. 저는 개인적으로 다윗 왕실 회상록은 그 눈금자의 한쪽 끝 부분에 위치한다고, 마가복음이나 사도행전에 비해 역사성이 거의 떨어지지 않는다고 보며, 요나서는 그 반대쪽 끝 부분에 위치한다고 봅니다. 이 견해에서 주목해야 할 점이 두 가지 있습니다. 첫째, 인간이 될 때 하나님이 자신의 영광을 '버리셨'듯이, 그렇게 진리는 신화라는 '하늘'에서 역사라는 '땅'으로 내려올 때, 어떤 비하humilation를 겪었다는 점입니다. 그래서 신약성경은 구약성경보다 더 산문적이고, 어떤 면에서 덜 **화려하며**, 또 그래야 당연합니다. 구약성경이 이교 신화보다 여러 종류의 상상적 아름다움에 있어서 덜 풍부하며, 또 그런 것이 당연하듯이 말입니다. 둘째는, 인간이 되셨다고 해서 하나님의 하나님되심이 덜해지는 것이 아니듯이, 신화 역시 사실이 되었다고 하더라도 여전히 신화로 남는다는 것입니다. 따라서 그리스도 이야기는 우리에게 단순히 종교적이고 역사적인 응답뿐 아니라, 상상력의 응답을 요구하며, 또 그러한 응답에 보답해 줍니다. 그리스도 이야기는 우리의 양심과 지성 못지않게 우리 안의 어린아이와 시인을 향해서도 말하는 이야기입니다. 실은 그 둘을 구분하는 벽을 허물어뜨리는 것도 그 이야기가 하는 일 중 하나입니다.*

의 기적 (5) 역전逆轉의 기적 (6) 완성 혹은 영화의 기적.

두 번째 분류방식은, 위의 분류방식을 가로지르며 다음 두 가지 부류로 나눕니다. (1) 옛 창조의 기적 (2) 새 창조의 기적.

제 주장은, 이 모든 기적에서 공히 성육신하신 하나님이 하시는 일은 하나님이 일반적으로 해 오셨던, 또 앞으로 하실 어떤 일을 순식간에 또 한 장소에서 하신다는 사실입니다. 다시 말해 각 기적이 하는 일은, 하나님이 자연이라는 캔버스 전체에 걸쳐 우리가 쉽사리 알아볼 수 없을 정도의 커다란 글자로 이미 적어 놓으셨거나 또 앞으로 적으실 무언가를, 우리를 위해 작은 글자로 적어 주는 것입니다. 즉 그 기적들은 우주에 대한 하나님의 현재, 혹은 미래 활동을 한 특정한 지점에서 초점 맞추어 보게 해 줍니다. 우리가 이미 큰 규모로 보아 왔던 활동을 재현해 주는 것이라면, 그것은 옛 창조의 기적들miracles of the Old Creation입니다. 또, 앞으로 하실 활동을 초점 맞추어 보게 해 주는 것이라면, 그것은 새 창조의 기적들miracles of the New Creation입니다. 이렇게, 그리스도의 기적은 그 어느 것도 동떨어진 것이거나 변칙적인 것이 아니라는 점에 주목하십시오. 그것 모두에는 우리가 양심을 통해, 또 자연으로부터 이미 알고 있는 하나님의 서명이 적혀 있습니다. 즉 그 기적들의 진정성 여부는 그 **스타일**에 의해 입증됩니다.

본론으로 들어가기에 앞서 먼저, 그리스도가 그런 기적들을 행하실 수 있었던 것은 오직 그가 하나님이셨기 때문인지 아니면 그분이 완전한 인간이셨던 것도 그 이유인지 하는, 자주 제기되었던 질문을 여기서 다룰 생각은 아니라는 점을 밝혀 둡니다. 후자처럼 생각하는 사람들도 있는 것은, 인류가 타락하지 않았더라면 모든 인간이 그런 일들을 행할 수 있었을 것이라는 것도 가능한 견해이기 때문입니다. 기독교의 멋진 점 중 하나는, 이 질문에 대해 우리가 "답이 뭐든 상관없다"라고 말할 수 있다는 것입니다. 타락 이전의 인간이 가졌던 능력이 어떤 것이었든, 여하튼 성경을 보면 장차 구속받은 인간이 지니게 될 능력은 거의 무제한이 될 것으로 보입니다.[6] 그리스도는, 그 위대한 잠수 끝에 다시 위로 올라오실 때, 인성Human Nature도 함께 동반하여 올라오고 계십니다. 그리스도가 가시는 곳에 인성도 따라가는 것입니다. 그래서 마침내 인성은 '그리스도와 같은 모습으로' 변화될 것입니다.[7] 따라서 그리스도가 기적을 행하신 것을 옛 인간the Old Man이 타락 전에 할 수 있었던 일을 하신 것이라고 보는 견해가 틀렸다면, 그때는 그분의 기적은 새로운 인간the New Man이, 모든 새로워진 인간이 장차 구속 이후에 하게 될 일을 하신 것이었다고 보면 됩니다. 인류는 그리스도의 어깨 위에 둘러메져 있기에, 그분이 차갑고 검푸른 물속에서 푸르고 따뜻한 물로 올라오시고 마침내 햇빛 찬란한 물 밖으로 나오

---

6) 마태복음 17장 20절, 21장 21절, 마가복음 11장 23절, 누가복음 10장 19절, 요한복음 14장 12절, 고린도전서 3장 22절, 디모데후서 2장 12절.*
7) 빌립보서 3장 21절, 요한일서 3장 1-2절.*

실 때, 인류 역시 그분과 함께 찬란한 빛깔을 띠고 나타날 것입니다.

그리스도의 기적들이 가진 참된 성격을 달리 표현해 보면 이렇습니다. 다른 행위들과 동떨어져 보이지만, 실은 우리가 흔히 생각하는 방식으로 동떨어진 것은 아닙니다. 먼저, 기적은 하나님이 하시는 다른 행위들과 동떨어진 행위가 아닙니다. 실상 기적은 하나님이 평상시에 너무 크게 하고 계신 일, 그래서 사람들이 제대로 주목하지 못하는 일을, 바로 가까이에서 작게 그래서 또렷하게 보이도록 해 주시는 것이기 때문입니다. 또 그 기적들은 인간들이 하는 다른 행위와도 우리가 생각하는 방식으로 동떨어진 것이 아닙니다. 실은 그 기적들은 장차 하나님의 '자녀'가 되어 '영광스러운 자유' 속으로 들어가게 될 모든 사람이 갖게 될 능력을 예기해 주는 것들입니다.[8] 그리스도가 남다르신 것은 특별난 존재라서가 아니라 개척자라서 그런 것입니다. 그분은 그분 류類의 최초이십니다. 그분이 마지막이진 않을 것입니다.

이제 앞서 말한 분류 이야기로 돌아가 가장 처음 것인 **다산多産**의 기적부터 살펴봅시다. 이 부류에 속하면서 가장 먼저 나오는 것은 가나의 혼인잔치에서 물이 포도주로 변한 사건입니다. 이 기적은 포도주의 하나님이 여기 계시다는 선포입니다. 포도주는 야훼

---

8) 로마서 8장 21절 참조.

하나님이 주시는 복 중의 하나입니다. 하나님은 거짓 신 바커스 배후의 참 실재이십니다. 매년 자연 질서의 일부로서, 하나님은 포도주를 만드십니다. 그분은 물과 토양과 햇빛을 주스로 바꾸어 놓을 수 있는 식물 유기체를 창조하시며, 그렇게 만들어진 주스는 적절한 조건이 맞춰지면 포도주가 됩니다. 어떤 의미에서 그분은 이렇게 늘 물을 포도주로 바꾸고 계신 것입니다. 모든 음료가 다 그렇듯 포도주 역시 결국 물이 변해서 된 것이기 때문입니다. 그런데 하나님께서 한 번은, 어느 해 한 번은, 성육신하신 분으로서 그 과정을 단축시켜 보이셨습니다. 순식간에 포도주를 만드셨습니다. 물을 담고 있는 그릇으로 식물 섬유조직 대신 어떤 토기 항아리들을 사용하셔서 말입니다. 그러나 그것들을 사용하셔서 그분이 하신 일은 그분이 늘 하고 계신 그 일입니다. 기적이란 말하자면 지름길로 가는 것입니다. 그러나 기적이 만들어 내는 그 일 자체는 평범한 것입니다. 기적이 일어날 때, 자연 속으로 들어온 것은 전혀 반反자연적인 영이 아니라는 것, 비극이나 눈물이나 금식 등을 **그것 자체로** 사랑하는 하나님이 아니라, (물론 특별한 목적을 위해 그런 것을 허용하거나 요구하실 때도 있지만) 사람의 마음을 즐겁게 해 주시려고 태고로부터 포도주를 베풀고 계신 바로 그 이스라엘의 하나님이라는 것을 우리는 알게 됩니다.

이 부류에 속하는 다른 기적으로, 기적을 통해 사람들에게 먹을 것을 마련해 주셨던 두 번의 사건이 있습니다. 작은 빵 하나와 작은 물고기 하나가 다량의 빵과 다량의 물고기로 증식된 일이 있었습니다. 전에 사단이 사막에서 그분에게 돌로 빵을 만들라고 유혹했던 일이 있습니다. 그때 그분은 그 제안을 거절하셨습니다. "아들은 오직 아버지가 하고 계신 일을 본 대로만 행할 뿐이다."[9] 아마 성자께서는 돌덩이를 빵으로 바꾸는 것은 성부에게서 물려받은 자신의 스타일에 맞지 않는다고 여기셨던 것이라 말해도 그리 외람되지 않을 것입니다. 몇 개의 빵을 다량의 빵으로 바꾸는 것은 전혀 다른 일입니다. 매년 하나님은 몇 개의 밀알로 다량의 밀을 만들어 내고 계십니다. 씨가 뿌려지면 증식이 일어납니다. 이걸 보며 사람들은 여러 방식으로 말합니다. "이는 자연의 법칙이다"라고 말하는 이들이 있는가 하면, "이는 케레스 신이다, 아도니스, 곡물 왕 신이다"라고 말하는 이들도 있습니다. 그러나 '자연법칙들'이란 그저 어떤 유형을 가리키는 말에 불과합니다. 즉 그 법칙 자체로는 아무것도 만들어질 수 없습니다. 그것들이 말하자면, 이 우주를 계속기업 going concern[10]으로서 매수할 수 있는 것이 아니라면 말입니다. 그리고 아도니스도 그가 어디서 죽었는지, 언제 다시 부활했는지 그 누구도 말해 줄 수 없습니다. 그러나 여기, 오천 명이 먹을 것을 얻은 이 사건에는 바로, 우리가 무지한 중에 경배해 온 바로 그분이

---

9) 요한복음 5장 19절 참조.
10) 사업을 반영구적으로 계속하는 기업, 또는 회계상繪計上으로 그렇게 되어 있는 기업을 의미.

계십니다. 본디오 빌라도가 유대 총독으로 있던 당시 정말 죽으셨다가 정말 부활하신 **진짜** 그 곡물 왕이 말입니다.

같은 날, 그분은 물고기도 증식시키셨습니다. 지금 아무 만灣이나 강으로 가서 물속을 한번 들여다보십시오. 물결치며 떼 지어 다니는 수많은 물고기들은 그분이 지금도 '무수한 알로 바다를 가득 채우며'[11] 일하고 계시다는 것을 보여 줍니다. 고대인들에게는 '게니우스Genius'라고 불리는 신이 있었습니다. 동물과 인간의 다산을 관장하는 신으로서, 부인과 의학gynaecology, 태생학embryology, 부부 동침marriage bed — 그 신의 이름을 따 '생식' 동침genial bed 이라고 부르기도 하지요 — 의 수호신입니다. 그러나 실상 게니우스는 이스라엘 하나님의 또 다른 가면일 뿐입니다. 왜냐하면 태초부터 모든 종種들에게 "생육하고 번성하며 땅에 충만하라"고 명령하셨던 이는 바로 그분이기 때문입니다. 그리고 이 날 수천 명을 먹이셨을 때 성육신 하신 하나님은 바로 그 일을 하셨던 것입니다. 다시 말해, 그분은 바다와 호수와 시내에서 자신이 늘 해 오던 일을, 자신의 인간 손, 노동자 손을 가지고 바로 가까이서 작게 행하셨던 것입니다.

이로써 이제 우리는, 무슨 이유에선지 현대인들이 받아들이기 가장 어려워하는 어떤 기적의 문턱에 들어섰습니다. 저는 기적을

---

11) 존 밀턴의 작품 《코머스Comus》에 나오는 표현.

모조리 다 부정하는 사람은 이해할 수 있습니다. 그러나 다른 기적들은 믿으면서 동정녀 탄생 기적에 대해서는 '선을 긋는' 사람들은 어떻게 이해해야 할까요? 어쩌면 그들이 말로는 자연법칙을 믿는다 하지만 실은 오직 한 가지 자연 과정만을 믿기 때문에 그런 것일까요? 아니면, 이 기적이 인간의 성교를 깎아 내리는 것이라고(그렇다면 그분이 오천 명을 먹이신 일도 제빵업자들을 모욕하신 사건으로 생각해야 할 것이지만), 성교야말로 지금 이 시대에도 숭상받아야 할 유일한 것이라고 생각하기에 그런 것일까요? 사실 말하자면, 이 기적은 다른 기적보다 덜 놀라운 것도, 더 놀라운 것도 아닙니다.

이 문제를 다루기 위해서는 전에 제가 어떤 고전적 반反기독교 글에서 읽었던 주장을 살펴보는 것이 가장 좋을 것 같습니다. 그 글의 주장은, 그리스도인들이 '어떤 유대인 목수의 아내와 간통을 행한' 신을 믿고 있다는 것이었습니다. 아마도 그 저자는 그저 '열을 냈던' 것일 뿐 정말로 기독교 이야기를 하나님이 인간 모습으로 나타나서, 제우스가 알크메네Alcmene[12]와 그랬듯이 한 인간 여자와 동침한 것으로 생각한 것은 아니었을 것입니다. 그러나 만약 이런 주장에 꼭 답해야 할 상황이라면, 이렇게 답할 것입니다. "그래, 당신이 그 기적적 수태를 신적 간음이라고 부르겠다면, 좋다. 그러나 그렇다면 당신은 이 세상의 모든 아이, 아니 모든 동물들의 수태에

---

12) 그리스신화에 나오는 헤라클레스Hercules의 어머니.

서도 마찬가지로 그런 신적 간음을 볼 수 있어야 할 것이다." 신심 깊은 분들에게 거슬릴 만한 표현을 쓰는 것이 죄송스럽습니다만, 그러나 제가 말하고자 하는 바를 다른 식으로는 말할 방법을 알지 못합니다.

정상적 생식 행위에서 인간 아버지는 전혀 창조적인 기능을 하고 있지 못합니다. 그의 몸에서 나온 어떤 극미한 물질 분자와 어머니 몸에서 어떤 극미한 물질 분자가 서로 만납니다. 그러면 그때, 그의 머리카락 색깔이, 그녀의 할아버지의 늘어진 아랫입술이, 뼈, 힘줄, 신경, 간과 심장 같은 복잡다단한 인간 형태가, 또 자궁 안에서 그 태아가 재현한다고 하는 그 선행 인류pre-human 유기체의 형태가 전달되는 일이 일어납니다. 이렇게 모든 정자의 배후에는 우주의 전全 역사가 자리 잡고 있습니다. 또 모든 정자 안에는 적지 않은 만큼의 우주의 미래도 자리 잡고 있습니다. 각 정자 배후의 무게weight, 혹은 동력drive은 우리가 지금껏 자연이라고 불러 온 전체 상호 연동 사건의 추진력momentum입니다. 그런데 우리가 알듯이, 그 추진력은 소위 '자연법칙들'이 제공해 주는 것이 아닙니다. 우리가 믿듯이 만일 하나님이 자연을 창조하셨다면, 그 추진력은 바로 그분에게서 오는 것일 수밖에 없습니다. 인간 아버지는 단지 도구이자 전달자에 불과합니다. 왕왕 마지못해 전달자가 되기도 하며, 언제나 그 기나긴 전달자 행렬의 맨 끝에 위치합니다. 그 행렬은 그의 조상들 훨씬 너머, 인류 등장 이전, 유기체 등장 이전까지, 더 나아가 물질의 창조 때까지 거슬러 올라갑니다. 그 행렬은 하나님의 손 안에 있습니다. 그것은 그분이 평상시 인간을 창조하실 때 사용하는 도구입니다. 그분은 바로 게니우스의 배후, 또 베누스의 배후에 계신 바로 그 실재이시기 때문입니다. 어떤 여자도 그분 없이 아이를 수태해 본 적이 없고, 어떤 암말도 그분 없이 새끼를 수태해 본 적이 없습니다. 그러나 한 번은 특별한 목적을 위해, 그분이 그분의 도구인 그 긴 행렬을 사용하지 않고 일하신 적이 있습니다. 한 번은 생명을 주는 그분의 손이 장구한 세월의 상호 연동 사건을 통하지 않고 어떤 여인을 직접 터치하셨습니다. 한 번은 그분의 손에서 자연이라는 커다란 장갑을 벗고, 맨손으로 그녀를 터치하셨습니다. 물론 여기에는 특별한 이유가 있었습니다. 그분은 단순히 한 인간a man이 아니라, 그분 자신이 될 '인간the Man'을 만들고 계셨던 것이기 때문입니다. 그분은 인간을 새롭게 재창조하고 계셨고, 이 신적, 인간적 시점에서 만물의 새 창조New Creation를 시작하고 계셨습니다. 상처와 피곤에 절었던 우주는 그 순간, 생명의 정수의 직접적—자연의 혼잡한 역사를 통해 오염되거나 고갈되지 않은—주입에 전율했습니다. 그러나 이 자리에서는 이 기적의 종교적 의미를 탐구하려는 것은 아닙니다. 여기서는 다만 그것을 기적으로서만 다룰 뿐입니다. 그리스도의 인성human nature 창조의 경우 (성자로서의 그분의 신성divine nature이 그 인성 속으로 들어간 사건인 '장엄한 기적'은 이와 또 다른 문제입니다), 그것의 기적적 수태는 그분이 자연의 주님이심을 말해 주는 또 다른 증언입니다. 다시 말해 수태하는 모든 여자들을 위해 그분이 늘 하고 계신 일을, 이 기적에서는 작게, 또 바로 가까이서 행하셨던 것입니다. 여기서는 그분이 인간 조상들의 행렬을 사용하지 않고 일하셨습니다. 그러나 그분이 인간 조상들을 사용하시는 다른 모든 경우에서도, 이 경우 못지않게 생명을 주시는 분은 다름 아니라 그분입니다[13]. 위대한 참 게니우스의 개입 없이는 모든 동침은 불모의 동침일 뿐입니다.

다음으로 살펴볼 **치유**의 기적들은 독특한 위치에 있습니다. 사람들은 그런 치유가 많이 일어났다는 것은 기꺼이 인정하면서 그 일들이 기적적인 일이었다는 것은 부인하는 경향이 있습니다. 사실 히스테리도 아주 많은 병과 유사한 증상을 보이며, 그리고 히스테리는 '암시요법suggestion'에 의해 치유될 때가 많습니다. 물론 그러한 암시능력 역시 영적인 능력이며, (따라서) 초자연적인 능력이며, 그러므로 '신앙을 통한 치유faith healing'의 경우는 모두 기적이라는 주장도 가능할 수 있습니다. 그러나 지금 우리의 용어법에서는, 그런 것은 다만 우리가 인간 이성 작용의 모든 경우도 다 기적적인 것이라고 말할 수 있는 그런 의미에서만 기적적인 것일 뿐이며, 지금 우리는 그런 것과는 다른 종류의 기적에 대해 탐구하는

---

13) 마태복음 23장 9절 참조.*

중입니다. 개인적으로 저는, 아직 기독교를 완전히 받아들이지 않은 사람더러 복음서에 기록된 모든 치유를 다 기적으로— 인간적 '암시요법'이 통했을 가능성이 전혀 없는 것으로— 생각하라고 요구하는 것은 무분별하다고 생각합니다. 각 특정 경우에 대한 판단은 의사들이 해야 할 일입니다. 물론 그 이야기들이 과연 개연적 진단이라도 허용할 만큼 충분히 자세한 내용을 담고 있는지는 의문이지만 말입니다. 여기서, 앞 장에서 언급했던 한 가지 좋은 예를 살펴봅니다. 즉 기적에 대한 믿음이 자연법칙들에 대한 무지에 달려 있기는커녕, 오히려 그 법칙들에 대한 무지가 기적을 확인 불가한 것으로 만든다는 것을 우리는 확인합니다.

그 치유 중 구체적으로 어떤 것들이 기적인지를 판단(이는 기독교 신앙의 수용 여부와 무관한 일입니다)하지 않은 상황에서라도, 그 기적이 어떤 성격의 것인지에 대해서는 말할 수 있습니다. 평범한 의학적 치유에 대해 여전히 많은 사람들이 다분히 마법적인 생각을 품고 있으며 그들은 이 기적의 성격을 놓치기 십상입니다. 어떤 의미에서 보자면, 지금껏 어떤 의사도 치유를 행했던 바가 없습니다. 이는 누구보다도 의사들 자신이 먼저 인정할 사실입니다. 그 마법은 의술에 있는 것이 아니라 환자의 몸에 있는 것입니다. 자연의 치유력 *vis medicatrix naturae*, 자연의 회복 에너지, 자기 교정 에너지에 말입니다. 의학적 치료가 하는 일이란 다만 자연적 기능을 북돋아 주거나, 그 기능을 방해하는 것들을 제거해 주는 정도일 뿐입니다.

우리는 그저 말의 편의를 위해 의사가, 약이 상처를 치유한다고 말하는 것입니다. 그러나 어떤 의미에서, 실상 모든 상처는 다 자신이 자신을 스스로 치유하는 것입니다. 어떤 의사도 시체에 난 상처를 치유할 수는 없습니다. 어떤 신비한 힘, 그것이 행성을 움직일 때는 중력이라 부르고, 살아 있는 몸을 치유할 때는 생화학적 작용이라 부르는 그 신비한 힘이 모든 회복의 동인efficient cause인 것입니다. 그리고 그 에너지는 바로 하나님에게서 나오는 것입니다. 치유받는 모든 이들은 다 그분에게서 치유받는 것입니다. 단순히 그분의 섭리가 그들에게 의학적 도움과 위생적 환경을 마련해 준다는 의미에서가 아니라, 그들 몸의 세포조직이 그분에게서 흘러나와 자연의 체계 전체에 에너지를 부여하는, 그 멀리서부터 내려오는 에너지에 의해 고침 받는다는 그런 의미에서 말입니다. 그러나 한 번은 그분이 이런 일을 팔레스타인에서 병자들에게 가시적으로 행하셨습니다. 사람으로서 사람들을 만나시면서 말입니다. 우리가 흔히 자연법칙이 하는 일이라고, 또 과거에는 아폴로Apollo[14]나 아스클레피오스Aesculapius[15]가 하는 일이라고 말하곤 했던 그 일을 실제로 하는 존재가 자신을 드러낸 것입니다. 늘 모든 치유 배후에 계셨던 그 능력이 어떤 얼굴, 어떤 두 손을 취해 나타나신 것입니다. 물

---

14) 태양신으로서 음식, 시, 예언, 건강 등을 주관함.
15) 아폴론과 님프 코로니스의 아들로 의술의 신.

론, 그래서 그 기적들에 우연성이 보이는 것도 사실입니다. 그러나 그분이 우연히 만나게 된 사람들만 고치셨을 뿐, 만나지 못한 이들은 고치지 않으셨다고 불평하는 것은 무익한 소리에 불과합니다. 인간이 된다는 것은 한 번에 오직 한 장소에만 있는 존재가 된다는 것입니다. 그분은 한 장소에 스스로를 **국한**becoming local시킴으로써 세상을 구원하셨습니다. 세상이 그분을 모든 곳에 현존하는 분으로 알게 하시기 위해서 말입니다.

그리스도께서 행하신 단 한 번의 '파괴의 기적'인, 무화과나무를 시들게 만드신 일을 두고 어떤 이들은 골머리를 앓기도 하지만, 그러나 제가 보기에는 그 기적의 의의 역시 아주 분명합니다. 말하자면 그 기적은 행동으로 표현된 비유acted parable로, 모든 '열매 없는' 것에 대한, 특히 당시의 제도적 유대교에 대한 하나님의 선고의 상징입니다. 이는 이 기적의 도덕적 의의입니다. 하나의 기적으로서는, 이 기적 역시 하나님이 자연을 통해 늘 하고 계신 일을 우리가 분명히 볼 수 있도록, 작게 또 가까이서 행해 보여 주신 일입니다. 우리는 이미 앞 장에서 하나님이 어떻게 사단의 손에서 그의 주력 무기를 비틀어 잡아 뺏으셨는지, 그래서 타락 이후 인간 죽음의 하나님도 되셨는지 살펴보았습니다. 그렇다면 더더욱 분명히 하나님은 유기체들의 죽음의 하나님이시기도 합니다. 아마 창조 때부터 그러셨을 것입니다. 두 경우 모두, 물론 서로 방식은 조금 다르지만, 하나님은 바로 생명의 하나님이시기에 그렇게 죽음의 하나님이

신 것입니다. 그분이 인간 죽음의 하나님이신 것은 죽음을 통해 생명의 증가가 오기 때문이며, 또 그분이 유기체들의 죽음의 하나님이신 것은, 죽음은 유기체 생명이 시간 속에 자신을 펼치면서도 늘 새로움을 유지하는 양식의 일부이기 때문입니다. 천년 된 어떤 숲이 여전히 숲으로서 살아 있을 수 있는 것은, 거기서 어떤 나무들은 죽어 가고, 어떤 나무들은 자라고 있기 때문입니다. 그분의 인간 얼굴이 그때 부정negation의 눈으로 그 무화과나무를 바라보신 것은 그분이 성육신 전부터 모든 나무에게 늘 해 오셨던 일을 하신 것입니다. 그해 팔레스타인의 어떤 나무도, 아니 어느 해 어느 곳에 있는 나무든지, 하나님이 나무에 무슨 일을 하셨거나 혹은 무슨 일을 그만두셨기 때문에 죽은 것이 아닌 나무는 없습니다.

우리가 지금껏 살펴본 모든 기적은 다 옛 창조의 기적들입니다. 그것 모두는, 신적 인간the Divine Man께서 자연의 하나님이 이미 더 큰 규모로 해 오고 계신 일을 우리가 잘 볼 수 있게끔 해 주시는 기적들입니다. 다음 번 부류인 '무생물 지배의 기적들'의 경우는, 어떤 것은 옛 창조에 속하고 어떤 것은 새 창조에 속합니다. 그리스도께서 풍랑을 잠잠케 하신 일은 하나님이 자주 해 오신 일을 그분도 하신 경우입니다. 하나님은 풍랑도 있고 고요도 있도록 애초에 자연을 그렇게 만드셨습니다. 그런 의미에서 지금까지의 모든 풍랑은 (지금 이 순간 진행 중인 것은 제외하고) 다 하나님이 그렇게 고요하게 하신 것입니다. 만일 여러분이 '장엄한 기적'을 받아들였다면,

이 풍랑을 잠잠케 하신 일을 부인하는 것은 비철학적입니다. 이 기적적 고요에 나머지 세상 전체의 일기 상태를 적응시키는 일은 실제로 전혀 어려운 일이 아닙니다. 저만 해도 창문을 닫음으로 제 방안의 사나운 바람을 잠잠케 할 수 있습니다. 자연은 자신이 할 수있는 최선을 다할 수밖에 없습니다. 좀더 정확히 말하자면, 그렇게하는 일이 자연에겐 전혀 일도 아닙니다. 전체체계는, 작동에 문제가 생기기는커녕 (신경과민한 어떤 이들은 기적이 일어나면 그렇게 된다고 생각하는 것 같지만), 코끼리가 한 방울의 물을 소화해 내듯이 쉽게 새로운 상황을 소화해 냅니다. 앞서 말했듯이, 자연은 숙련된 안주인입니다. 그러나 그리스도께서 물 위를 걸으신 일은 새 창조의 기적입니다. 하나님은 '옛 자연'을, 즉 성육신 이전의 세상은 물이 인간의 몸을 지탱할 수 있는 그런 종류로 만드시지 않았습니다. 이 기적은 장차 있게 될 자연의 예기anticipation입니다. 새 창조가 막 뚫고 들어오기 시작한 것입니다. 그 순간 그 새 창조는 온 사방으로 펴져나갈 것처럼 보였습니다. 그 순간 두 사람이 새로운 세상에 있었습니다. 베드로도 한 두 걸음 물 위를 걸었습니다. 그러나 믿음이 모자랐던 그는 곧 가라앉기 시작했습니다. 다시 '옛 자연'으로 돌아간 것입니다. 이 순간적 섬광은 어떤 기적에 대한 스노드롭 snowdrop[16]이었습니다. 스노드롭은 이제 새로운 해가 시작되었다

---

16) 이른 봄에 피는 꽃의 한 종류. 1월 1일 탄생화.

는 것을 말해 줍니다. 여름이 다가오고 있는 것입니다. 그러나 아직 여름은 멀리 있고 스노드롭은 오래 피어 있지 않습니다.

'역전Reversal의 기적들'은 모두 새 창조에 속하는 것입니다. 죽은 이들이 다시 살아난 것은 이런 역전의 기적입니다. 이는 '옛 자연'은 도무지 알지 못했던 일입니다. 이는 늘 앞으로만 진행되었던 영화 장면이 뒤로 진행되는 것 같은 일입니다. 복음서에 기록된 한두 가지 기적들은 이를테면 이른 꽃들입니다. 봄맞이꽃이라고 할 수 있는데, 겨울에 활짝 피어나지만 그 역할은 다가오는 봄을 미리 알려 주는 것이기 때문입니다. '완성, 혹은 영광의 기적들', 즉 그리스도의 변모Transfiguration, 부활, 승천의 기적은 훨씬 더 분명하게 새 창조에 속하는 기적들입니다. 이것들은 그야말로 새로운 세상의 진짜 봄, 아니 여름입니다. 우리 앞서 가시는 대장 그리스도께서는 이미 5월이나 6월에 가 계십니다. 땅에서 그분의 뒤를 따라가고 있는 이들은 아직 '옛 자연'의 매서운 서리와 동풍을 겪고 있지만 말입니다. 왜냐하면 "봄은 이런 식으로 천천이 오는 것spring comes slowly up this way"[17]이기 때문입니다.

새 창조의 기적들은 어느 것도 그리스도의 부활과 승천 사건과 별개로 다뤄질 수 없습니다. 그래서 우리에겐 또 다른 장이 필요합니다.

--------

17) 콜리지S. T. Coleridge의 《크리스타벨*Christabel*》에 나오는 시구.

# 16. 새 창조의 기적

> 조심하라, 악마들은 진리의 반쪽만 배운 이들을
> 의기양양한 웃음으로 비웃나니!
> 조심하라, 하나님은 자신이 주시기로 약속하신 것보다
> 더 순전한 것을 희망하는 이들,
> 즉 오현금五絃琴[1] 말고 다른 것을 요구하는 이들을
> 참아 주지 않으실 것이니.
> 하나님은 그 오현금을,
> 지금 여기서 바르게 조율하는 법을 깨우친 이들의 손에
> 다시 쥐어 주시겠다고 맹세하셨도다!
> C. 팻모어Patmore, 《사랑의 승리 The Victories of Love》

초기 기독교에서 '사도'는 무엇보다 자신이 부활의 증인이라고
주장하는 사람이었습니다. 십자가 처형 사건 얼마 후, 배신자 유다
의 자리를 대신할 제자로 후보자 두 명이 거론되었을 때, 그들의 자
격은 예수님을 십자가 죽음 전뿐 아니라 후에도 개인적으로 알았
고, 그래서 바깥세상에 부활에 대해 직접적 증인이 될 수 있느냐는
것이었습니다(행 1:22). 며칠 후 베드로 사도가 최초로 설교를 전했
을 때, 그의 주장 역시 동일했습니다. "이 예수를 하나님이 살리신
지라 우리가(우리 그리스도인들은) 다 이 일에 증인이로다"(행 2:32).

---

1) 오감을 가진 몸.*

바울 사도도 고린도 교회 교우들에게 보낸 첫 번째 서신에서, 자신의 사도됨을 동일한 근거에서 주장했습니다. "내가 사도가 아니냐 예수 우리 주를 보지 못하였느냐"(고전 9:1).

이러한 사실들이 보여 주듯, 기독교를 전파한다는 것은 본래 부활을 전파한다는 것을 의미했습니다. 그래서 바울 사도가 아테네에서 가르쳤을 때 그 강론을 부분적으로만 들었던 이들은 바울이 예수와 '아나스타시스Anastasis'(부활)라는 새로운 두 신에 대해 말한다고 생각했을 정도였습니다(행 17:18). 부활은 사도행전이 보도해 주는 모든 기독교 설교에서 중심 주제였습니다. 부활과 부활이 낳는 결과들이 바로 그리스도인들이 전한 '복음' 즉 좋은 소식이었습니다. 우리가 지금 '복음서'라고 부르는, 주님의 삶과 죽음에 대한 이야기들은 이미 **복음**을 받아들였던 사람들의 유익을 위해 나중에 쓰인 것입니다. 그 이야기들이 기독교의 기초였던 것이 결코 아닙니다. 그 이야기들은 이미 기독교로 회심한 사람들을 위해 나중에 쓰인 것입니다. 부활 기적과 그 기적에 대한 신학이 먼저이고, 전기 biography는 그 부활에 대한 부연설명으로 나중에 생긴 것입니다. 따라서 복음서에서 몇몇 그리스도의 말씀을 뽑아내서는, 그것을 기준으로 신약성경 나머지 전체가 서 있는 토대로 여기는 것만큼 비역사적인 접근법도 없습니다. 기독교 역사에서 최초의 사실은 부활을 보았다고 주장하는 사람들입니다. 만약 그들이 다른 사람들에게 이 '복음'을 믿게 하지 못하고 죽었더라면, 그 후 어떤 복음서도 쓰이지 못했을 것입니다.

이들의 말을 정확히 이해하는 것이 대단히 중요합니다. 현대인들이 말하는 부활은 보통 어떤 특정한 순간을 뜻합니다. 무덤이 비어 있었다는 것, 그리고 그 무덤에서 몇 미터 떨어진 곳에서 예수님이 나타난 것 등 말입니다. 현대의 기독교 변증가들이 주로 입증해 내려고 하고, 회의론자들이 주로 논박하고자 하는 것도 바로 그 잠깐 동안의 일입니다. 그러나 우리가 이처럼 부활의 최초 5분여에 전적으로 매달리고 있는 것을 본다면 초기 기독교 스승들은 아마 깜짝 놀랄 것입니다. 왜냐하면 부활을 보았다고 주장했을 때 그들은 꼭 **그런 것**을 보았다고 주장한 것은 아니었기 때문입니다. 그들 중 어떤 이들은 그런 것을 보았지만, 다른 이들은 그렇지 않았습니다. 그 최초 5분여의 일이, 부활하신 예수님이 나타나신 다른 경우보다 특별히 더 중요한 것은 전혀 아닙니다. 어떤 것의 첫 시작 부분에 늘 붙기 마련인 시적, 극적 중요성을 제외한다면 말입니다. 그들의 주장은 예수님이 죽으시고 6주나 7주 되는 기간 동안 자신들이 한 번이나 혹은 여러 번 그분을 만났다는 것이었습니다. 혼자 있을 때 그분을 만났던 이들도 있지만, 어떤 경우에는 열두 사람이 함께 그분을 보았던 적도 있고, 어떤 경우에는 대략 5백 명이나 되는 사람들이 한꺼번에 그랬던 적도 있었습니다. 주후 55년 정도에 바울 사도가 고린도 교인들에게 보낸 첫 번째 편지에 따르면, 그 5백명 중 대부분이 그때까지 여전히 살아 있었습니다.[2]

그들이 증언했던 '부활'은, 죽은 자들 가운데서 다시 살아난 그 [순간적] 행위를 말하는 것이 아니라, 다시 살아나 있는 상태를 말하는 것이었습니다. (바울 사도에게 허락된 특별하고 다소 다른 방식의 만남은 예외적이지만) 한정된 기간 동안 일어난 간헐적 만남으로 입증되는 어떤 상태 말입니다. 그 기간이 한정적이었다는 사실이 중요합니다. 왜냐하면 곧 살펴보겠지만 부활에 대한 교리와 승천에 대한 교리는 결코 서로 분리될 수 없기 때문입니다.

주목해야 할 또 다른 사실은 그 증언자들이 부활을 단순히, 혹은 주로 인간 영혼의 불멸성the immortality of the soul에 대한 증거로 여겼던 것이 아니라는 사실입니다. 그런 식으로 생각하는 이들이 지금 적지 않지만 말입니다. "부활의 중요성은 인간들이 사후에도 **생존한다**는 것을 증명한 것이다"라고 주장하는 어떤 사람의 말을 들은 적이 있습니다. 이런 견해는 신약성경이 말하는 바와 그 어떤 식으로도 조화될 수 없습니다. 이 견해에 따르자면, 그리스도가 하신 일은 그저 모든 죽는 사람이 하는 일을 하신 것에 불과하게 됩니다. 유일하게 새로운 점이 있다면, 그분의 경우엔 그 일이 일어난 것을 우리가 볼 수 있었다는 사실 정도입니다. 그러나 성경에서는 부활이 **사실상** 늘 일어나고 있는 어떤 일에 대한 새로운 증거라는 식으로 말하는 곳을 눈 씻고도 찾아볼 수 없습니다. 신약성경은 그

---

2) 고린도전서 15장 6절 참조.

리스도께서 죽은 자들 가운데서 일어나심으로써 이뤄 내신 일은 우주의 전 역사상 유례없는 최초의 사건이라는 식으로 말하고 있습니다. 그분은 '첫 열매'[3]이시고, '생명의 창시자pioneer of life'[4]이십니다. 그분은 최초 인간의 죽음 이래로 계속 잠겨 있던 어떤 문을 열어 제치신 분입니다. 그분은 죽음의 왕을 만나셨고, 싸우셨고, 이기셨습니다. 그분이 그렇게 하셨기에 모든 것이 달라졌습니다. 새 창조가 시작되었습니다. 우주 역사의 새로운 장章이 열렸습니다.

물론 제 말은 신약성경의 저자들이 '[사후] 생존'을 믿지 않았다는 뜻은 아닙니다. 도리어 그들은 그것을 얼마나 당연하게 받아들이고 있었던지, 예수님은 두어 번에 걸쳐 그들에게 자신이 유령이 아니라고 확인시켜 주셔야 했을 정도였습니다. 다른 많은 나라들도 그러했듯이, 초창기 때부터 유대인들은 인간에게는 몸으로부터 분리될 수 있는 어떤 '영혼soul', 혹은 네페쉬Nephesh가 있으며, 사람이 죽으면 그 영혼, 네페쉬는 스올Sheol이라고 불리는 그림자 세계로 들어가게 된다고 믿어 왔습니다. 망각과 무능의 나라, 누구도 더 이상 야훼의 이름을 부르지 않는 곳, 그리스인들의 하데스Hades나 옛 스칸디나비아인들의 니플하임Niflheim 같은 어떤 희미하고 우울한 곳으로 말입니다. 가끔 망령들이 그곳에서 나와 산 자

---

3) 고린도전서 15장 20절 참조.
4) 히브리서 2장 10절 참조.

들에게 나타날 수도 있었습니다. 엔돌의 마술사의 명령에 사무엘의 망령이 그랬듯이 말입니다.[5] 그보다 훨씬 최근에 와서는, 의인은 죽으면 '천국'이라는 곳으로 간다는 좀더 명랑한 믿음이 생겨났습니다. 두 교리 모두, 그리스인들이나 현대 영국인들이 이해하는 바로서의 '영혼 불멸' 교리라고 할 수 있는데, 둘 모두 부활 이야기와는 전혀 무관합니다. 신약성경의 저자들은 부활 사건이 절대적으로 새로운 사건이라고 봅니다. 분명한 것은 그들이 자신들의 경험을 스올에서 나온 유령이 자신들 앞에 나타난 것이라든지, '천국'에 있는 '영혼'을 환상 중에 보게 된 것이라는 식으로 생각하지 않았다는 점입니다. 우리가 분명히 이해해야 할 것은, 만일 심령학 연구자들이 '[인간의 사후] 생존'을 증명해 내는데 성공하고 부활은 그러한 생존의 한 경우임을 입증해 보인다고 한다면, 이는 기독교 신앙을 뒷받침하는 일이 아니라 오히려 허물어뜨리는 일이라는 사실입니다. 그런 것이 부활의 전부라면, 이는 기독교의 근본 '복음'이 거짓이라는 말이 됩니다. 사도들이 보았다고 주장한 것은 '천국' 교리나 스올 교리를 확증해 주는 것도 아니며, 그렇다고 배제시키는 것도 아니며, 사실 그런 교리들과 전혀 다른 차원의 것입니다. 굳이 그것이 확증해 주는 것이 있다고 말하자면, 그것은 그런 교리들과 상당히 구별되는 제3의, 어떤 유대교 믿음을 확증시켜 준다고 말할

---

5) 사무엘상 28장 참조.

수 있습니다. 그 제3의 교리란 장차 '야훼의 날'이 오면 평화가 회복될 것이며, 한 의로운 왕이 이스라엘을 통해 온 세상을 다스리게 될 것이라는 가르침을 말하는데, 이에 따르면 이런 일이 일어나면 의인으로서 죽었던 이들이, 혹은 그들 중 얼마가 다시 현세로 돌아온다는 것이었습니다. 떠다니는 망령으로서가 아니라 햇빛을 받으면 그림자가 만들어지고 마룻바닥을 밟으면 발소리도 나는 진짜 solid 사람으로서 말입니다. 이사야는 말했습니다. "티끌에 누운 자들아 너희는 깨어 노래하라…… 땅이 죽은 자들을 내놓으리로다" (사 26:19). 사도들은 자신들이 바로 이 일을 본 것이라고, 아니 적어도 이 일의 첫 사례를 본 것이라고 생각했습니다. 여태까지 인류가 보아 온 것과 완전히 반대 방향으로 돌기 시작하는 거대한 수레바퀴의 첫 움직임을 본 것이라고 말입니다. 인간들이 그간 죽음에 대해 가졌던 모든 사상 중에서 그리스도의 부활 이야기가 확증해 준다고 말할 수 있는 것이 있다면 바로 이것입니다. 만일 그리스도의 부활 이야기가 거짓이라면, 그 이야기의 모태를 바로 이 히브리 부활 신화에서 찾아야 합니다. 만일 그리스도의 부활 이야기가 참이라면, 그때도 그 진리의 힌트와 예기는, 유령에 대한 대중적 사상이나 동양의 환생 교리나 영혼 불멸에 대한 철학적 사변에서가 아니라, 오로지 귀환과 회복과 위대한 역전에 대해 말하는 이 히브리 예언들에서만 발견된다고 말해야 합니다. 그저 불멸로서의 불멸은 기독교의 주장과 아무 상관이 없습니다.

물론 부활하신 그리스도와 통속 전설들에 나오는 '유령' 사이에 유사성이 보이는 것도 사실입니다. 유령처럼 그분도 '나타나셨다' 가 또 '사라지셨다'가 하십니다. 잠긴 문도 그분께는 아무 문제가 되지 않습니다. 그러나 다른 한편으로 그분은 [유령과 달리] 자신에게는 몸이 있음을 힘주어 강조하시며(눅 24:39-40), 구운 생선을 드시기도 합니다. 이 지점에서 현대의 독자들은 마음이 거북해지기 시작합니다. 그런데 마음을 더 거북하게 만드는 것은 "내게 손을 대지 말아라 내가 아직 아버지께로 올라가지 않았다"(요 20:17 표준 새번역) 같은 구절입니다. 음성이 들리고 환영이 보이는 것 등에 대해서는 우리도 어느 정도 마음의 준비가 되어 있습니다. 그러나 손대면 안 된다는 말, 아버지께 '올라갈' 것이라는 말은 대체 무슨 소리란 말입니까? 그분은 진정한 의미에서 이미 '아버지와 함께' 계신 것이 아닙니까? '올라간다'는 말은 다만 그런 것을 두고 이르는 은유적 표현 아닙니까? 그런데 그분이 '아직' 올라가지 않았다는 말은 대체 무슨 소리란 말입니까? 이런 거북함이 생기는 것은, 바로 이 지점에서부터 '사도들'의 이야기가 우리가 기대하고 지레 짐작했던 바와 어긋나기 시작하기 때문입니다.

우리가 사도들이 들려줄 것으로 기대하는 부활의 삶은 순전히 '영적인' 삶입니다. 우리는 '영적'이라는 말을 소극적인 의미로 사용합니다. 그것이 어떤 것인지를 말하기 위해서가 아니라, 그것이 어떤 것이 아닌지를 말하기 위해서 '영적'이라는 말을 사용합니다.

그래서 우리가 말하는 '영적인' 삶이란 공간이 없는, 역사가 없는, 환경이 없는, 감각적 요소가 전혀 없는 그런 삶을 말합니다. 또 우리는 가장 깊은 심중에서, 예수님이 **인간으로서** 부활하셨다는the risen manhood of Jesus 사실을 그저 얼버무리는 경향이 있습니다. 죽음 후에는 그분이 다시 신격Diety으로 되돌아가셨다는 식으로 생각하는 것입니다. 마치 부활이 성육신을 뒤집거나 무효화시키는 것인 양 말입니다. 부활한 **몸**에 대한 언급들이 우리를 거북하게 하는 것은 바로 그래서입니다. 그런 언급들은 온갖 거북스런 질문을 일으킵니다. 왜냐하면 소극적 의미의 영적 관점을 견지하는 한, 우리는 사실 부활한 몸을 전혀 믿는 것이 아니기 때문입니다. (겉으로 인정하든 안 하든) 실은 그 부활한 몸은 객관적 실체가 아니라고, 다른 방법으로는 알릴 수 없는 어떤 진리들을 제자들에게 확신시키기 위해 하나님이 보내신 외양appearance에 불과하다고 생각하는 것입니다. 그러나 그 진리란 대체 무엇입니까? 만일 그 진리란 것이, 사후에 인간은 소극적 의미의 영적 삶을 살게 된다는 것, 영원토록 신비적 체험을 하게 된다는 것이라면, 구운 생선을 먹는 인간 모양을 보여 주는 것보다 이 진리를 알리기에 더 부적절한 방법이 또 뭐가 있겠습니까? 다시 말하지만 그런 관점에서는, 부활하신 예수님의 몸은 환영에 불과하다는 말이 됩니다. 그러나 별개의 세 경우에서(눅 24:13-31, 요 20:15, 21:4) 제자들이 그 환영을 예수님으로 즉각 알아보지 못했다는 사실(만약 이것이 사실이 아니고 꾸며 낸 이야기라면, 이는 사람이 지어낸 허구 중 최고로 특이한 허구일 것입니다) 앞에서 그러한 환각 이론은 다 무너지고 맙니다. 설령 사람들에게 (그들이 이미 보편적으로 믿고 있는) 어떤 진리를 가르칠 목적으로 하나님이 (다른 방법을 통해 훨씬 더 쉽게 가르칠 수 있고, 또 이 방법은 도리어 혼란만 일으킬 것이 확실함에도 불구하고) 거룩한 환영을 보내신 것이라고 하더라도, 아니 그렇다면 적어도 하나님은 그 환영의 얼굴만큼은 **제대로** 만드셨어야 하지 않겠습니까? 모든 인간의 얼굴을 만들어 내셨던 분이, 자기 자신이기도 했던 그 사람의 모습을 닮은 환영 하나도 제대로 못 만들 만큼 그렇게 일에 서투르신 분이란 말입니까?

복음서 기록들을 읽을 때 우리가 경외심에 떨게 되는 곳이 바로 이 지점입니다. 만일 그 이야기가 거짓이라면, 어쨌거나 이는 우리의 기대를 훨씬 뛰어넘는 기이한 이야기, 그간 철학적 '종교'나 심령학이나 대중적 미신 등에서 만나 본 것과 전혀 다른 무엇입니다. 또 만일 그 이야기가 참이라면, 이는 곧 우주 안에 전혀 새로운 존재 양식이 생겨났음을 의미합니다.

이 새로운 존재 양식이었던 예수님의 부활한 몸은 그분의 친구들이 십자가 사건 전에 알았던 몸과 유사하면서도 동시에 상이했습니다. 부활한 몸은 공간과, 또 아마도 시간과도 이전과 다른 방식으로 관계 맺고 있는 몸이었지만, 그렇다고 공간이나 시간과 전혀 무관한 몸도 결코 아니었습니다. 그 몸은 음식을 먹는 것 같은 동물적 행위도 수행할 수 있었습니다. 그 몸은 현 세계의 물질과 관계 맺고 있는 몸이라, 사람들이 그 몸을 만질 수도 있었습니다. 물론 처음에는 "만지지 말라"는 말씀도 있었지만 말입니다. 또 그 몸은 부활의 첫 순간을 기점으로 앞 선 역사를 가진 몸이었고, 또한 얼마 후면 달라질, 혹은 어딘가로 가게 될 예정의 몸이었습니다. 이것이 바로 승천 이야기가 부활 이야기와 따로 분리될 수 없는 이유입니다. 모든 기록은 그 부활한 몸의 현현 사건에 끝이 있었음을 시사합니다. 어떤 기록은 그분의 죽음 후 약 6주 정도가 지났을 때 돌연히 그 끝이 왔다고 묘사합니다. 그런데 그 돌연한 종결을 묘사하는 기록들은 성경의 어떤 부분보다도 현대인의 지성에 큰 걸림돌이 됩니다. 왜냐하면 그 묘사를 보면, 앞서 제가 그리스도인들이 꼭 가져야 하는 것은 아니라고 말한 바 있는 원시적이고 조야한 생각들이 다 들어 있는 것처럼 보이기 때문입니다. 즉 기구氣球처럼 하늘 위로 올라가는 것이나, 천국을 어떤 장소로 보는 것, 성부 하나님의 보좌 오른쪽에 화려한 의자가 놓여 있다는 것 등 말입니다. 마가는 말합니다. "하늘sky(ouranos)로 올려지사 하나님 우편에 앉으시니라."[6] 사도행전의 저자도 말합니다. "그들이 보는데 올려져 가시니 구름이 그를 가리어 보이지 않게 하더라."[7]

---

6) 마가복음 16장 19절.
7) 사도행전 1장 9절.

이 당혹스런 구절들을 제거해 버리고 싶다면, 사실 그렇게 할 방도가 있긴 합니다. 마가복음의 구절은 아마 마가복음 최초 텍스트에는 들어 있지 않았던 것으로 보입니다. 그리고 승천은, 비록 신약성경 전체에 걸쳐 함축되어 있는 주제이긴 하지만, 오직 여기 두 곳에서만 그런 식으로 묘사되어 있다는 사실도 덧붙여 말할 수 있습니다. 그렇다면 이 승천 이야기를 그저 제거해 버릴 수 있는 것일까요? 답은, 만일 우리가 그 부활 현현 이야기를 단순히 유령이나 환영이 출현한 이야기로 보는 한에서는 그렇게 할 수 있다는 것입니다. 왜냐하면 유령이란 그냥 사라져 버릴 수 있는 것이지만, [몸을 가진] 객관적 실체는 [그냥 사라지는 것이 아니라] 반드시 어디 다른 장소로 갈 수밖에 없기 때문입니다. 다시 말해, 아무튼 무슨 일인가가 그 실체에 일어나야만 하는 것입니다. 그 부활한 몸이 실은 객관적 실체가 아니었다고 말할 수 있으려면, (그리스도인이든 아니든) 우리 모두는 그 시체가 사라진 사실에 대해 어떤 식으로든 설명할 수 있어야 합니다. 그리고 그리스도인이라면, 하나님이 보내셨다는 혹은 허락하셨다는 그 '환상vision' 혹은 '유령'이 행했다는 행동이 왜 거의 전부, 제자들에게 자신은 환상이나 유령이 아니라 정말로 몸을 가진 존재임을 보여 주려는 듯했던 행동이었는지를 설명할 수 있어야 합니다. 만일 그것이 환상이었다면 이는 실로 미증유의 환상, 사람의 눈을 완벽히 속인 환상이었을 것입니다. 그렇지 않고 만일 사실이었다면, 그 부활의 몸이 나타나기를 그쳤다는 것은 곧 무

슨 일인가가 일어났음을 의미한다고 생각해야 합니다. 이렇게 무언
가 다른 것을 대신 그 자리에 두지 않는 한 결코 승천을 제거해 버
릴 수는 없습니다.

기록들은 그리스도께서 죽음 후에 순전히―소극적 의미에서
의―'영적인' 존재 양식 속으로나 현재 우리가 아는 이 '자연적' 삶
속으로가 아니라, (유례를 찾아볼 수 없는 일로서) 어떤 고유한, 새로
운 '자연(성질)Nature'의 삶 속으로 들어가신 것으로 그립니다. 또
그 기록들은 6주 후 그분이 또 다른 존재 양식 속으로 돌아가신 것
으로 그립니다. 그 기록들―그분―에 따르면 그분이 가신 것은
'우리가 있을 곳을 마련해 주기 위한' 것입니다.[8] 아마 이 말은, 그
분께서는 그분 자신의 영화된 인성glorified humanity이 거할, 또
그분 안에서 우리가 거할 환경(혹은 조건들)이 될 새로운 '자연'을
창조하신다는 의미일 것입니다. 이런 그림은 우리가 전혀 생각하지
못했던 무엇입니다. 물론 그렇다고 해서 개연성이나 철학성이 높아
지는 것인지, 아니면 낮아지는 것인지는 별도의 문제이지만, 아무
튼 그렇습니다. 이는 모든 자연을 벗어나 어떤 무조건적인, 전적으
로 초월적인 삶 속으로 도피해 들어가는 그런 그림이 아닙니다. 이
는 새로운 인간성human nature이, 새로운 '자연Nature' 일반이 창
조되는 그런 그림입니다. 물론 그 부활한 몸은 우리가 지금 아는 이

---

8) 요한복음 14장 2절 참조.

런 필멸의 몸과 극도로 다른 것이라고 믿어야 합니다. 그러나 어쨌거나 '몸'이라는 말로 묘사될 수 있는 것이라면, 그것의 실존은 아무튼 모종의 공간적 관계를, 더 나아가 결국 어떤 새로운 우주 전체를 수반하는 실존일 수밖에 없습니다. 이는 무언가를 폐기하는 unmaking 그림이 아니라, 무언가를 새롭게 다시 만드는remaking 그림입니다. 공간, 시간, 물질, 감각 등으로 이루어진 옛 밭에, 잡초도 뽑고 일구고 씨 뿌려 새로운 농사를 짓는 것입니다. 우리는 이 옛 밭을 지겨워할지 모르지만, 하나님은 그렇지 않습니다.

이 새로운 자연New Nature이 빛을 발하기 시작하는 방식을 보면 옛 자연Old Nature의 습관과 어떤 유사성이 발견됩니다. 현재의 이 자연을 보면, 어떤 일이 일어나기 전에 먼저 그 일이 예기되곤 합니다. 자연은 '새벽이 온 줄로 착각하게 만드는 빛false dawns', 전조前兆 같은 것을 일으키길 좋아합니다. 앞에서도 말씀드렸다시피, 그래서 어떤 꽃들은 진짜 봄이 오기 전부터 미리 피고, (진화론자들의 주장이 옳다면) 진짜 인간이 출현하기 전에 먼저 준인간들sub-men이 출현했습니다. 마찬가지로 복음이 오기 전에 먼저 율법이 있었고, 하나님이 하나님께 바치는 그 위대한 희생제사 전에 먼저 그 전조로 동물 제사가 있었으며, 메시아가 오기 전에 먼저 세례 요한이 있었고, 부활 사건 전에 먼저 여러 '새 창조의 기적들'이 있었던 것입니다. 그리스도께서 물 위에서 걸으신 일이나 그분께서 죽은 나사로를 살리신 일 등은 바로 이런 '새 창조의 기적'에 속하는 일입니다. 두 경우 모두, 앞으로 나타날 '새로운 자연'이 어떤 것일지를 미리 암시해 주는 역할을 합니다.

물 위를 걸으신 기적에서 영과 자연의 관계가 개조되어 영이 원하는 일을 무엇이든 자연이 따르는 모습을 봅니다. 물론 자연이 행하는 이러한 새로운 순종은 영이, 영들의 아버지이신 분께 행하는 순종과 분리할 수 없고, 실은 이런 분리는 생각조차 할 수 없는 일입니다. 그러한 단서가 없다면 자연이 행하는 그런 순종은, 만약 가능하다 치더라도 혼돈chaos만 낳을 것입니다. 마법이 꾸는 사악한 꿈은 이렇게 유한한 영이 대가도 지불하지 않고서 그러한 힘을 얻고 싶어 하는 욕망에서 비롯하는 것입니다. 사실 지금 이 순간도 (마법의 아들이자 계승자라 할 수 있는) 무법적 응용과학이라는 악한 실재가 자연의 상당 부분을 무질서와 불모 상태로 몰아가고 있습니다. 영들이 그들의 원천인 존재에게 전적으로 순종한다는 전제하에서, 자연이 그런 영들에게 순종하는 자연이 되려면 얼마나 근본적인 개조를 받아야 하는지에 대해서는 저는 모릅니다. 그러나 적어도 한 가지 정도는 분명히 말할 수 있습니다. 만일 우리가 정말 자연의 소산에 불과한 존재가 아니라 영들인 것이 사실이라면, 지금 현재도 분명, 창조물 영created spirit이 어떤 조작이나 기술을 통해서가 아니라 그저 원하는 것만으로도 물질에 어떤 효과를 일으킬 수 있는 지점이 있을 것입니다(아마 우리의 뇌가 그런 지점일 것입니다). 만일 여러분이 말하는 마법이 바로 이런 것이라면, 마법은 실은 여러분이 자신의 손을 움직이는 매 순간, 또 어떤 생각을 하는 매 순간, 지금도 나타나고 있는 실재입니다. 그리고 자연은, 우리가 앞서 살펴본 것처럼, 이런 식으로 섬길 때 파괴되는 것이 아니라 오히려 완성에 이릅니다.

나사로가 다시 살아난 일은 그리스도께서 부활하신 일과는 다른 일입니다. 왜냐하면 우리가 아는 한 나사로는 새롭고 더 영광스러운 실존 양식으로 끌어올림 받은 것이 아니라, 단지 그가 전에 살았던 같은 종류의 삶으로 돌아간 것에 불과하기 때문입니다. 그 기적의 적합성은 일반 부활general resurrection 때 모든 사람을 다시 살리실 그분께서 여기서는 그 일을 바로 가까이서 작게 그리고 열등한—예기에 불과한—방식으로 행하고 계시다는 사실에 있습니다. 나사로의 단순한 회복은 새 인류New Humanity의 **영광스러운** 부활에 비하면, 마치 돌 항아리가 싱싱하고 푸른 포도나무에 비해 그렇듯이, 보리떡 다섯 덩어리가 추수를 기다리며 황금빛 곡물로 넘실대는 비옥한 들판에 비해 그렇듯이, 영광의 광채에 있어서 열등한 것입니다. 나사로의 소생은 우리가 볼 수 있는 한 단순한 역전逆轉 사건에 불과합니다. 즉 우리가 늘 경험해 온 바와 정반대되는 방향으로 일련의 변화가 일어난 것입니다. 죽음이 오면, 지금껏 유기물 상태였던 물질은 비유기물 상태로 해체되기 시작하고, 마침내 뿔뿔이 흩어져서 다른 유기물들에게 (그 일부가) 사용되기에 이릅니다. 나사로의 소생은 그 정반대되는 과정이 일어난 일이었습니다.

일반 부활 때는 그러한 과정이 전 우주적으로 일어날 것입니다. 즉 영들의 부름에 물질이 순식간에 몰려와 조직화되는 일이 일어날 것입니다. 이 일을, 각각의 영이 자신이 전에 지배했던 특정 물질 단위들을 다시 되찾게 되는 거라고 생각하는 것은 (그렇게 말하는 성경 구절도 없거니와) 어리석은 공상입니다. 무엇보다 그 물질 단위들은 모두에게 골고루 돌아갈 수 없습니다. 우리는 지금 다 재고품을 입고 사는 것으로, 내 턱을 이루는 원자 중에도 틀림없이 전에 여러 다른 사람이나 강아지나 뱀장어나 혹은 공룡의 몸을 이루었던 원자들이 있을 것이기 때문입니다. 지금 이 현세에서도 우리 몸의 통일성은 어떤 동일한 분자들을 계속 보유하는 것으로 이루어지지 않습니다. 형태는 같은 모습으로 유지되고 있다 하더라도, 실은 내 몸을 이루는 물질들은 끊임없이 변하고 있기 때문입니다. 그런 점에서, 나는 폭포의 떨어지는 물이 만드는 만곡부curve와 같다고 할 수 있겠습니다.

그러나 나사로의 기적은, 물론 일면으로는 예기적인 것에 불과하지만 어쨌거나 분명 새 창조에 속하는 기적입니다. 왜냐하면 현상status quo으로 되돌아가는 일만큼 옛 자연이 절대 허락하지 않는 일도 또 없기 때문입니다. '죽음과 재생' 패턴은 결코 어떤 개체 유기체를 이전 상태로 회복시키는 법이 없습니다. 마찬가지로 과학자들에 따르면, 비유기체 수준에서도 자연은 일단 무질서가 일어난 곳에서는 질서를 다시 회복시키는 법이 없습니다. "자연은 한 번

뒤섞은 카드를 다시 원상 복귀시키는 법이 없다"고 에딩턴 경은 말합니다. 이렇게, 지금 우리가 살고 있는 이 우주에서는 유기체들이 점점 더 무질서해져만 갈 뿐입니다. 이러한 법칙들, 즉 역전시킬 수 없는 죽음과 역전시킬 수 없는 엔트로피entropy[9] 사이에 걸쳐 있는 법칙들이 바로 바울 사도가 말한 바 있는, 자연의 '허무vanity'—자연의 허망함, 퇴락함—의 거의 전부를 포함합니다.[10] 한번 지나간 일은 결코 되돌려지지 않습니다. 시간이 흐르는 방향도 이러한 무질서 점증 운동에 의해 결정된다고도 할 수 있을 정도입니다. 우리는 가히 미래를, 현재 살아 있는 것이 죽는 때, 현재 남아 있는 질서가 감소되는 때라고 정의할 수 있을 정도입니다.

그러나 엔트로피는 그 성격 자체가 지금 이 자연에서는 보편적인 법칙일지 몰라도 절대적으로 보편적인 법칙일 수는 없다는 사실을 알려 줍니다. 생각해 보십시오. 가령 지금 여러분이 "험프티 덤프티Humpty Dumpty[11]가 떨어지고 있다"라는 말을 들을 때, 이것이 이야기의 전부가 아니라는 사실을 즉각 압니다. 여러분이 들은 그 장에는, 험프티 덤프티가 땅바닥까지 완전히 떨어지는 그 이후

........................................

9) 열의 이동과 더불어 유효하게 이용할 수 있는 에너지의 감소 정도나 무효無效 에너지의 증가 정도를 나타내는 양.
10) 로마서 8장 20절 참조.
11) 동요에 나오는 커다란 계란 모양의 땅딸보 인물. "험프티 덤프티 담 위에 앉았다가 / 험프티 덤프티 담 아래 떨어졌네 / 임금님 말도, 임금님 신하도 / 험프티 덤프티를 고치지 못했네."

장과, 그가 담장 위에 앉아 있던 그 이전 장이 내포되어 있습니다. 자연이 '다해 가고 있다running down'는 것이 이야기의 전부일 수는 없습니다. 시계의 태엽이 다 풀려 간다는 것은 먼저 그 태엽이 감겼던 일이 있었기 때문에 가능한 일입니다. 험프티 덤프티가, 한 번도 존재해 본 적도 없는 어떤 담장 위에서 떨어질 수는 없는 노릇입니다. 질서를 붕괴시키고 있는 어떤 자연이 실재의 전체라면, 그 자연은 대체 어디서 붕괴시킬 질서를 발견한단 말입니까? 어쨌든 분명한 것은, 우리가 지금 보고 있는 것과 정반대 방향의 과정이 진행되었던 어떤 때가 있었다는 것입니다. 기독교의 주장은 그러한 날들이 영원히 사라져 버린 것은 아니라는 것입니다. 험프티 덤프티는 언젠가 다시 담장 위에 앉혀질 것입니다. 최소한, 죽었던 것이 다시 생명을 되찾게 될 거라는 의미에서, 어쩌면 비유기체적 우주에 다시 질서가 회복될 것이라는 의미에서도 그렇게 될 수도 있습니다. 험프티 덤프티가 ([하나님의] 영원하신 팔이 낙하 중간지점에서 그것을 계속 붙들고 있기에) 결코 땅에 완전히 떨어지지는 않게 되거나, 아니면 땅에 떨어지더라도 다시 조립되어 새롭고 더 나은 담장 위에 다시 올려지거나, 둘 중의 하나가 일어날 것입니다. 물론 과학은 '험프티 덤프티를 재조립'해 줄 '왕의 기마병들'을 발견하지 못할 것입니다. 그러나 여러분은 과학이 그런 것을 발견할 수 있으리라고 처음부터 기대하지 않는 편이 좋습니다. 왜냐하면 과학이란 관찰에 기초하는 것인데, 우리가 관찰할 수 있는 것이란 공중에 떨어지고 있는 중인 험프티 덤프티가 전부이기 때문입니다. 과학의 관찰은 그 위에 있는 담장이나 그 아래 있는 땅바닥에는 미치지 못합니다. 기마병을 대동하고 그 지점으로 황급히 달려오고 있는 그 왕을 과학이 보지 못하는 것은 당연합니다.

예수님의 변모 혹은 '변형Metamorphosis' 사건 역시 의심할 여지 없이 앞으로 다가올 무언가를 예기적으로 잠깐 보여 준 사건이었습니다. 그 사건에서 그분은 오래 전에 죽은 두 사람과 함께 대화를 나누셨습니다. 또 그분의 인간 모습이 변모되었는데, 광채 나는, '빛나도록 새하얀' 모습으로 변모되었다고 묘사되고 있습니다. 계시록 서두도 마찬가지로 그분의 현현 모습을 새하얗다고 묘사하고 있습니다. 한 가지 다소 기이한 세부묘사가 등장하는데, 그분의 이러한 광채 혹은 순백성이 그분의 몸뿐 아니라 그분의 옷에도 영향을 주었다는 묘사입니다. 마가는 예수님의 얼굴보다 오히려 예수님의 옷에 대해 자세히 언급하고 있으며, 또 마가 특유의 천진난만한 표현법으로, '어떤 빨래꾼이라도 그렇게 희게 할 수 없을 만큼 새하얗게 빛났다'는 말을 덧붙이고 있습니다.[12] 이 사건은 그 자체로만 보자면 '환상'— 신적인 기원을 가졌고 어떤 중대한 진리를 계시해 주는 경험일 수는 있지만, 그러나 어쨌든 객관적으로 말하자면 그 외양과 실재가 다른 경험—의 특징을 모두 지니고 있습니다. 그러

.........................................
12) 마가복음 9장 3절 참조.

나 '환상'(혹은 거룩한 환각) 이론이 앞서 예수님의 부활 현현 사건을 설명해 주지 못했던 것처럼, 여기서도 그 이론을 도입하는 것은 가설만 배가시킬 뿐입니다. 우리는 이 사건이 새 창조의 어떤 국면 내지 특징을 가리키는 것인지 알지 못합니다. 이 사건은 그리스도의 인성이 그 역사(그리스도의 인성도 인성으로서 분명 역사가 있을 것이므로)의 어떤 국면에서 받게 될 특별한 영광을 계시해 주는 것일 수도 있고, 혹은 그 인성이 새 창조 안에서 늘 가지고 있는 영광을 계시해 주는 것일 수도 있습니다. 아니, 어쩌면 부활하는 모든 사람이 얻게 될 영광을 계시해 주는 것일 수도 있습니다. 우리는 다만 알지 못합니다.

우리가 '새로운 자연'에 대해 아는 것이 거의 없다는 사실은 거듭 강조될 필요가 있습니다. 여기서 상상력의 임무는 '새로운 자연'이 어떤 것일지 예측하는 것이 아니라, 그저 많은 가능성을 놓고 곰곰이 생각해 봄으로써, 우리가 좀더 온전하고 신중한 불가지론을 가질 수 있게끔 해 주는 것입니다. 만일 우리의 감각이 지금과 다른 진동들에 반응하게 된다면 우리는 전혀 새로운 경험 세계에 들어가게 될 것이라는 것, 또 다차원적 우주공간은 우리가 현재 알고 있는 이 우주와 거의 못 알아볼 정도로 다를 수도 있지만, 그러나 이 우주와 전혀 불연속적인 것은 아닐 것이라는 것, 또 시간이 지금처럼 늘 단선적이고 불개변적인 것이 아니게 될 수도 있다는 것, 또 자연의 어떤 부분들이 언젠가는 지금 우리의 대뇌피질이 그렇듯 우리에게 순종하게 될 수도 있을 것이라는 것 등을 생각하면 도움이 됩니다. 이런 생각이 도움 되는 것은, 이런 공상이 새 창조에 대해 어떤 적극적인 진리들을 말해 준다고 믿기 때문이 아니라, 그런 공상은 아직 이 옛 밭이 생산하지 못한 새로운 농작물의 생장력과 다양성에 대해 성급한 제한을 두지 않게끔 우리를 훈련시켜 주기 때문입니다. 따라서 우리가 새 창조에 대해 듣는 말은 거의 전부가 은유적이라고 생각하긴 해야 합니다. 그러나 전부 다 그런 것은 아닙니다. 바로 여기가 부활 이야기가 돌연 우리를 뒤에서 잡아당겨 제어하는 지점입니다. 부활 이야기가 말하는 지역적 현현, 음식 섭취, 신체적 접촉, 육체를 가졌다는 주장 등은 실재이거나 아니면 순전한 환영이거나 둘 중 하나일 뿐이기 때문입니다. 여기서 '새로운 자연'은 최고로 복잡한 의미에서, '옛 자연'과 여러 지점에서 상호 연동하고 있다는 것을 알게 됩니다. '새로운 자연'은 전혀 새로운 것이기에 대부분의 경우는 은유적으로 생각해야만 합니다. 그러나 그것은 또 '옛 자연'과 부분적으로 상호 연동하고도 있기에, 그것에 대한 어떤 사실은 문자적, 사실적 의미 그대로 우리의 현재 경험 속으로 뚫고 들어오기도 합니다. 가령 유기체에 대한 어떤 사실들이 비유기체적인 사실들이고, 고체에 대한 어떤 사실들이 일차 기하학적인 사실들이듯이 말입니다.

이런 이야기와 별도로, 실은 '새로운 자연'이라는 말 자체, 즉 이 자연 너머 또 다른 자연이 있을 수 있다는 생각, 우리의 현 오감의 세계와의 관계에서는 '초자연적'이지만 그 자신의 관점에서는 '자연적'인 어떤 체계적이고 다양화된 실재가 있을 수 있다는 생각 자체에서 이미 큰 충격을 받습니다. 이는 지금 우리 모두가 사로잡혀 있는 어떤 철학적 선입견 때문인데, 이 뿌리에 칸트가 있다고 저는 생각합니다. 이 문제는 이런 식으로 표현해 볼 수 있습니다. 우리는 일 층만 가진 실재나, 혹은 두 개의 층을 가진 실재는 믿을 준비가 되어 있습니다. 그러나 두 개 이상 여러 층을 가진 실재는 믿을 준비가 되어 있지 않습니다. 다시 말하자면, 한편으로 우리는 자연주의자들이 믿는 그런 종류의 실재에 대해서는 준비가 되어 있습니다. 즉 실재는 일 층만을 가졌다는, 現現 자연이 존재하는 모든 것이라는 생각에 대해서는 말입니다. 그러나 또 한편으로 우리는 '종교'가 말하는 그런 실재에 대해서도 준비되어 있습니다. 즉 일 층(자연)이 있고 그 위에 또 다른 층이 하나(만) 더 있는 실재 말입니다. 이때 그 이 층이란 영원하고 무공간적이고 무시간적이고 영적인 무엇으로서, 그것에 대해 어떠한 이미지도 가질 수 없으며, 혹 그것이 인간 의식에 자신을 나타내는 경우가 있더라도, 그것은 우리의 모든 사고 범주를 깨뜨리는 어떤 신비적 경험 속에서만 그렇게 할 뿐입니다. 그런데 우리는, 이 둘 사이에 뭐가 더 있을 수 있다는 생각에 대해서는 전혀 준비가 되어 있지 않습니다. 즉 우리의 현 경험 세계 바로 너머에는 전혀 아무것도 없는 것이든지, 아니면 어떤 미분화된 영성의 끝없는 심연, 어떤 무조건적 세계, 어떤 절대적 세계가 있는 것이든지, 둘 중 하나일 뿐이라고 은연중 확신합니다. 이것이 바로 많은 이들이 하나님은 믿으면서도 천사들이나 천사의 세계는 믿지 못하는 이유입니다. 이것이 바로 기독교보다 범신론이 인기 있는 이유이며, 많은 이들이 기적이 빠진 기독교를 원하는 이유입니다. 지금으로선 이해할 수 없지만, 저도 예전에는 얼마나 열정적 확신으로 이런 편견을 끝까지 수호하려 애썼는지 잘 기억하고 있습니다. 저는 무조건적 세계와 우리의 현 감각으로 드러나는 이 세계 사이에 어떤 중간층들이 있다는 식으로 말하는 것은 무엇이든 싸잡아서 '신화'로 치부해 버렸습니다.

그러나 실재는 두 층 이상일 수 없다는 이 도그마는 이성적 근거를 찾기가 대단히 어렵습니다. 하나님은 한 가지 이상의 체계는 창조하신 적이 없고, 또 앞으로도 창조하지 않으실 것이라는 주장은 본질적으로 입증될 수 없는 주장일 뿐입니다. 각각의 자연은 다른 자연들과의 관계에서 모두 최소한 자연 외적인extra-natural 것이고, 만일 어떤 자연이 어떤 다른 자연보다 더 구체적이고, 더 항구적이고, 더 탁월하고, 더 풍성한 것이라면, 그 자연은 다른 자연에 대해서 초자연적인 것일 것입니다. 또 서로 부분적 접촉이 있다 해도, 그 자연들 각각은 자신의 구별성을 잃지 않을 것입니다. 이런 식으로 자연들 위에 자연들이, 하나님이 원하시는 높이만큼 얼마든지 층층이 쌓여 있는 것일 수 있습니다. 각각의 자연은 자기 아래 있는 자연에 대해서는 초자연적인 것이, 또 자기 위에 있는 자연에 대해서는 하부 자연적인sub-natural 것이 되면서 말입니다. 그런데 기독교 가르침을 가만 보면, 실제로는 이것보다 훨씬 더 복잡한 상황에서 살고 있다는 것을 알 수 있습니다. 어떤 새로운 자연이 만들어지고 있는 중일 뿐 아니라, 지금 그 새로운 자연은 옛 자연을 재료로 해서 만들어지고 있는 중입니다. 즉 지금 우리는 어떤 재건축 중인 집의 모든 변칙성, 불편, 희망 그리고 흥분의 와중에서 살고 있는 것입니다. 무언가가 헐리고 있고 그 자리에 다른 무언가가 세워지고 있는 중입니다.

중간층을 받아들인다고 해서—기독교 이야기를 참으로 여긴다면, 우리는 이를 받아들이지 않을 수 없습니다—꼭대기 층에 대한 영적 이해를 잃어버리는 것은 결코 아닙니다. 모든 세계 너머, 모든 조건, 모든 상상, 모든 추론적 사고를 뛰어넘는 곳에, 어떤 궁극적 사실the ultimate Fact이, 다른 모든 사실성의 원천인 그 무엇이, 즉 하나님 생명Divine Life이라는 불꽃 같은 무차원적 심연이 영원히 자리하고 있을 것이 분명합니다. 엄밀하게 말하자면, 그리스도의 영원한 아들되심Sonship 안에서 그 생명과 연합하는 일 외에 달리 우리에게 또 중요한 일이란 있을 수 없다는 것이 분명합니다. 그리고 여러분이 말하는 **천국**Heaven이 바로 **이런 것**을 가리킨다면 그때는 정말로, 그리스도의 신성divine Nature은 결코 천국을 떠난 적이 없다고, 따라서 그리로 다시 돌아간 적도 없다고 말해야 합니다. 그분의 인성은 승천 사건 때가 아니라 매 순간 천국으로 승천하신 것으로 보아야 합니다. 이런 의미에서라면 저는 영적 해석주의 자들spiritualizers의 말 중 어느 하나도 반박할 용의가 전혀 없으며, 이런 점에서 결코 저에 대한 오해가 없기를 바랍니다. 그러나 그렇다 하더라도, 또 생각해야 할 다른 진리들이 없는 것은 아닙니다. 은유적 의미에서가 아니라면 그리스도가 '하나님 우편에' 계실 수 없다고 저는 생각하고, 또 주장하는 바입니다. 그리고 그 영원한 말씀Eternal Word이신, 삼위일체의 두 번째 위Person께서는 어떤 장소에 국한될 수도, 국한되어 본 적도 없다고 생각하며 또 주장하는 바입니다. [그분이 어떤 장소에 존재하는 것이 아니라] 실은 모든 장소가 그분 안에 존재하는 것이기 때문입니다. 그러나 성경의 기록은 영화롭게 되신, 그러나 여전히 어떤 의미에서 육체를 가지신 그리스도께서 십자가 사건 이후로 약 6주가 지난 어느 날 어떤 다른 존재 양식 속으로 들어가셨다고 말합니다. 또 성경은 그분이 우리를 위해 '장소를 예비하러' 가셨다고 말하기도 합니다. 그분이 하나님의 오른편에 앉으셨다고 말하는 마가의 진술은 은유로 여겨야만 합니다. 마가 자신에게도 그것은 시편 110편에서 가져온 시적 표현이었습니다. 그러나 그리스도의 형체holy Shape가 어느 날 하늘 위로 올라가 사라졌다는 진술의 경우는 그런 식으로 다룰 수 없습니다.

여기에서 우리를 곤혹케 하는 것은 단순히 그 진술 자체가 아니라, 그 저자가 말하려고 했던(혹은 말하려고 했다고 우리가 생각하는)

의미입니다. 여러 자연, 즉 여러 존재 수준levels of being이 존재하며 그것들은 서로 구별되면서도 서로 완전히 불연속적인 것이 아니라면, 또 그리스도는 그 자연 중 하나에서 어느 다른 자연으로 옮겨가신 것이며, 그분이 그렇게 이 자연에서 물러가신 것이 실은 그분이 그 다른 자연을 창조하신 일의 첫걸음이었다면, 우리는 목격자들이 어떤 광경을 목격했을 것으로 기대해야 하는 것일까요? 만약 그리스도가 순식간에 사라져 버렸다고 말했다면 우리 마음이 훨씬 편했을 것입니다. 지각할 수 있는 것과 지각할 수 없는 것 사이에 돌연한 끊김이 있다는 것이, 무슨 이음매 같은 것이 있다는 말보다 받아들이기에 훨씬 더 쉬웠을 것입니다. 그런데 그 목격자들의 말이, 처음에는 잠시 수직상승하는 움직임이 있었고 그 다음엔 모호한 발광체(그리스도의 변모 사건에서 확인할 수 있듯, 여기서도 '구름'은 아마 이것을 말하는 것일 것입니다)가 보였고, 그 다음엔 아무것도 보이지 않게 되었다는 것인데, 우리가 이 이야기를 문제 삼을 이유가 있을까요? 물론 지구의 중심부로부터 점점 멀어진다는 것 **자체가** 힘이나 지복beatitude의 증가를 의미하는 것은 아니라는 사실을 잘 알고 있습니다. 그러나 이것은 다만, 그런 움직임이 그런 영적인 사건들과 연결되어 있지 않을 경우, 왜 **그 경우에는** 그 둘이 서로 무관한지를 설명해 주는 말일 뿐입니다.

움직이는 이 지구가 순간 점유했던 어떤 지점으로부터 (한 방향을 제외하고, 어느 방향으로든) 멀어지는 움직임은 분명 우리가 보기에는 '위로 올라가는' 움직임일 수밖에 없습니다. 그리스도가 새로운 '자연'으로 옮아가신 일은, 그분이 떠나시는 '자연' 내에 그런 식의 움직임을 수반하는 일일 수 없다고, 혹은 여하한의 움직임도 수반하는 일일 수 없다고 말하는 것은 심한 독단일 뿐입니다. 무릇, 이동이 있는 곳에는 떠남이 있기 마련이고, 떠남은 그 여행자가 떠나고 있는 그 지역에서 어떤 사건의 형태를 취할 수밖에 없습니다. 이 모두는, 승천하시는 그리스도가 어떤 삼차원적 공간 내에 계시다고 가정해 놓고 보더라도 맞는 말입니다. 그리스도의 몸이 우리가 아는 종류의 몸이 아니며, 그 공간도 우리가 아는 종류의 공간이 아니라고 한다면, 더더욱 전적으로 새로운 이 사건의 목격자들에 대해 그들은 이러저러한 것을 보았어야(혹은 보았다고 느꼈어야) 한다고, 혹은 보았을 수 없다고 왈가왈부할 자격이 없습니다. 물론 현재 우리가 아는 대로의 인간 몸은 현재 우리가 아는 대로의 성간星間 우주공간에 존재할 수 없습니다. 그러나 그 승천은 어떤 '새로운 자연'에 속하는 일입니다. 지금 우리는 다만, '옛 자연'과 새 자연 사이의 '이음매'가, 그 전이轉移의 찰나가 목격자들에게 어떤 모습으로 보였는지에 대해 이야기하는 것일 뿐입니다.

그러나 우리를 정말로 곤혹스럽게 하는 것은, 우리야 그들의 진술을 어떻게 받아들이든, 우리가 확신하기로 신약성경의 기자들은 분명 무언가 상당히 다른 의미로 그런 진술을 했다는 것입니다. 우리는, 그들이 분명 자신들의 스승은 지금 어떤 지역적 '천국'을 향해 출발하셨다고 생각했던 것이라고 확신합니다. 하나님이 보좌에 앉아 계시고 그 옆에 그들의 스승이 앉을 또 다른 보좌가 준비되어 있는 장소를 향해 말입니다. 그런데 저 역시 어떤 의미에서는 그들이 생각한 것은 바로 그런 것이었다고 믿습니다. 그리고 저는, 그들이 실제 본 것이 무엇이었든지 (그런 순간에 감각적 지각이 혼란을 겪었을 것은 충분히 가능한 일입니다) 후에 그것을 수직상승 움직임으로 기억하게 된 주된 이유도 바로 여기 있을 것이라고 믿습니다. 그런데 우리가 결코 해서는 안 되는 말이 있습니다. 그것은, 그 목격자들이 지역적 의미의 '천국', 즉 하늘에 있는 보좌나 방 같은 것을, 그들이 하나님, 최상의 능력, 지복 등과의 연합으로서의 '영적인' 천국과 '혼동했다'고 말하는 것입니다. 이 장 전체에 걸쳐 우리는 천국이라는 말의 다양한 의미를 하나씩 구별해 왔습니다. 여기서 다시 한 번 일목요연하게 정리해 보면 좋을 것입니다. 천국에는 다음 네 가지 의미가 있다고 볼 수 있습니다.

(1) 모든 세상을 넘어서 있는 무조건적 하나님 생명Divine Life.

(2) 그 생명 안으로의, 창조물 영created spirit의 복된 참여.

(3) 구속받은 인간 영들이 여전히 인성을 유지한 채, 그러한 참여를 완전히 또 영원히 누리게 되는 곳인 '자연', 즉 체계적 조건들.

(4) 물리적 하늘, 즉 지구가 움직이고 있는 공간.

이러한 의미를 구별하고 분명히 구분지어 생각할 수 있는 것은 우리가 특별히 영적으로 순수해서가 아니라, 다만 수세기에 걸친 논리적 분석 작업의 상속자들이기 때문입니다. 다시 말해, 우리가 아브라함의 자손이라서 그런 것이 아니라 아리스토텔레스의 자손 이라서 그런 것일 뿐입니다. 우리는 신약성경의 기자들이 세 번째 나 네 번째 의미의 천국을 첫 번째나 두 번째 의미의 천국과 혼동했 다고 가정해서는 안 됩니다. 1파운드를 6펜스와 혼동할 수 있으려 면 먼저 영국 화폐 체제를 알고 있어야 합니다. 즉 그 둘이 서로 다 르다는 것을 먼저 알고 있어야 합니다. 신약성경 기자들이 가졌던 천국 사상 속에는 앞서 말한 네 가지 의미들이 다 같이 잠재되어 있었습니다. 후대에 분석을 통해 하나씩 명료화될 수 있는 형태로 말입니다. 그들은 파란 하늘만 따로 떼어 생각해 본 적도 없고, '영 적인' 천국만 따로 떼어 생각해 본 적도 없습니다. 파란 하늘을 올 려다볼 때, 그들은 빛과 열과 귀한 비가 내려오는 그곳이 하나님의 집이라고 추호의 의심 없이 믿었습니다. 그러나 또 한편으로 그러 한 천국으로 올라간다는 것은, 지금 우리가 말하는 그런 '영적인' 의미에서 '높아지는' 것임을 역시 추호의 의심 없이 믿었습니다. 진 정한, 또 유해한 문자주의 시대가 대두한 것은 훨씬 후대인 중세 시대와 17세기에 이르러서인데, 그 시기에는 의미들 간에 구별이 확고해졌고, 서로 분리된 개념을 잘못된 방식으로 억지로 재결합 하려고 했던 서툰 시도들이 있었습니다. 갈릴리 목자들이 승천 사 건에서, 자신들이 목격한 것을 본질적으로 불가시적인 영적 의미의 승천과 구별하지 못했다는 사실은, 그들이 영적이지 못하다는 것을 증명해 주는 것도, 그들이 실제로는 아무것도 본 것이 없음을 증명해 주는 것도 아닙니다. 정말로 '천국'이 하늘에 있다고 믿는 사람이라도, 그의 마음속에는, 펜대 한번 놀리는 것으로 손쉽게 그런 생각의 오류를 밝혀낼 수 있는 현대의 많은 논리학자들보다 오히려 천국에 대하여 훨씬 더 참되고 더 영적인 개념이 자리 잡고 있을 수 있습니다. 왜냐하면 성부 하나님의 뜻을 행하는 사람만이 참된 교리를 아는 것이기 때문입니다.[13] 그런 사람이라면 지복직관 the vision of God[14]에 대한 그의 개념 속에 설령 온갖 부적절한 화려한 물질적 이미지들이 들어 있더라도, 그것들은 전연 해가 되지 못하는데, 왜냐하면 거기서 그것들 자체가 중심이 아니기 때문입니다. 반대로, 순전히 관념적으로만 기독교를 받아들인 사람이라면, 그가 가진 개념 속에 그러한 이미지들이 말끔히 사라져 없다고 하더라도, 만일 그것들이 그렇게 쫓겨난 것이 순전히 논리적 비판적 사고를 통해서 그런 것이라면, 하등 유익한 것이 못 됩니다.

그러나 우리는 이보다 좀더 나아갈 필요가 있습니다. 지성적으로 단순한 사람들의 머릿속에, 그들이 아무리 영적인 사람이라도, 하나님과 천국과 파란 하늘에 대한 개념이 서로 뒤섞여 있는 것은

---

13) 요한복음 7장 17절 참조.
14) 문자적으로는 "하나님(의 얼굴)을 (마침내 직접) 뵙는 것." 구원의 최종 완성으로서의 천상의 행복을 가리키는 용어. 'Beatific Vision', 'Beatitude'라고도 한다.

결코 우연이 아닙니다. 생명을 가져오는 빛과 열은 정말 하늘에서 땅으로 내려옵니다. 허구가 아니라 사실이 그렇습니다. 하늘의 역할은 수태시키는 것, 땅의 역할은 출산하는 것이라고 빗대어 말하는 것은 지나치지 않은 한 건전한 유비입니다. 하늘의 거대한 돔은 우리가 감각을 통해 지각할 수 있는 모든 것 중에서 가장 무한을 닮았습니다. 그리고 하나님이 우주공간을 만드셨고, 그 공간에서 움직이는 세상을 만드셨으며, 우리 세상을 하늘로 뒤덮으셨고, 지금 우리가 가진 것과 같은 그러한 눈과 상상력을 우리에게 주셨다면, 이는 곧 그분도 하늘이 우리에게 무엇을 의미할지 이미 아셨다는 말이 됩니다. 그리고 그분이 만드신 것 중에 우연히 된 것은 아무것도 없다고 할 때, 그분이 아셨다는 말은 곧 그분이 의도하셨다는 말이 됩니다. 어쩌면 이것이, 자연이 창조된 주된 목적 중 하나라고 생각해 보는 것도 가능한 일입니다. 이것이 그리스도가 그런 식으로 사라지신 것이 인간 감각에 수직상승 움직임으로 받아들여진 주된 이유 중 하나일 수 있다고 생각해 보는 것은 더더욱 가능한 일입니다. (땅 속으로 사라진 것으로 받아들여졌다면, 완전히 다른 종교가 탄생했을 것입니다.) 하늘의 영적 상징성을, 그것이 상징이라는 사실에 대한 분석적 인식 없이 액면 그대로 받아들인 고대인들의 생각이 완전히 잘못된 것은 아닙니다. 어떤 면에서는 오히려 그들보다 지금 우리의 생각이 더 잘못됐다고 말할 수도 있습니다.

왜냐하면 우리는 그들과 정반대 되는 난관에 처해 있기 때문입니다. 모르긴 몰라도, 아마 현시대를 사는 그리스도인이라면 누구나 '천국'에 대해 듣는 두 가지 말을 조화시키는 일에 어려움을 느낄 것입니다. 한편으로 천국의 삶은 그리스도 안에 거하는 것, 하나님을 뵙는 것, 끝없는 찬미를 뜻한다는 말을 듣습니다. 그러나 또 한편으로 천국의 삶 역시 몸을 가지고 향유하는 삶bodily life이라는 말을 듣습니다. 우리가 현세에서 지복직관에 가장 가까이 다가간 것처럼 느껴질 때를 보면, 그 순간 우리 몸은 그런 일과 거의 무관한 것으로 느껴집니다. 또 영생을 (어떤 종류의 몸이든 하여간) 몸으로 향유하는 삶으로 생각해 보려 하면, 우리가 더 중요한 것이라고 느끼는 — 응당 그렇게 느껴야 합니다 — 신비적 접근과는 거리가 먼, 플라톤적 파라다이스나 헤스페리데스Hesperides[15]의 정원 같은 것을 막연히 떠올리기 십상입니다. 그러나 이러한 불일치성이 궁극적인 것이라 한다면, 하나님이 우리 영들을 자연계 질서 속에 들여놓으신 것 자체가 하나님의 실수라는 말이 되고, 이는 터무니없습니다. 우리는 그 불일치성이 실은 '새 창조'가 치유하게 될 무질서 중 하나라고 결론지어야 합니다. 몸이, 또 장소성locality이나 이동성locomotion이나 시간 같은 것이 지금 우리에게, 최고 경지의 영적 삶과는 무관한 것으로 느껴진다는 사실은 (우리가 우리 몸을

---

15) 그리스신화에 나오는 맑은 음성을 가진 처녀들. 헤라가 제우스와 결혼할 때 가이아에게서 받은 황금사과들이 열리는 나무를 지켰다.

'추잡한coarse' 것으로 생각할 수 있다는 사실도 그러하듯이) 사실 어떤 **증상**symptom입니다. 영과 자연이 우리 안에서 다투고 있는 것입니다. 우리가 앓고 있는 병은 바로 이것입니다. 이 병의 완전한 치유가 어떤 것일지는 지금으로서는 도무지 상상할 수 없습니다. 현재 우리는 다만 몇몇 어렴풋한 감지와 희미한 암시만을 가질 수 있을 뿐입니다. 성례聖禮, 위대한 시인들이 사용하는 감각적 이미지, 최상의 성애性愛, 자연에 대한 미적 체험 등에서 말입니다. 완전한 치유가 어떤 것일지는 현재 우리가 지각할 수 있는 범위를 완전히 벗어나 있습니다. 신비가들은 하나님을 관상contemplation하는 일에 있어서 감각들은 내쫓김 당하고 마는 그런 경지까지 도달했습니다. 그러나 이보다 더 나아간 경지, 신비가들도 곧 다시 내쫓기고 마는 그 경지까지 도달한 사람은 (제가 아는 한은) 여태 아무도 없습니다. 구속받은 인간이 장차 누리게 될 삶은 신비주의가 추측하게 해 주는 것보다 '더'—'덜'이 아니라—우리의 상상을 초월한 무엇입니다. 왜냐하면 그 삶은 반은 상상 가능한 것으로semi-imaginables 가득한 삶으로, 그런 것은 현재 우리로서는 그 근본 특성을 파괴하지 않는 한 받아들일 수 없기 때문입니다.

여태 언급되지 않았지만 분명 독자들 대부분이 궁금해 할 문제 하나를 이제 다룰 필요가 있습니다. 성경의, 또 기독교의 문자와 영the letter and spirit은 우리가 '새 창조'에서의 삶에 성생활이 포함된 것으로 생각하는 것을 금합니다. 그래서 우리의 상상력을 좁은 양자택일로 몰아넣어, '새 창조'에서의 우리 몸을, 거의 인간의 몸이 아닌 다른 몸으로 상상하거나, 아니면 영원히 성에 주리는 몸으로 우리가 상상하게 됩니다. 주림fast에 대해 말하자면, 우리의 사고방식은 마치 성행위가 최고의 육체적 쾌락이었다는 말을 듣고선 "그럼 그때 초콜릿을 먹었단 말이야"라고 묻는 꼬마아이의 사고방식과 같다고 할 수 있습니다. "아니"라는 대답을 들으면 꼬마아이는 초콜릿이 없는 것을 성sexuality의 주된 특징으로 여길 것입니다. 성적인 황홀경에 빠진 연인들이 초콜릿 따위는 전혀 안중에도 없는 이유는, 그들이 초콜릿보다 더 좋은 것을 하고 있기 때문이라고 아무리 그 아이에게 설명해 줘 본들 소용없습니다. 그 아이는 초콜릿은 알고 있습니다. 그러나 초콜릿을 무색케 하는 다른 무엇은 모르기 때문입니다. 지금 우리의 상황도 이와 같습니다. 성생활은 우리가 알고 있습니다. 그러나 희미한 암시 때를 제외하고는, 그것을 무색케 하는 천국의 다른 무엇은 모르고 있습니다. 그래서 충만fullness이 우리를 기다리고 있음에도 주림을 예상하는 것입니다. 물론, 지금 우리가 아는 성적인 삶이 지복의 삶의 일부가 되지 않을 것이라고 해서, 이것이 꼭 성의 구별 자체도 사라지게 된다는 말은 아닙니다. 생물학적 목적을 위해서는 더 이상 필요치 않은 것이라도, 영광splendor을 위해 계속 존재하게 될 수도 있습니다. 성은 동정virginity과 부부간 정절을 위한 도구이기도 합니다. 따라서 남자도 여자도, 그들이 승리를 거두는 데 사용했던 무기를 버리라는 요구는 받지 않게 될 것입니다. 패배자와 도망자들은 그들의 칼을 버려야 할 것입니다. 그러나 정복자들은 자신의 칼을 칼집에 넣고선 계속 차고 다니게 될 것입니다. 이렇게 볼 때, '초 성적인trans-sexual'이란 말이 '무 성적sexless'이라는 말보다 천국의 삶을 묘사하기에 더 낫습니다.

저는 앞 문단을 유감스럽게 여길 독자가 많으리라는 것, 코믹하게 여길 독자도 있으리라는 것을 잘 압니다. 그러나 코믹하게 여긴다는 것 자체가 바로, 거듭 말씀드리거니와 우리가 처해 있는 소외의 증상입니다. 영spirits으로서 우리가 자연으로부터 소외되어 있는, 또 동물로서 우리가 영Spirit으로부터 소외되어 있는 이 병의 증상 말입니다. '새로운 자연'이라는 말은 이러한 소외가 마침내 치유될 것이라는 믿음을 포함하고 있습니다. 이 치유에는 진기한 결과가 따를 것입니다. 영적인 '천국'과 하늘을 확실하게 구분하지 못했던 고대적 사고 형태는, 지금 우리 관점에서 볼 때는 혼란스런 사고 형태입니다. 그러나 그것은 또한, 언젠가는 정확한 것이 될 어떤 사고 형태를 닮은, 예기이기도 합니다. 그러한 고대적 사고 형태는 자연과 영이 완벽한 조화를 이루게 되는 때, 즉 영이 자연의 등 위에 완벽히 올라타 그 둘이 더불어, 말을 탄 기사 그 이상으로 켄타우루스를 이루는 때가 오면, 그야말로 정확한 사고 형태를 말하는 것에 다름 아니게 될 것입니다. 저는 지금, 천국과 하늘을 뒤섞는 사고 형태만을 꼬집어 그것이 장차 정확한 것으로 드러나리라고 말하는 것이 아닙니다. 저는 그런 식으로 뒤섞어 사고하는 사고 형태 자체가 바로 장차 존재하게 될 실재를 정확히 반영해 주는 사고 형태라고 말하는 것입니다. 그때가 되면, 영과 자연 사이를 칼로 무 자르듯 나누어 사고할 수 있는 여지가 없어지게 될 것입니다. 그 '새로운 자연'에서 모든 사태state of affairs는 어떤 영적 상태를 완전히 표현해 주는 것이 될 것이며, 모든 영적 상태는 어떤 사태를 완벽히 속 채워 주고informing, 그 사태가 꽃피어난 것이 될 것입니다. 그 둘은 꽃과 향기가 하나이듯, 위대한 시의 '혼'과 형식이 하나이듯 하나가 될 것입니다. 이렇게 인간 사고의 역사에서도 다른 곳에서와 마찬가지로, '죽음과 재생' 유형을 찾아볼 수 있습니다. 플라톤에게도 여전히 남아 있었던 고대적, 상상력 풍부한 사고는 논리적 분석이라는 그 죽음 같은, 그러나 필수불가결한 과정을 반드시 통과해야 합니다. 즉 자연과 영, 물질과 정신, 사실과 신화, 문자적 의미와 은유적 의미 등은 점점 더 철두철미하게 분리되어야 합니다. 마침내 순전히 수학적인 우주와 순전히 주관적인 정신이, 서로 건널 수 없는 간격을 사이에 두고 서로를 대면할 때까지 말입니다. 그러나 여기서도 마찬가지로, 사고 그 자체가 멸절되지 않으려면 이러한 하강으로부터 반드시 재상승이 있어야만 하며, 기독교는 바로 그것을 마련해 줍니다. 그 영광스런 부활에 이른 이들은 다시금 마른 뼈들에 살이 덧입혀지는 것을 보게 될 것입니다. 사실과 신화가 다시 재혼하는 것, 문자적 의미와 은유적 의미가 서로 얼싸안는 것을 보게 될 것입니다.

흔히 말하는 "천국은 마음의 상태다Heaven is a state of mind"라는 말은 현재 우리가 겪고 있는 이 과정의 싸늘한, 죽음 같은 국면을 잘 보여 주는 하나의 증거입니다. 이 말에는, 천국은 그저 마음―좀더 정확히 말하자면 영의―상태일 뿐이라는, 혹은 적어도 그 외의 것은 모두 천국의 본질과 무관하다는 뜻이 내포되어 있습니다. 이것이 바로 기독교를 **제외한** 모든 위대한 종교들이 말하는 바입니다. 그러나 하나님이 세상을 만드셨고, 그 만드신 세상을 좋다고 말씀하셨다고 가르치는 기독교는 자연이나 환경이 영적 지복과 그저 무관한 것일 수 없다고 가르칩니다. 비록 한 특정 자연에서, 그 자연의 종노릇 기간 동안 그 둘의 관계가 아무리 멀어졌다고 하더라도 말입니다. 몸의 부활을 가르침으로써, 기독교는 천국이 단순히 영의 상태가 아니라 몸의 상태이기도 하다는 것, 따라서 자연의 상태이기도 하다는 것을 가르칩니다. 그리스도께서 사람들에게 지금 천국Kingdom of Heaven이 그들 '내면에' 혹은 '가운데' 있다고 말씀하셨던 것은 사실입니다.[16] 그러나 그분의 말씀을 들었던 그들은 그때 **그저** 어떤 '마음 상태'에 있었던 것은 아닙니다. 그분이 창조하신 지구 행성이 그들 발밑에 있었고, 그분이 창조하신 태양이 그들 머리 위에 있었습니다. 피와 폐와 창자가 그분이 창안

16) 누가복음 17장 21절 참조.

하신 그들 몸속에서 움직이고 있었고, 그분이 고안하신 광양자 光量 子와 음파들이 그분의 인간 얼굴의 모습으로 또 그분 음성의 소리 로 그들을 복되게 하고 있었습니다. 우리가 **그저** 어떤 마음 상태에 있는 경우는 없습니다. 윙윙거리는 바람 속에서, 평온한 햇살 속에 서, 아침의 상쾌함 속에서, 저녁의 차분함 속에서, 젊은 시절에, 노 년에, 건강했을 때, 병들었을 때, 우리가 행한 기도나 묵상은, 다 동 등하게 복된 것이겠지만, 또한 그 복됨은 서로 다른 방식을 따른 것 입니다. 현세에서도 이미 우리는 어떻게 하나님이 이러한 모든, 겉 보기에는 영적인 것과 무관한 것을 영적인 사실 속으로 들어 올리 셔서, 그 순간의 복이 그 특정한 — 불이 숯과 장작을 동등하게 태우 지만, 장작불과 숯불은 서로 다르듯이 — 복이 되게 하는 일에 그것들 이 적잖은 부분을 감당하도록 하시는지 보아 왔습니다. 기독교는 우리에게 이러한 환경 요소로부터 전적으로 해방되기를 갈망하라 고 가르치지 않습니다. 바울 사도가 말했던 것처럼, 우리는 옷 벗기 를 갈망하는 것이 아니라 다시 옷 입혀지기를 갈망하는 것입니다.[17] 다시 말해, 우리는 모든 곳이면서 동시에 아무 곳도 아닌 어떤 무정 형의 장소the formless Everywhere-and-Nowhere를 갈망하는 것 이 아니라, 약속된 땅을 갈망하는 것입니다. 장차 그리스도와 우리 사이에서 생겨날 그 음악을 위한 항구적인, 또 완벽한 — 현재의 자

---

17) 고린도후서 5장 4절 참조.

연은 부분적으로 또 간헐적으로 그렇지만—악기가 되어 줄 그런 자연을 갈망하는 것입니다.

이렇게 물을지 모르겠습니다. "이런 것들이 과연 중요한가? 이런 생각들은 우리를 흥분시키고, 우리에게 좀더 분명하고 당면한 문제들, 예를 들어 하나님과 이웃을 사랑하고, 매일 자기 십자가를 지는 것 등에서 관심을 딴 데로 돌리게 할 뿐이지 않은가?" 만일 여러분의 관심이 그렇게 딴 데로 돌려지고 있다면, 여러분은 더 이상 이런 주제에 대해 생각하지 말길 바랍니다. 저나 여러분을 위해서는, 오늘 어떤 냉소적인 태도 하나를 삼가는 것이나 원수에 대해 어떤 자애로운 생각 하나를 품는 것이 천사들과 천사장들이 '새 창조'의 신비에 대해 알고 있는 모든 것을 다 아는 것보다 더 중요한 일이라는 것을 기꺼이 인정하는 바입니다. 제가 이런 것에 대해 쓴 것은 이것이 가장 중요해서가 아니라 다만 이 책은 기적에 대한 책이기에 그렇습니다. 이 책의 제목에서도 이미 이 책이 경건이나 수덕修德신학에 대한 책은 아닐 걸 아셨을 것입니다. 하지만 저는 우리가 요 앞 몇 장에 걸쳐 이야기해 온 것들이 기독교적 삶의 실천 문제와는 아무 관련 없는 것이라고는 인정할 수 없습니다. 왜냐하면 저는, 천국을 **그저** 마음 상태로 생각하는 우리의 관념은, 소망이라는 지극히 기독교적인 덕목이 우리 시대에 들어 너무도 시들해져 버렸다는 사실과 결코 무관하지 않다고 생각하기 때문입니다. 미래를 응시할 때 우리 선조들이 황금빛 섬광을 보았던 곳에서, 지금 우리는 그저 희뿌연, 아무 특색 없는, 싸늘한, 정체된 안개를 보고 있을 뿐입니다.

이러한 소극적 영성negative spirituality 배후에 자리 잡고 있는 사고는 정말이지 그리스도인들에게는 금지된 사고입니다. 영적인 기쁨이나 가치 같은 것을, 시간이나 장소나 물질이나 감각 같은 것에서 구출될 필요가 있는 것으로, 혹은 그런 것으로부터 조심스럽게 보호받을 필요가 있는 것으로 결코 인식하지 말아야 할 사람들이 있다면 바로 그리스도인들입니다. 그들의 하나님은 밀과 기름과 포도주의 하나님입니다. 그분은 유쾌한 창조자이십니다. 그분은 성육신하신 분입니다. 성례들이 제정되었습니다. 어떤 영적 은사들은 우리가 특정한 육체적 행위를 수행한다는 조건하에서 주어지기도 합니다. 이런 것을 볼 때, 그분의 의도가 무엇인지는 의심의 여지가 없습니다. 자연으로 불릴 만한 것이면 무엇이든 다 피해 소극적 영성 속으로 움츠려 들어가는 것은 마치 말 타기를 배우는 대신 말에게서 도망치는 것과 같습니다. 물론 우리가 현재 걷는 이 순례 길에는 여건 상, (우리들 대부분이 원하는 정도 이상으로) 자연적 욕구들에 대해 절제, 금욕, 단념 등을 행해야 할 여지가 많은 것이 사실입니다. 그러나 우리가 행하는 모든 금욕주의 배후에 자리해야 하는 생각은 이것입니다, "[주인이] 썩어 없어질 재물도 믿고 맡길 수 없는 우리라면, 누가 우리에게 참된 재물을 맡길 것인가?"[18] 이 지상의 earthly 몸도 제대로 다스리지 못한다면, 누가 내게 영적인 몸을 맡

기겠는가? 현재 우리에게 이 작은 필멸의 몸이 주어진 것은, 마치 학생들에게 조랑말이 주어진 것과 같습니다. 우리는 다루는 법을 배워야 합니다. 언젠가 말로부터 완전히 자유로워지기 위해서가 아니라, 언젠가는 더 큰 말들, 날개 달린, 빛나는, 지축을 뒤흔드는 말들을 안장도 없이 자유자재로 타고 즐길 수 있기 위해서입니다. 아마 그 말들은 지금 이 순간에도 그 왕의 마구간에서 앞발을 구르며 콧김을 내뿜으며, 어서 빨리 우리를 태우고 달리고 싶어 안달하고 있을 것입니다. 이 질주가 값진 것은 왕과 함께 달리는 질주이기에 그런 것인데, 그 왕이 자신의 군마를 보유하고 계시다 할 때, 달리 어떻게 우리가 그분을 수행할 수 있겠습니까?

18) 누가복음 16장 11절 참조.

# 17. 에필로그

어떤 것을 가만 내버려 두는 것은 곧 그것을 변화의 급류에 내맡기는 것이다.
하얀 기둥을 가만 놔 둬 보라. 그것은 곧 검은 기둥이 된다.

G. K. 체스터턴Chesterton, 《오소독시 Orthodox》

제 말은 이제 마쳤습니다. 이 책을 읽고 난 뒤 여러분 스스로 역사적 증거를 연구해 볼 의향이 있으시다면, 먼저 신약성경에서부터 시작하시길 바랍니다. 신약성경에 대한 책들이 아니라 신약성경 말입니다. 헬라어를 모르신다면 현대어로 번역된 것을 보십시오. 모펏James Moffat의 번역이 아마 가장 좋을 것입니다. 몬시뇨르 녹스Monsignor Knox의 번역도 좋습니다. 저는《기본 영어 Basic English》 번역본은 추천하지 않습니다. 그리고 여러분이 신약성경을 떠나 현대 학자들에게 갈 때는, 한 마리 양으로서 이리떼 가운데로 들어가는 것임을 꼭 기억하십시오. 이 책 첫 장에서 언급한 것과 같은 그런 자연주의적 가정들, 논점 회피들을 사방에서 만나게 될 것입니다. 심지어 성직자들이 쓴 책에서도 말입니다. 이는 (저도 한때는 그런 의심에 빠질 뻔했지만) 그 성직자들이 교회가 제공해 주는 지위와 생계를 이용해 오히려 기독교를 허물어뜨리는 일을 벌이고 있는 숨은 배교자라는 말은 아닙니다. 이는 부분적으로 소위 '잔존물 hangover' 효과 때문입니다. 자연주의는 우리 모두의 뼛속 깊이 스며들어 있으며, 회심도 그 병균을 우리 몸 구석구석에서 한꺼번에 몰아내지는 못합니다. 한시라도 경계를 늦추면, 자연주의적 가정은 즉시 우리 생각 속으로 물밀듯 쳐들어옵니다. 그리고 또 부분적으로, 이들 학자들이 취하는 그런 식의 학문적 절차는 그 나름으로 상당히 명예로운, 실로 돈키호테적이라고도 할 만큼 명예로운 감정에서 기인하는 것이기도 합니다. 그들은 어떻게든 적이 공정성을 따지며 주장할 만한 모든 이점을 최대한 다 적에게 허용해 주려고 합니다. 이렇게 그들은 할 수 있는 최대한 초자연적인 것을 제거해 내는 것을, 또 자연적 설명을 그 한계점까지 시도해 보고 그런 다음에야 기적을 최소한도 내에서 인정하는 것을 학문적 방법의 일부로 삼습니다. 바로 이와 같은 자세로 어떤 학자들은 오히려 자신이 혐오하는 주장과 성격을 담은 글의 저자들을 지나치게 호의적으로 대하는 경향이 있습니다. 우리는 첫눈에 어떤 사람이 맘에 들지 않으면 그를 부당하게 대하게 될까 봐, 오히려 그에게 지나치게 잘 대해 주는 경향이 있습니다. 현대의 많은 기독교 학자들도, 바로 이런 이유로 도를 넘을 때가 많습니다.

따라서 그런 학자들의 책을 읽을 때는 늘 경계심을 늦추지 말아야 합니다. 그들의 논증 중에서 역사적, 언어학적 지식에 근거한 것이 아닌, 기적은 불가능하다거나 비개연적이라거나 부적합한 것이라는 등의 숨은 가정에 근거한 주장 전개는 없는지 예리하게 짚어낼 수 있어야 합니다. 이는 정말로 여러분 자신을 재교육시킬 필요가 있다는 것을 뜻합니다. 다시 말해 여러분은 지성에서, 우리 모두가 교육받아 온 사고 유형을 완전히 몰아내기 위해 부단히 노력해야 합니다. 여러 다양한 형태를 가진 그 사고 유형은 이 책 전체에 걸쳐 우리의 주요 공격 대상이었습니다. 전문용어로는 그 사고 유형을 **일원론**Monism이라고 합니다. 그러나 아마 일반 독자들은, 제가 그것을 **전체주의**Everythingism라는 말로 바꾸어 부르면, 제가 말하려는 바를 가장 잘 이해하실 수 있을 것입니다. 제가 말하는 이 '전체주의'에서 '전체'는 자존적 존재로서 낱낱의 개별자보다 더 중요한 존재이며, 이 '전체' 안에 담겨 있는 모든 개별적 존재는 그다지 서로 다른 존재들이 아니라는 신념을 말합니다. 개별적 존재들은 서로 [다양성 가운데] '일치at one'를 이루는 것이 아니라, 실은 이미 하나one라는 것입니다. 그래서 전체주의자는 하나님으로부터 시작할 경우에는 범신론자가 됩니다. 즉 하나님 아닌 것은 아무것도 없다고 믿는 사람이 됩니다. 그렇지 않고 자연으로부터 시작할 경우 전체주의자는 자연주의자가 됩니다. 즉 자연 아닌 것은 아무것도 없다고 믿는 사람이 됩니다. 전체주의자는 모든 것은 결국 다른 모든 것의 전조, 발전, 유물, 사례, 겉모습 등일 '뿐이라고' 생각합니다. 저는 이것이 심오하게 틀린 철학이라고 믿습니다. 실재는 '못 말리도록 다양하다incorrigibly plural'[1]라고 말한 이가 있습니다. 저는 그의 말이 옳다고 생각합니다. 모든 것은 다 하나One에서 기원합니다. 그래서 모든 것은 (서로 다르고 복잡한 방식들로) 관계를 맺고 있습니다. 그러나 모든 것이 다 하나인 것은 아닙니다. '전부everything'라는 단어는 어느 주어진 순간 존재하는 모든 것들의 총계(우리가 할 수만 있다면 일일이 다 열거해 낼 경우 얻어지는 그런 총계)를 의미하는 말로만 이해되어야 합니다. 그것에 어떤 사상적 대문자가 부여되어서는 안 됩니다. 다시 말해, 그것은 (그림식 사고방식을 따라) 개별자가 다 가라앉아 있는 어떤 물웅덩이 같은 것으로, 혹은 개별자가 건포도들 마냥 박혀 있는 어떤 케이크 같은 것으로 둔갑되지 말아야 합니다. 정말로 실재하는 모든 것은 각자 선이 분명하고, 도드라져 있으며, 복잡하고, 서로 다릅니다. 전체주의가 우리 사고방식에 잘 맞는 것은 그야말로 이 전체주의적totalitarian이고, 대량 생산적이고, 군대 문화적인 시대의 자연적 철학이기 때문입니다. 이것이 바로 우리가 늘 그것에 대해 경계태세를 늦추지 말아야 할 이유입니다.

그렇긴 하지만…… 그렇긴 하지만…… 제가 기적을 부정하는 그

--------------------------------------------------

1) 영국 시인 루이스 맥니스Louis MacNeice(1907-1963)의 시 '눈snow'에 나오는 표현.

어떤 적극적 논증보다도 더 두려워하는 것이 있다면 바로 이 **그렇긴 하지만**and yet입니다. 여러분이 이 책을 덮을 때, 그리고 다시 여러분 방의 친숙한 벽과 길거리의 친숙한 소음이 나타날 때, 어느덧 밀물처럼 다시 밀려오는 그 습관적 사고방식 말입니다. 어쩌면 (감히 한번 가정해 보자면) 이 책을 읽는 동안 여러분의 마음이 크게 움직였던 때가 있었을 것입니다. 고래古來의 희망과 두려움이 마음속에서 다시 깨어나고, 어쩌면 거의 믿음의 문지방까지 당도했었을 수도 있습니다. 그러나 지금은 어떻습니까? 지금은, 지금은 그렇지 않습니다. 지금은 다시 일상이, 소위 '진짜' 세상이 둘러쌉니다. 꿈이 끝나갑니다. 비슷한 다른 꿈도 다 그렇게 끝났던 것처럼 말입니다. 왜냐면 이는 여러분이 처음 겪어 보는 일도 아니기 때문입니다. 살아오면서 여러분은 전에도 여러 번, 이런 식으로 어떤 기이한 이야기를 들었던 적이, 기묘한 책을 읽었던 적이, 뭔가 특이한 것을 보았던 적이, 혹은 보았다고 상상했던 적이, 그래서 격렬한 희망이나 공포의 감정을 품게 되었던 적이 있었습니다. 하지만 꿈은 늘 꿈으로 끝날 뿐이었습니다. 그리고 여러분은, 비록 한순간이었다지만 어떻게 그런 꿈을 믿을 수 있었는지 늘 자신을 의아하게 여기곤 했습니다. 왜냐하면 여러분이 다시 되돌아 온 그 '진짜 세상'은 지금 너무도 명명백백하기 때문입니다. **당연히** 그 기이한 이야기는 거짓이고, 당연히 그 목소리는 여러분 자신의 주관적 목소리에 불과하며, 특별한 징조로 보였던 그것은 당연히 우연의 일치에 불과하니다. 잠시나마 엉뚱한 생각을 했던 것에 대해 여러분은 스스로를 부끄럽게 여깁니다. 수치심과 안심과 재미와 실망과 화가 뒤섞인 감정이 찾아옵니다. 아널드Matthew Arnold[2]의 말처럼 '기적은 없다'는 이 당연한 사실을 여러분은 마땅히 알았어야 했습니다.

　이런 마음 상태에 대해 제가 하고 싶은 말은 두 가지입니다. 첫째, 제 이론에 의하자면 이는 여러분이 당연히 예상해야 할 자연의 반격 중 하나라는 사실입니다. 여러분의 이성적 사고는, 그것이 정복을 통해 획득하고 유지하는 것을 제외하고는, 여러분의 자연적 의식 속에 아무런 기지基地를 갖고 있지 못합니다. 이성적 사고가 그치면 그 즉시 상상, 정신적 습관, 기질, '시대 정신' 같은 것이 다시금 여러분을 떠맡습니다. 새로운 생각은, 그것 자체가 습관이 되기 전까지는, 실제 그것을 생각하는 동안에만 여러분의 의식에 전체적 영향을 끼칠 뿐입니다. 이성이 자기 초소에서 졸기만 하면 그 즉시 자연의 정찰병들이 침투해 들어옵니다. 따라서 기적에 대한 반론에는 충분한 관심을 주어야 하지만, (왜냐하면 제 생각이 틀렸다면 빨리 논박당할수록, 여러분을 위해서뿐 아니라 저를 위해서도 좋은 일이기 때문입니다.) 사고를 자신의 습관적 사고방식으로 되돌아가게 만드는 중력 현상은 무시되어야 합니다. 이는 비단 여기서뿐 아니라 모든 지적 탐구에 해당되는 사항입니다. 책을 덮을 때 다시 나타

---

2) 1822-1888. 영국 빅토리아 시대의 시인, 문학·사회 비평가.

나는, 예의 그 친숙한 방은 기적을 제외한 모든 것이 다 거짓처럼 **느껴지도록** 만들 수도 있습니다. 어떤 책이 여러분에게 하는 말이, 문명의 종말이 다가왔다는 것이든, 여러분은 공간 곡률curvature of space에 의해 의자에 가만 앉아 있을 수 있다는 것이든, 여러분은 오스트레일리아와 거꾸로 된 위치에 있다는 것이든, 이런 말들은 여러분이 하품을 하며 잠자리에 들려 하는 순간에는, 다 조금 비현실적인 말로 느껴질 수 있습니다. 저의 경우에는 그런 순간에는 지극히 단순한 진리(가령 내 손, 지금 이 책을 들고 있는 이 손도 언젠가는 해골이 될 것이라는)도 기이하리만치 설득력 없게 느껴집니다. 리처즈 박사가 말하는 '신념-느낌들belief-feelings'이 이성을 따라 움직이게 되는 것은 오직 오랜 훈련을 통해서입니다. 그것들은 자연을 따르며, 정신 속에 이미 패어 있는 홈을 따라 움직일 뿐입니다. 유물론에 대한 아무리 확고한 이론적 확신도, 모종의 인간이 어떤 조건 아래서 유령을 두려워하게 되는 것을 막지 못합니다. 또 기적에 대한 아무리 확고한 이론적 확신도, 또 다른 모종의 인간이 어떤 조건 안에서 기적은 결코 일어나지 않는다는 불가항력적 확신을 **느끼게** 되는 것을 막지 못합니다. 그러나 여행 중 유령 이야기를 읽다가, 뜻하지 않게 마지막 밤을 시골의 어느 커다란 빈집에서 보내게 된 지치고 소심한 남자가 갖게 된 느낌을 유령의 존재에 대한 증거로 삼을 수는 없습니다. 마찬가지로, 지금 이 순간 여러분이 갖는 느낌 역시 기적은 일어나지 않는다는 증거가 될 수 없습니다.

두 번째로 제가 말하려는 것은 이것입니다. "내가 기적을 볼 일은 없을 것이다"라는 여러분의 생각은 아마 옳을 것입니다. 또, 과거를 돌이켜볼 때 처음에는 '괴이하고' '기이하게' 보였던 일이 알고 보니 실은 다 자연적으로 설명될 수 있었다는 생각도 마찬가지로 아마 옳을 것입니다. 하나님은 후춧가루 통을 흔들어 후춧가루를 뿌리듯 그렇게 자연 속에 무작위로 기적을 뿌려 넣으시지 않습니다. 실은, 기적은 중차대한 때에 일어납니다. 즉 기적은 역사—정치적, 사회적 역사가 아니라 인간에게 완전히는 알려질 수 없는 영적 역사—의 중추적 순간에 일어납니다. 그렇다면 여러분의 삶이 어쩌다 그런 중차대한 중추적 순간 중 하나의 근방에 있게 된 경우가 아니라면, 어떻게 여러분이 기적을 목도하게 되리라는 기대를 가질 수 있겠습니까? 만일 우리가 영웅적 선교사나 사도나 순교자라면, 이는 다른 문제일 것입니다. 그러나 여러분이나 제가 그런 사람입니까? 기찻길 옆에 살지 않는다면, 기차가 여러분 집 창문 옆을 지나가는 것을 보지 못할 것입니다. 여러분이나 제가 어떤 평화조약이 체결되는, 어떤 위대한 과학적 발견이 이루어지는, 어떤 독재자가 스스로 목숨을 끊는 그런 때와 장소에 있게 될 가능성이 과연 얼마나 될까요? 그렇다면 하물며 기적을 목도하게 될 가능성은 더더욱 낮을 것입니다. 사실 우리가 뭘 안다면, 기적을 목도하게 되기를 바라지 않아야 합니다. "비참한 처지에 빠졌을 때만이 기적을 기대해 볼 수 있다Nothing almost sees miracles but misery."[3] 기적과 순교는 역사 속 동일한 지점들 주변에 한데 모여 있는 경향이 있습니다. 우리가 자연히 결코 있고 싶어 하지 않을 그런 지점에 말입니다. 제가 진지하게 충고하건대, 정말로 나타나지 않을 것이라고 철저히 확신하고 있지 않다면, 결코 [기적의] 증거를 보여 달라고 요청하지 마십시오.

---

3) 셰익스피어의 《리어왕》 2막 2장에 나오는 표현.

# 부록 A. '영', '영적'이라는 단어에 대해

독자 여러분은 이 책 4장에 나온, 인간에 대한 접근법이 영적 삶을 다루는 경건서나 실용서에 나오는 접근법과는 종류가 전혀 다르다는 사실을 아실 필요가 있습니다. 어느 복잡한 대상에 대해 어떤 종류의 분석을 행하느냐는 목적이 무엇이냐에 달린 문제입니다. 어떤 관점에서는 남자와 여자, 아이와 어른 등을 나누는 것이 중요한 구별일 수 있고, 또 어떤 관점에서는 지배자와 피지배자를 구분하는 것이 중요할 수 있고, 또 다른 관점에서는 계급이나 직업을 구분하는 것이 가장 중요할 수 있습니다. 서로 다른 분석은, 옳기로 말하자면 모두 동등하게 옳지만, 유용성으로 말하자면 각각 서로 다른 목적을 위해 유용한 것입니다. 우리가 시공간적 자연이 유일 존재는 아니라는 사실에 대한 증거로서 인간을 다룰 때 중요한 구별은, 인간에게서 시공간적 자연에 속한 부분과 그렇지 않은 부분을 나누는 것입니다. 즉 이 시공간 속에서 다른 모든 사건과 철저히 상호 연동하고 있는 인간 현상과, 모종의 독립성을 지닌 인간 현상을 나누어 구분하는 것입니다. 인간의 이 두 부분은 각기 자연적 부분, 초자연적 부분으로 명명될 수 있습니다. 우리가 두 번째 것을 '초-자연적'이라고 부르는 것은, 단순히 시공간 속 거대한 연동 사건에서 생겨나는 무엇이 아니라, 그것에 침입해 들어가는, 혹은 거기에 덧붙여지는 무엇이라는 의미에서입니다. 그러나 다른 한편으로 이 '초자연적' 부분 역시도 창조물입니다. 즉 절대 존재에 의해 존재하게 되었으며, 그 존재에 의해 성격, '본성 nature'을 부여받은 존재입니다. 따라서 그것은 우리의 이 자연(시공간 속 복잡 사건)과의 관계에서는 '초자연적인' 것이지만, 그러나 또 다른 의미에서는 '자연적인' 것이라고, 하나님이 어떤 안정적 유형을 따라 정상적으로 창조해 내시는 일정 부류의 한 실례라고 말할 수 있습니다.

그러나 인간의 초자연적 부분의 생명은, 어떤 의미에서 **절대적으로** 초자연적인 것, 단순히 **이** 자연을 넘어선 것이 아니라 모든 자연을 넘어선 것이 될 수도 있습니다. 다시 말해, 그것은 창조시에 창조물에게 **주어지는** 것이 아닌, 어떤 다른 종류의 생명을 성취하게 될 수도 있습니다. 아마 이 구별은 인간이 아니라 천사와의 관계에서 고려해 볼 때 좀더 분명해질 것입니다. (여기서, 여러분이 천사를 믿는지 여부는 중요하지 않습니다. 저는 다만 요점을 더 분명히 하기 위해 천사를 사용하는 것뿐입니다.) 모든 천사들, 즉 '좋은' 천사든 우리가 마귀라고 부르는 나쁜 '타락한' 천사든, 그들은 모두 이 시공간적 자연과의 관계에서 공히 '초-자연적' 존재입니다. 그것들은 자연 바깥에 있고, 이 자연이 제공해 줄 수 없는 힘과 존재 양식을 갖고 있습니다. 그러나 좋은 천사들은 또한, 또 다른 의미의 초자연적 생명을 영위하기도 합니다. 그들은 하나님께서 창조시 주셨던 그들의 '본성'을, 사랑 안에서 자유의지를 통해 다시 하나님께 바쳤습니다. 물론 어떤 의미에서는, 모든 창조물이 하나님으로부터 오는 생명으로 살아간다고 말할 수 있습니다. 그분이 그들을 만드셨고, 또 매 순간 그들의 존재를 유지해 주고 계시기 때문입니다. 그러나 더 심층적이고 더 높은 종류의 '하나님으로부터 온 생명'이 있고, 이 생명은 오직 자기 자신을 자원하여 내어 놓는 창조물에게만 주어지는 생명입니다. 좋은 천사들은 이 생명을 가지고 있으나 나쁜 천사들은 가지고 있지 않습니다. 이는 절대적 의미에서 초자연적 생명인데, 왜냐하면 이는 세상의 그 어떤 창조물도 단순히 자신의 창조된 본성 덕분에 가질 수 있는 그런 생명이 아니기 때문입니다.

우리 인간의 경우도 마찬가지입니다. 모든 인간의 이성적 부분은 상대적 의미에서 초자연적입니다. 천사와 악마 **양자** 모두를 초자연적 존재로 볼 수 있는 그런 의미에서 말입니다. 그러나 신학자들이 말하듯, 이 부분이 '거듭나게' 되면, 즉 인간의 이성적 부분이 그 자신을 그리스도 안에서 하나님에게 다시 내어 드리게 되면, 그때는 절대적으로 초자연적인 생명을 갖게 됩니다. 창조된created 생명이 아닌, 낳아진begotten 생명이 됩니다. 왜냐하면 창조물이 하나님의 두 번째 위Person이신 분의 그 낳아진 생명에 참여하는 것이기 때문입니다.[1]

경건서적 작가들이 말하는 '영적인 삶' ─ '초자연적 삶'이라고 할 때도 많습니다만 ─ 혹은 제가 다른 책에서[2] 말한 바 있는 **조에**Zoë(생명)란 바로 이런 **절대적으로** 초자연적인 생명을 말하는 것입니다. 어떤 창조물에게도 창조시에 주어지지 않는 생명, 이성적 창조물이 그리스도의 생명에 자신을 내어 드릴 때 비로소 갖게 되는 생명 말입니다. 그러나 많은 책은 '영'이나 '영적인'이라는 단어를 인간 안에 있는 **상대적으로** 초자연적 요소, 인간으로서 창조되었다는 사실만으로 그에게 '지급되거나' 주어진, **이** 자연 바깥에 속하는 요소를 뜻할 때도 사용하고 있고, 그래서 많은 혼란이 있습니다.

영어에서 '영spirit', '영들spirits', '영적인spiritual'이라는 단어가 갖는 의미의 목록을 만들어 보면 유용할 것입니다.

1. 화학적 의미. 예로, "알코올Spirits'은 빨리 증발해 버린다."

2. (지금은 사라진) 의학적 의미. 과거 의사들은 인간 신체에는 극

--------

1) 니케아 콘스탄티노플 신조는 성자the Son는 하나님이 '창조하신' 분이 아니라 하나님이 '낳으신' 분이라고 말하고 있다.
2) 《순전한 기독교》 4부 1장 '만드는 것과 낳는 것'에서.

도로 정제된 어떤 유체流體가 들어 있다고 믿었고, 그것을 'the spirits'라고 불렀습니다. 의학으로서의 이 견해는 이미 오래 전에 폐기되었으나, 이는 지금도 사용되는 표현들의 기원입니다. 가령 '기가 살았다in high spirits', '기가 죽었다in low spirits', '원기 왕성하다spirited', 소년이 '혈기 왕성하다full of animal spirits'라고 말합니다.

3. '영적인'이라는 말은 흔히 '육체적인bodily' 내지 '물질적인 material'의 반대말로 사용됩니다. 그래서 인간 안에 있는 비물질적인 것들(감정, 정념, 기억 등)은 다 '영적인' 것으로 불립니다. 이런 의미의 '영적인'은 꼭 좋은 것만 의미하는 게 아니라는 점을 기억하는 것이 대단히 중요합니다. 비물질적이라는 것 자체에 특별히 무슨 좋은 것이 있는 것은 아닙니다. 비물질적인 것은 물질적인 것과 마찬가지로, 좋을 수도 있고 나쁠 수도 있으며, 좋지도 나쁘지도 않을 수도 있습니다.

4. 어떤 이들은 '영'이라는 단어를 창조시 모든 인간에게 주어진, 상대적으로 초자연적인 요소, 곧 이성적 요소를 뜻하는 말로 사용합니다. 저는 이것이 이 단어를 사용하는 가장 유용한 방식이라고 생각합니다. 여기서도 '영적인' 것이 반드시 좋은 것만은 아님을 아는 것이 중요합니다. (이런 의미의) 어떤 영은 창조된 존재 중 최고 좋은 것일 수도 있고, 최고 나쁜 것일 수도 있습니다. 인간이 하나님의 아들일 수도 있고 또 마귀일 수도 있는 것은 바로 인간이 (이런

의미에서) 영적인 동물이기 때문입니다.

5. 마지막으로, 기독교 작가들은 '영'이나 '영적인'이라는 단어를, 이성적 존재들이 하나님의 은혜에 자신을 내어 드림으로써 그리스도 안에서 하늘에 계신 아버지 하나님의 아들들이 될 때 생겨나는 생명을 의미하는 말로 사용하기도 합니다. '영적인' 것이 언제나 좋은 것이 되는 경우는 오직 이런 의미에서만입니다.

단어에 한 가지 이상의 의미가 있다고 불평하는 것은 무익합니다. 언어는 살아 있고, 단어들은 나무가 새로운 가지를 뻗어 내듯 새로운 의미를 뻗어 낼 수밖에 없습니다. 이것이 전적으로 불리한 사정만은 아닌 것이, 서로 엉켜 있는 이런 의미를 하나하나 풀어내는 작업을 통해 우리가 간과해 버렸을 수 있는, 내포된 많은 것들을 배우게 되기 때문입니다. 재앙은, 토론 도중에 자기도 모르게 어떤 단어를 여러 의미들로 마구잡이로 사용할 때 찾아옵니다. 따라서 현재의 토론에서는 '영'이라는 단어의 세 번째, 네 번째, 다섯 번째 의미에 각각 다른 이름을 붙여 부르는 것이 유용합니다. 세 번째 의미를 위해서 좋은 단어는 '혼soul'일 것입니다. 이것과 짝이 맞는 형용사는 '심리적인psychological'일 것입니다. 네 번째 의미를 위해서는 계속 '영', '영적인'이라는 단어를 사용할 수 있습니다. 다섯 번째 의미를 위해서 가장 좋은 형용사는 '거듭난regenerate'이겠으나 명사로서는 꼭 맞는 것이 없습니다.[3] 그런데 꼭 맞는 명사가 없다는 사실은 어쩌면 의미심장한 것일 수 있습니다. 왜냐하면 지금 우리는, (영혼이나 영같이) 인간 안에 있는 어떤 부분이나 요소에 대해 말하는 게 아니라, 그 부분 내지 요소 전체의 방향이 재설정되고 그 전체의 생명이 새로워지는 것에 대해 말하기 때문입니다. 이렇게 어떤 의미에서는, 거듭나지 못한 인간 속에 없는 무언가가 거듭난 인간 속에 더 있는 것이 아닙니다. 올바른 방향으로 걷고 있는 어떤 사람에게, 그릇된 방향으로 걷고 있는 사람에게 없는 무언가가 더 있는 게 전혀 아니듯이 말입니다. 그러나 또 다른 의미에서는, 거듭난 사람은 거듭나지 못한 사람과 **전적으로** 다르다고 말할 수 있는데, 왜냐하면 거듭난 생명, 그 사람 안에 형성된 그리스도는 그 사람의 모든 부분을 다 변화시키기 때문입니다. 그 생명, 곧 그리스도 안에서 그 사람의 영과 혼과 몸 전체가 다시 태어날 것입니다. 이렇게 거듭난 생명이 사람의 **일부**를 말하는 것이 아닌 주된 이유는, 일단 그 생명이 생겨난 다음에는 곧 그 사람 전체가 되기 전까지 결코 쉬지 않는 생명이기 때문입니다. 그 생명은, 인간의 부분 부분이 서로 나뉘어 있듯 그렇게 인간의 어떤 부분과 나뉘어 있지 않습니다. (네 번째 의미의) '영'의 생명은 어떤 의미에서 혼의 생명과 끊어져 있습니다. 그래서 전적으로 자신의 영으로만 살고자 시도하는, 순전히 이성적이고 도덕적인 인간은 자기 혼의 정념과 상

---

3) 이런 의미의 '영'은 '새 사람'(그리스도가 완전에 이른 각각의 그리스도인 안에 형성시키신)과 동일하므로, 어떤 라틴 신학자들은 그것을 우리의 '노비타스Novitas'라고, 즉 우리의 '새로움Newness'이라고 부르기도 합니다.*

상력을 그저 파괴해야 할, 감금해야 할 적으로 다룰 수밖에 없다는 사실을 발견하게 됩니다. 그러나 거듭난 인간은 자신의 혼이 그의 안에 있는 그리스도의 생명을 통해 마침내 자신의 영과 조화를 이루는 것을 발견하게 됩니다. 이렇게 그리스도인들은 몸의 부활을 믿는 반면 고대 철학자들은 몸을 그저 장애물로 여깁니다. 그리고 이는 아마 보편적 법칙일 것입니다. 더 높이 올라갈수록 더 낮은 곳으로도 내려갈 수 있다는 것 말입니다. 인간은 말하자면, 층끼리는 서로 거의 통하지 않으나 맨 꼭대기 층으로부터는 다른 모든 층과 통할 수 있는 그런 탑이라고 할 수 있습니다.

주의. 흠정역the Authorized Version에서 '영적인' 사람이란 제가 말하는 '거듭난' 사람을 뜻합니다. 그리고 제가 생각하기에 '자연적' 인간이란 제가 말하는 '영 인간spirit man'과 '혼 인간soul man' 양자 모두를 뜻하는 말입니다.

# 부록 B. '특별 섭리'에 대해

사건에는 오직 두 종류가 있다고 이 책에는 썼습니다. 즉 모든 사건은 기적 아니면 자연적 사건 둘 중 하나입니다. 기적은 앞쪽의, 시간상으로 자기 이전의 자연 역사와 연동 관계가 없는 사건이며, 자연적 사건은 그런 연동 관계에 있는 사건입니다. 그런데 많은 경건한 이들이, 기적이라고 말하진 않지만 '섭리에 따른providential' 것이라고, 또는 '특별 섭리special providences'라고 부르는 어떤 사건들이 있습니다. 보통 이 말에는 기적과는 별도로 일반적 사건과 다른 섭리적 사건이 있다는 생각이 내포되어 있습니다. 어떤 이들은 전에 됭케르크Dunkirk[1]에서 우리 군대의 퇴각을 도와준 그 날씨를 '섭리적'인─일반적으로 날씨는 '섭리적'인 것이 아님에 반해—사건이었다고 생각합니다. 기적은 아니지만 기도에 대한 응답으로서 일어나는 사건이 있다고 말하는 기독교 교리도 언뜻 이런 생각이 내포된 것으로 보입니다.

저는, 기적이 아니면서 그렇다고 '평범한' 사건도 아닌 중간 종류의 사건이 있다고는 생각하지 않습니다. 그날 됭케르크의 날씨는 우주의 이전 물리적 역사가 그 성격상 필연적으로 낳을 수밖에 없었던 사건이었거나 아니면 그런 사건이 아니었거나, 둘 중 하나입니다. 만일 전자였다면 그 사건은 '특별한' 섭리적 사건일 수 없습니다. 만일 후자였다면 그 사건은 다름 아닌 기적이었습니다.

따라서 저는 '특별히 섭리적인' 사건들, (기적과 별도인) 어떤 특별 종류의 사건이 있다는 생각을 포기해야 한다고 생각합니다. '섭리'라는 개념을, 그와 더불어 기도응답efficacious prayer에 대한 믿음을 완전히 포기하지 않는 한, 우리가 내릴 수밖에 없는 결론은, 모든 사건은 동등하게 섭리적인 사건이라는 것입니다.

여하튼 하나님이 이 세상 사건들의 진로를 인도하는 분이신 게 사실이라면, 그분은 분명 매 순간 모든 원자의 운동을 인도하고 계실 것입니다. 그분의 인도 없이는 "참새 한 마리도 땅에 떨어지지 않습니다."[2] 자연적 사건들이 '자연적'인 것은 하나님의 섭리 바깥

---

1) 2차 세계대전 당시, 됭케르트 해안에서 영불 연합군이 독일군의 공격 중에서도 날씨 등의 도움을 받아 기적적으로 퇴각한 일. 윈스턴 처칠 경은 이를 두고 '됭케르크의 기적the miracle of Dunkirk'이라고 불렀다.

에 있어서 그런 것이 아니며, 어떤 공통된 시공간 속에서 고정된 유형의 '법칙'에 따라 서로 연동하고 있어서 그런 것입니다.

어떤 것에 대해 여하한의 그림을 얻기 위해선, 일단 어떤 틀린 그림에서 시작한 후, 그 그림을 교정하는 식으로 가는 것이 필요할 때가 있습니다. 섭리에 대한 틀린 그림(이것이 틀린 이유는 하나님과 자연을 공통된 시간 속에 들어 있는 것으로 그리기 때문입니다)을 먼저 말해 보자면 다음과 같습니다. 자연 속의 모든 사건은 자연법칙에서 생겨나는 결과가 아니라 어떤 선행하는 사건에서 생긴 결과입니다. 그렇다면 결국, 최초의 자연적 사건은 그것이 무엇이었든, 그 후 다른 모든 사건의 진로를 결정지은 사건이었다고 할 수 있습니다. 다시 말해, 창조시 하나님이 그 최초 사건을 '[자연]법칙'의 틀 속에 공급하셨을 때—즉 공이 처음 굴러가게 하셨을 때—이는 곧 그분이 자연의 전全 역사를 결정하신 것이었습니다. 역사의 모든 부분을 예견하셨던 분이기에, 곧 하나님은 모든 부분을 의도하신 분이기도 합니다. 만일 그분이 그날 됭케르크의 날씨가 달랐기를 원하셨다면, 그분은 그 최초의 사건을 조금 다르게 만드셨을 것입니다.

이렇게 볼 때, 그날 됭케르크의 날씨는 엄밀한 의미에서 섭리적 사건이었습니다. 그것은 세상이 처음 창조되었을 때 이미 명해진 decree, 어떤 목적을 위해 명해진 것입니다. 그러나 지금 이 순간

2) 마태복음 10장 29절 참조.

토성 고리의 각 원자가 현재 그 위치에 있는 것도, 됭케르크의 날씨 못지않게(물론 우리가 느끼는 흥미의 정도는 다르지만), 창조시에 이미 명해진 것입니다.

이렇게 볼 때 (틀린 그림을 계속 사용해서 보자면) 모든 물리적 사건은 어떤 무수한 목적을 위해 결정된 것이라는 결론이 나옵니다.

이렇게 우리는, 됭케르크의 그날 날씨를 예정하심에 있어서 하나님은 그 날씨가 그 두 나라의 운명에, (비교할 수 없을 만치 더 중요한 것으로서) 그 두 나라에 관계된 모든 개인, 해당되는 모든 동물, 식물, 무기물, 더 나아가 우주 안의 모든 원자에게 미칠 영향을 모조리 다 고려하셨던 것이라고 생각해야만 합니다. 이는 과도한 말로 들릴지 모르겠으나 실제로는 인간 소설가도 소설의 플롯을 짤 때 늘 하는 그런 종류의 기술을, 전지하신 존재가 그저 무한히 월등한 정도로 행하셨다고 상정하는 것일 뿐입니다.

제가 지금 어떤 소설을 쓰고 있다고 합시다. 제가 당면한 문제는 다음과 같습니다. (1) 노인 A는 제15장이 되기 전에 죽어야 합니다. (2) 그리고 그는 급사急死하는 편이 나은데, 왜냐하면 저는 그가 유언을 변경하지 못하게끔 해야 하기 때문입니다. (3) 그의 딸(이 소설의 여주인공)은 적어도 세 장 동안은 런던을 떠나 있어야 합니다. (4) 어떻게든 남자 주인공은 7장에서 잃었던 여주인공의 호감을 다시 회복해야 합니다. (5) 늘 잘난 척하는 젊은 B는 결말 전에 더 나은 사람이 되어야 하는데, 그가 자만심을 잃고 도덕적 자괴감에 빠질 어떤 충격적 경험이 필요합니다. (6) B의 직업을 무엇으로 할지 아직 결정되지 않았는데, 작중 성격의 전개상 직업이 있어야 하고, 또 실제 그가 일하는 장면이 등장해야 합니다. 자, 이럴 때 과연 이 여섯 가지를 한 방에 해결할 수 있는 방법이 있을까요? 제겐 있습니다. 열차사고가 일어나게 하면 어떨까요? 그 사고로 노인 A가 죽고, 이로써 문제 하나가 해결됩니다. 그리고 그 사고는 그가 유언을 변경할 목적으로 변호사를 만나러 런던으로 올라가던 중에 일어납니다. 이때 그의 딸이 그와 동행하고 있었다는 것보다 더 자연스런 일이 있겠습니까? 저는 이 사고에서 그녀가 부상을 조금 당하게 만들 수 있고, 이로서 필요로 하는 만큼 그녀가 여러 장에 걸쳐 런던에 나타나지 못하게끔 만들 수 있습니다. 그리고 남자 주인공도 기차에 타고 있게 할 수 있습니다. 그는 사고 때 대단히 침착하고도 용기 있게 행동합니다. 그가 여주인공을 불타는 객차에서 구조해내게 할 수 있을 것이고, 이는 저의 네 번째 과제를 해결해 줍니다. 그 잘난 척하는 B는? 그를 통신대원으로 만들고, 이 사고가 그의 부주의 때문에 일어난 것으로 만들 수 있습니다. 이 사고로 B가 자신에 대해 도덕적 충격을 받게 해 주고, 또한 그를 이 소설의 중심 플롯 속으로 들어오게 해 줍니다. 이렇게, 열차사고 하나를 생각해 냄으로써 겉보기에 서로 별개인 여섯 개의 문제를 일시에 다 해결할 수 있습니다.

의심할 여지없이, 이는 몇 가지 면에서 상당히 그릇된 인상을 주는 이미지입니다. 왜냐하면 첫째, (잘난척하는 B의 경우를 제외하면) 저는 제 작중 인물들에게 무엇이 궁극적 선일지를 생각했던 것이 아니라, 그저 무엇이 독자들을 즐겁게 해 줄지를 생각했던 것이기 때문입니다. 둘째, 그 열차사고가 열차에 타고 있던 다른 승객들에게 가져올 영향에 대해서는 무시하고 있기 때문입니다. 그리고 마지막으로, B가 신호를 틀리게 주도록 만든 사람은 바로 저이기 때문입니다. 즉 저는 마치 그에게 자유의지가 있는 양 가장하고 있지만, 실상 그에게는 자유의지가 없기 때문입니다. 그러나 이런 문제점들에도 불구하고, 이는 어떻게 신적 재간Divine ingenuity이 무수한 창조물의 필요에 대해 '섭리적providential' 해결책을 마련해 주는, 우주의 물리적 '플롯'을 지어내실 수 있는지를 보여 주는 한 예가 될 수 있습니다.

창조물 중 어떤 존재들은 자유의지를 가지고 있습니다. 우리가 지금껏 사용해 온, 섭리에 대한 틀린 그림에 교정을 가하기 시작해야 할 지점이 바로 여기입니다. 기억하시겠지만, 그 그림이 틀린 것은 하나님과 자연을 어떤 공통된 시간 속에 있는 것으로 나타냈기 때문입니다. 그러나 자연이 실은 시간 안에 있지 않을 개연성이 있고, 하나님의 경우는 거의 분명코 시간 안에 계시지 않습니다. 시간이란 어쩌면 (우리의 견지perspective처럼 그저) 우리의 지각 양식일 수 있습니다. 이렇게 볼 때, 실재로는 하나님이 시간상의 어느 한 시점(창조의 순간)에서, 이후 시점에 여러분과 제가 행할 자유로운 행위들을 미리 보시며 우주의 물질적 역사를 그에 맞추어 만들어 내셨던 것일 수 없습니다. 하나님에게 모든 물리적 사건과 모든 인간 행위는 다 영원한 현재eternal Now 안에 현존하고 있습니다. 유한한 의지들에게 자유를 주신 일, 그리고 (이에 따를 수밖에 없는 모든 복잡성 안에서 그 의지들의 행위와 관계된) 우주의 전全 물질적 역사를 창조하신 일은, 그분에게는 하나의 단일한 작용입니다. 이런 의미에서 보자면, 하나님은 오래 전에 이 우주를 창조하셨던 것이 아니라 바로 지금, 매 순간 이 우주를 창조하고 계신 것입니다.

지금 제 앞에 종이 한 장이 있고, 그 위에 파도 모양의 검은색 선이 하나 그려져 있다고 합시다. 이제 저는 그 종이 위에 (가령 빨간색으로) 다른 선들을 그려 넣어 검은색 선과 더불어 어떤 패턴을 이루게 만들 수 있습니다. 또, 본래 그어져 있던 검은색 선에게 의식 consciousness이 있다고 가정해 봅시다. 그러나 그것은 선 전체를 한꺼번에 의식하는 것은 아니고, 다만 그 선 위의 지점들을 하나씩 하나씩 의식할 수 있을 뿐입니다.

검은색 선의 의식은 그 선을 따라 왼쪽에서 오른쪽으로 진행되고 있습니다. B지점에 이르면 A지점은 다만 기억으로서 보유할 뿐이며, B를 떠나기 전까지는 C를 의식할 수 없습니다. 또, 이 검은색 선에게 자유의지가 있다고 가정해 봅시다. 즉 자신이 그을 방향을 스스로 선택합니다. 그 선의 특정 모양은 스스로 뜻한 모양입니다. 그러나 다만 그것은 자신이 선택하는 모양을 순간순간 인식할 뿐이어서, F지점에서 자신이 어떤 방향을 취할 것인지를 D지점에 있을 때는 알지 못하는 반면, 저는 그 선의 모양 전체를 한꺼번에 볼 수 있습니다. 검은색 선은 매 순간 저의 빨간색 선들이 자신을 기다리고 있다가 자신에 맞추어 그려지는 것을 보게 될 것입니다. 당연합니다. 왜냐하면 이런 빨강-검정 디자인을 만들어 내는 일에서 저는 검은색 선이 취하는 진로 전체를 지금 다 보면서 고려하고 있기 때문입니다. 제가 매 순간 검은색 선과 잘 맞는, 또 서로서로 잘 맞는 빨간색 선들을 고안해 내는 것, 그래서 종이 전체를 멋진 디자인으로 채우는 일은 전혀 불가능한 일이 아니며 다만 디자이너로서 기술의 문제일 따름입니다.

이 모델에서 검은색 선은 자유의지를 가진 창조물을 나타내며, 빨간색 선은 물질적 사건들을 나타내고, 저는 하나님을 나타냅니다. 물론 이 모델은 그 패턴뿐 아니라 종이도 제가 만들어 내는 것이고, 또 검은색 선도 하나가 아니라 수억 개였다면 더 정확한 모델이었겠지만, 단순성을 위해서는 현 모델을 그대로 유지하는 것이 좋습니다.[3]

......................................

3) 인정하건대, 이렇게 인간의 의지 작용을 상수常數로 삼고 물리적 운명을 변수變數로 삼는 것은 문제를 뒤집는 것에 불과합니다. 이는 이와 정반대인 견해 못지않게 틀렸습니다. 하지만 중요한 것은 이 견해가 그 견해보다 더 틀린 것은 아니라는 점입니다. 창조와 자유(자유를 가진 존재들과 그렇지 못한 존재들이 어떤 단일한 무시간적 timeless 행위 가운데 창조되는 것)에 대한 좀더 정교한 이미지를 들자면, 능숙한 두 댄서가 거의 동시에 상대의 동작에 자신의 동작을 맞추며 추고 있는 춤을 들 수 있을 것입니다.*

만일 검은색 선이 제게 기도를 한다면, (원할 경우) 제가 그 기도를 들어 줄 수 있음을 여러분은 알 것입니다. 검은색 선은 N지점에서 자기 주변 빨간색 선의 배열이 이러저러한 모양이게 해 달라고 제게 기도할 수 있습니다. 이럴 경우, 그 모양이 그런 것이려면 디자인의 법칙상 그 종이의 다른 부분에 있는 빨간색 선들의 배열도 그에 맞추어 달라야 할 것입니다. 검은색 선으로부터 위쪽이나 아래쪽으로 한참 떨어진 부분에 있는, 그래서 그것이 전혀 알지 못하는 선들까지, 또 검은색 선의 시작점 너머까지 왼쪽으로 멀리, 또 그 선의 끝점 너머까지 오른쪽으로 멀리 떨어진 곳에 있는 그런 빨간색 선들까지도 말입니다. (그 종이 위에서 그렇게 왼쪽, 오른쪽으로 멀리 떨어진 부분들을 그 검은색 선은 각각 "내가 태어나기 전"이라고, "내가 죽은 다음"이라고 부를 테지요.) 그러나 패턴의 이런 부분들까지 검은색 선이 N에서 원하는 그런 빨간색 모양에 맞추자면 달라야 한다고 해서, 제가 검은색 선의 기도를 들어주는 것이 불가능한 것은 아닙니다. 왜냐하면 저는 그 종이를 보았던 순간부터 이미, 검은색 선의 전체 진로를 보아 왔으며, 따라서 N에서 검은색 선이 요구할 사항은 제가 이미 전체 패턴을 결정했을 때 고려해 두었던 바이기 때문입니다.

우리가 하는 기도의 대부분을 철저히 분석해 보면, 어떤 기적을 청하는 것이든지 아니면 그 토대가 이미 우리가 태어나기도 전에, 아니 이 우주가 생겨나기도 전에 놓였어야만 하는 어떤 사건을 청하는 것입니다. 그러나 (비록 제게는 그렇지 않지만) 하나님에게는, 저와 또 제가 1945년에 드리는 그 기도는 이미 세상의 창조 때에, 지금과 또 지금으로부터 백만 년 후에와, 전혀 다를 바 없이 현존했습니다. 하나님의 창조 행위는 무시간적인timeless 것이며, 따라서 그 행위 안의 그 '자유로운' 요소들에게 무시간적으로 맞추어져 있습니다. 물론 이러한 무시간적 맞춤이 우리의 의식에는 연속적 진행과 기도와 응답으로 와 닿지만 말입니다.

여기서 따라오는 두 가지 결론이 있습니다.

1. 사람들이 (기적이 아닌) 어떤 사건을 두고 그 일이 정말 기도에 대한 응답인지 아닌지를 물을 때가 있습니다. 그들의 생각을 가만 분석해 보면, 그들은 자신들이 지금 이런 것을 묻는 것임을 알 것입니다. "하나님은 그 일을 어떤 특별한 목적을 위해 일으키신 것인가, 아니면 사건들의 자연적 진로의 일부로서 어차피 일어날 일이었던 것인가?" 그러나 이는 ("당신은 부인 때리던 일을 그만 두었습니까?"라는 유명한 질문처럼) 어느 쪽 대답도 불가능하게 만드는 질문입니다. 연극 '햄릿'을 보면, 오필리아가 어떤 강에 드리워진 나뭇가지를 기어 올라가는 장면이 나옵니다. 그런데 가지가 부러지고 그녀는 강에 빠집니다. 만일 어떤 사람이 "오필리아가 죽은 것은 셰익스피어가 시적 이유로 그녀가 그 시점에서 죽기를 원했기 때문이냐, 아니면 그 가지가 부러졌기 때문이야?"라고 묻는다면 여러분은 무엇이라 대답하겠습니까? 저는 "그 두 가지 이유 모두로"라

고 답해야 한다고 생각합니다. 그 연극 안의 모든 사건은 극중 다른 사건들의 결과로 일어나는 것이며, 동시에 그 일이 일어나기를 그 시인이 원하기 때문에 일어나는 것이기도 합니다. 그 연극 안의 모든 사건은 다 셰익스피어적인 사건입니다. 마찬가지로 현실 세계에서 일어나는 모든 사건은 다 섭리적 사건입니다. 그러나 또한 그 연극 안의 모든 사건은 그 사건들의 극적 논리에 의해 생겨납니다(혹은 그렇게 생겨나야 마땅합니다). 마찬가지로 현실 세계의 모든 사건은 (기적을 제외하고는) 자연적 원인에 의해 생겨납니다. '섭리'와 자연 원인은 양자택일의 문제가 아닙니다. 모든 사건은 다 그 둘 모두에 의해 결정됩니다. 왜냐하면 그 둘은 실상 하나이기 때문입니다.

2. 우리가 가령 어떤 전투나 의학 진찰의 결과에 대해 기도하고 있을 때, 흔히 이 사건은 (우리가 아직 몰라서 그렇지) 어느 쪽으로든 이미 결정 난 사건이지 않은가 하는 생각이 떠오릅니다. 저는 이것이 기도하기를 멈출 이유가 될 수 없다고 믿습니다. 그 사건은 분명 이미 결정되어 있습니다. 어떤 의미에서는 이미 '창세 전에before all worlds' 결정되었습니다. 그러나 그것을 결정하는 일에 있어서 고려된 것 중 하나, 따라서 그 사건이 일어나게 해 주는 원인 중 하나가 바로 지금 우리가 드리고 있는 이 기도일 수 있습니다. 충격적으로 들릴 수 있겠으나, 저는 낮 12시에도 오전 10시에 일어나는 어떤 사건의 부분적 원인이 될 수 있다고 믿습니다. (어떤 과학자들은 일반 대중보다 이를 더 쉽게 받아들일 것입니다.) 이 지점에서 상상력

이 온갖 트릭을 부리려 들 것은 분명합니다. 상상력은 이런 질문들을 일으킬 것입니다. "그렇다면 내가 만일 기도를 중단한다면 하나님은 뒤로 돌아가셔서 이미 일어났던 일도 바꾸실 수 있단 말인가?" 그렇지 않습니다. 그 사건은 이미 일어났고, 여러분이 지금 기도하는 대신 그런 질문을 하고 있다는 사실도 그 원인 중 하나였습니다. 상상력은 또 이렇게도 물을 것입니다 "그렇다면 내가 기도하기 시작하면 하나님은 뒤로 돌아가셔서 이미 일어났던 일도 바꾸실 수 있단 말인가?" 그렇지 않습니다. 그 사건은 이미 일어났고, 여러분이 현재 드리는 그 기도가 그 원인 중 하나입니다. 이렇게 무언가가 정말 나의 선택에 달려 있습니다. 나의 자유로운 행위가 이 우주의 모양에 기여합니다. 그런데 그러한 기여는 영원 안에서, '창세 전에' 이루어졌습니다. 그 기여를 내가 의식하게 되는 것은 시간 흐름 안의 어떤 특정 시점에서이지만 말입니다.

다음과 같은 질문도 제기될 것입니다. 만일 우리가 (아직 모를 뿐) 사실상 여러 시간 전에 일어났던, 혹은 일어나지 않았던 것이 분명한 어떤 일을 위해서 기도할 수 있고, 또 그런 기도가 전혀 비이성적인 것이 아니라면, 우리는 일어나지 **않았다고** 이미 우리가 알고 있는 일, 가령 어제 죽었다고 우리가 알고 있는 어떤 사람의 안전을 위해서도 기도할 수 있단 말인가? 그러나 이는 다르며, 다른 것은 우리가 이미 그 일을 알고 있다는 바로 그 사실 때문입니다. 우리가 알게 된 그 사건은 하나님의 뜻이 무엇인지를 말해 줍니다.

우리가 이미 얻을 수 없다고 알고 있는 무엇을 위해 기도한다는 것은 심리적으로 불가능하며, 만일 가능하다 하더라도, 그런 기도는 이미 알게 된 하나님의 뜻에 순복해야 하는 의무를 범하는 죄가 될 것입니다.

한 가지 결론이 더 따릅니다. 어떤 주어진, 비기적적 사건이 기도에 대한 응답이었는지 아니었는지를 경험적으로 증명하기란 불가능합니다. 비기적적 사건이기에, 회의론자는 늘 자연적 원인을 가리키면서 이렇게 말할 수 있습니다. "이런 원인들 때문에 어쨌든 그 일은 일어나게 되어 있었다." 그러나 신자는 늘 이렇게 대답할 수 있습니다. "그러나 그 일은 사건들의 사슬에서 연결고리일 뿐이고, 그 고리들도 다른 고리들에 걸려 있으며, 또 전체 사슬은 하나님의 뜻에 걸려 있으므로, 우리는 그 일이 일어난 것은 누군가가 기도했기 때문이라고 말할 수 있다." 이렇게 기도의 효력 문제는 의지will의 행사 없이는 단언될 수도, 또 부인될 수도 없는 그런 문제입니다. 즉 총체적 철학적 견지에서 신앙을 선택하거나 거부하는 그런 의지의 문제 말입니다. 이런 문제에는 양편 모두에게 경험적 증거란 존재하지 않습니다. M, N, O라는 사건들의 연속에서, 사건 N은 기적이 아닌 이상 언제나 M이 원인인 사건이며, 또한 O의 원인이 되는 사건입니다. 우리가 물어야 할 진짜 질문은, 그 전체 시리즈(즉 A-Z)가 인간이 하는 기도들을 고려할 수 있는 어떤 의지에서 비롯하는 것이냐 그렇지 않느냐 하는 것입니다.

이렇듯 경험적 증명이 불가능하다는 것이 영적으로는 꼭 필요한 일입니다. 어떤 사건이 자신의 기도 때문에 일어났음을 경험적으로 알 수 있다면 그 사람은 자신을 마법사처럼 느낄 것입니다. 그의 머리는 돌 것이고 그의 마음은 부패할 것입니다. 그리스도인은 이러저러한 사건이 기도 때문에 일어났는지 아닌지를 알아내는 일에 관심이 없습니다. 다만 모든 사건은 예외 없이 기도에 대한 **응답들**이라고 믿습니다. 들어주시든 거절하시든, 하여간 하나님은 관계된 모든 이들의 기도와 그들의 필요를 다 고려하시기 때문입니다. 하나님은 모든 기도를 다 들으십니다. 비록 모든 기도의 내용을 다 들어주시는 것은 아니지만 말입니다. 우리에게 펼쳐지는 운명이란 것을, 대부분의 내용은 이미 다 만들어져 있고 가끔 우리가 기도를 통해 몇 가지를 첨가할 수 있을 뿐인 어떤 영화 같은 것으로 상상하지 말아야 합니다. 진실은 그 반대로서, 운명이라는 영화가 펼쳐질 때 우리에게 보이는 바에는 이미 우리 기도의 결과들이, 또 우리의 다른 모든 행위의 결과들이 담겨 있습니다. 어떤 사건이 여러분의 기도 때문에 일어났는지 아닌지 **여부**를 묻는 것은 질문이 되지 않습니다. 여러분이 기도한 그 일이 일어난다면 여러분의 기도가 그 일에 기여한 것입니다. 그러나 그 일이 일어나지 않는 경우에도 여러분의 기도는 결코 그저 무시된 것이 아닙니다. 그것은 고려되었으나 여러분의 궁극적 유익을 위해, 또 우주 전체의 유익을 위해 거부된 것입니다. (예를 들어 사람들 모두에게, 악인들에게도 자유의지가 허용된 것은, 인간을 자동기계로 만듦으로서 잔인성과 배반 등으로부터 여러분이 완전히 보호받는 것보다 자유의지가 허용된 것이 결국 여러분 자신을 위해서나 다른 모든 이들을 위해 더 나은 일이기 때문입니다.) 그러나 이는 어디까지나 신앙의 문제이며, 또 언제나 그렇게 다루어져야 합니다. 어떤 특별한 증거를 찾고자 애쓰는 것은, 제가 생각하기에 다만 여러분 자신을 속이는 일에 불과합니다.

옮긴이 **이종태**

한국외국어대학교 영어과를 졸업하고 장신대 신학대학원에서 신학을 공부
했다. 미국 버클리 GTU(Graduate Theological Union)에서 기독교 영성학으
로 철학박사(Ph. D.) 학위를 받았다. 《순전한 기독교》, 《고통의 문제》, 《시편
사색》, 《네 가지 사랑》, 《인간 폐지》(이상 홍성사), 《다윗: 현실에 뿌리박은 영
성》, 《가르침과 배움의 영성》(이상 IVP), 《메시지 예언서》(복있는사람) 등 다수
의 책을 번역했다.

감수자 **강영안**

서강대 철학과 교수이며 두레교회와 주님의보배교회 장로로 섬기고 있다.
한국외국어대학교를 졸업하고 벨기에 루뱅대학과 암스테르담 자유대학에서
철학을 전공했다. 《강교수의 철학 이야기: 데카르트에서 칸트까지》, 《신을
모르는 시대의 하나님: 사도신경 강의1》(이상 IVP), 《타인의 얼굴: 레비나스의
철학》(문학과지성사), 《주체는 죽었는가: 현대철학의 포스트모던 경향》, 《자연
과 자유 사이》(이상 문예출판사), 《인간의 얼굴을 가진 지식》, 《도덕은 무엇으
로부터 오는가: 칸트의 도덕철학》(이상 소나무), 《우리에게 철학은 무엇인가》
(궁리) 등 10여 권의 저서가 있다.

## 기적

Miracles

지은이 C. S. 루이스
옮긴이 이종태
펴낸곳 주식회사 홍성사
펴낸이 정애주
국효숙 김의연 박혜란 송민규 오민택 임영주 차길환

2008. 2. 29. 양장 1쇄 발행   2017. 1. 9. 양장 6쇄 발행
2019. 11. 27. 무선 1쇄 발행   2025. 2. 10. 무선 5쇄 발행

등록번호 제1-499호 1977. 8. 1.
주소 (04084) 서울시 마포구 양화진4길 3
전화 02) 333-5161   팩스 02) 333-5165
홈페이지 hongsungsa.com   이메일 hsbooks@hongsungsa.com
페이스북 facebook.com/hongsungsa
양화진책방 02) 333-5161

ISBN 978-89-365-1390-0 (03230)